"统计与概率"
怎么教？
怎么评？

费岭峰———

主编

长江出版传媒 | 长江文艺出版社

图书在版编目（CIP）数据

"统计与概率"怎么教？怎么评？ / 费岭峰主编.

武汉：长江文艺出版社，2024.12. --（大教育书系）.

ISBN 978-7-5702-3859-0

Ⅰ．G623.502

中国国家版本馆 CIP 数据核字第 20240N10P8 号

"统计与概率"怎么教？怎么评？

"TONGJI YU GAILV" ZENMEJIAO? ZENMEPING?

责任编辑：施柳柳	责任校对：程华清
装帧设计：天行云翼·宋晓亮	责任印制：邱　莉　丁　涛

出版：长江出版传媒 | 长江文艺出版社

地址：武汉市雄楚大街 268 号　　　邮编：430070

发行：长江文艺出版社

http://www.cjlap.com

印刷：武汉市首壹印务有限公司

开本：710 毫米×970 毫米　　1/16　　印张：19.75

版次：2024 年 12 月第 1 版　　2024 年 12 月第 1 次印刷

字数：265 千字

定价：52.00 元

前言:"数据意识"释义

数据是什么？数据是信息的表现形式和载体，可以是符号、文字、数字、语音、图像、视频等。"凡是能够承载事物信息的东西都构成数据。"[①] 统计学就是通过分析这些数据而认识事物的科学。《义务教育数学课程标准》（以下简称"课程标准"）从"实验稿"开始就将"统计与概率"作为四大内容领域之一，且对其作出了相应的学习目标定位。

"经历提出问题、收集和处理数据、作出决策和预测的过程，掌握统计与概率的基础知识和基本技能，并能解决简单的问题。""经历运用数据描述信息、作出推断的过程，发展统计观念。"[②] 这是《义务教育数学课程标准》"实验稿"中对"统计与概率"内容学习的知识技能目标与数学思考目标的定位。

在《"课程标准"（2011 年版）》中，"统计与概率"内容学习的知识技能目标与数学思考目标又分别定位为："经历在实际问题中收集和处理数据、利用数据分析问题、获取信息的过程，掌握统计与概率的基础知识和基本技能。""体

---

① 史宁中. 数学思想概论——数量与数量关系的抽象 [M]. 长春：东北师范大学出版社，2008：147.

② 中华人民共和国教育部制定. 全日制义务教育数学课程标准（实验稿）[Z]. 北京：北京师范大学出版社，2001:6.

会统计方法的意义，发展数据分析观念，感受随机现象。"① 从而实现"数据分析观念"的发展。

《"课程标准"（2022年版）》则将"数据分析观念"分解成两个阶段：小学着重培养"数据意识"，初中则侧重发展"数据观念"。这就不仅在九年"统计与概率"领域内容的呈现上有了差异，也将学习目标作了具体的定位。"数据意识"的培养显然比"数据观念"的发展要求低一些，内容上更浅一些。但从"统计与概率"发展学生的"数据素养"来看，"数据意识"的提出，显然将学生对"统计与概率"内容的学习，划分出了一个过渡阶段，增加了一个层次。这也是基于前期近20年的新课程实践基础上的一种调整，试图找到更适合小学阶段学习"统计与概率"领域的内容，实现更为恰当的学习目标。

由此，我们是否可以作出这样的判断：数据意识是建构数据技能与数据素养间联接的桥梁。发展小学生的数据意识，既能够进一步体现新课程实践中关于"统计学""概率论"的知识，在小学阶段继续做好渗透的目的，同时也有利于找到小学生初步学习"统计与概率"知识的目标定位，为后续初中阶段发展学生的"数据观念"的"统计与概率"知识学习打下更为扎实的基础。

我们不妨看看"课程标准"之前的"教学大纲"中对"统计学"相关知识的学习目标定位。总的教学要求是"使学生获得一些统计的初步知识"；内容确定为："统计知识在日常生活和生产中有广泛的应用。要结合有关内容，使学生了解数据的搜集、整理、分析的过程，逐步看懂并会解释简单的统计图表，对于绘制统计图表的要求不宜过高。"

浙江省《全日制小学数学教学指导纲要》中同样对"统计学"相关知识的学习目标有着相应的定位。总体目标：使学生理解、掌握统计的初步知识。具体表述：学会整理数据，了解平均数在统计中的应用，能看懂简单的统计图表；

① 中华人民共和国教育部制定 . 义务教育数学课程标准（2011年版）[Z]. 北京：北京师范大学出版社，2011:8-9.

会绘制简单的统计表，会用绘图纸绘制简单的统计图。[①]

解读以上目标时，首先看总体要求或目标是"统计的初步知识"。此定位一是指向统计的"知识"，二是定位为"初步"。我们不难理解，这样的要求，涉及知识内容不多，仅重视读图、制图等技能，对于统计素养中的数据收集、整理要求不高，而基于数据分析的判断与推测，则更是几乎不作要求。这样的目标定位，我们可以称之为"'数据技能'的掌握"。结合后续教材内容的编排，与"统计"相关的内容，集中在四年级第二学期与六年级第二学期，课时量相对较少，内容也不涉及与"概率"相关的知识。

而自新一轮课程改革实施以来，无论是"实验稿"提出的"统计观念"，还是《"课程标准"（2011 年版）》提出的"数据分析观念"，到《"课程标准"（2022年版）》提出的"数据意识"与"数据观念"，均放大了"统计学"的核心——"数据分析"。"数据分析观念"包含三个重要方面："体会数据中蕴含着的信息；根据问题的背景选择合适的方法；通过数据分析体验随机性。"[②]

数据分析观念的发展，需要有对数据的关注，更需要有对数据意义的认识，有对数据收集、整理与分析的体验。如果说数据分析观念是学生数学核心素养的重要内容的话，那么数据意识则是发展学生数据分析观念的基础，也是促进学生数据素养发展的重要介质。在现实生活中，在问题解决中，通过调查收集数据、看见数据、理解数据、应用数据，都需要有相应的对数据的敏感性，继而会努力地分析与解读，发现数据背后蕴含的规律等，这些都属于数据意识。

以《"课程标准"（2022 年版）》来看"数据意识"，它链接了数学与生活，引导学生关注生活中的数据，关注解决问题过程中数据整理分析后规律的发现，

① 浙江省教育委员会制定.义务教育全日制小学各科教学指导纲要（试用）[Z].杭州：浙江教育出版社，1996：84-86.

② 张丹.小学生如何学习数据分析——基于学习过程的实证研究 [M].上海：上海教育出版社，2020：15-16.

这体现了用数学的眼光、数学的思维与数学的语言来看现实世界的过程。

我们再来看"数据意识"的内涵。"数据"的含义，本文开头已有解释。现在我们主要来看"意识"的含义。从词源上来说，意识主要源于哲学上的定义，即"指人对客观物质世界的反映"，"意识是社会实践的产物，是随着实践的发展而发展的"。①意识还有一种心理学定义："是人类所独有的一种高水平的心理活动，指个人运用感觉、知觉、思维、记忆等心理活动，对自己内在的身心状态和环境中外在的人、事、物变化的觉知。"②"数据意识"中的意识更多取自心理学上的定义。"数据意识"，即对信息表现形式和载体的觉知。在《"课程标准"（2022年版）》中则表述为："数据意识主要是指对数据的意义和随机性的感悟。"并在后续的阐述中，表达了三层意思：第一层次，碰到问题，可以试着做个调查，收集一些数据；第二层次，对调查收集到的数据试着进行分析与解读，看看有没有规律；第三层次，能够根据数据的特点试着选取一种较为合适的方式将数据表达出来，为进一步分析解读数据提供帮助。与初中阶段的"数据观念"相比，小学阶段的"数据意识"更多侧重于对数据意义和随机性的"感悟"。③

由此，我们来分析、思考小学生数据意识的学习目标定位，主要还在于经历数据产生、收集与分析的过程，体会数据的分析价值，积累一定的数据分析的活动经验。对于小学阶段而言，发展学生的"数据意识"也主要通过对"统计与概率"相关知识的学习来实现。

现结合《"课程标准"（2022年版）》，对相关内容作一些说明。

第一学段，重点关注"数据分类"。结合"分类"，体会标准在事物分类中的重要性。

---

① 辞海编辑委员会．辞海语词分册（下）[M]．上海：上海辞书出版社，1977:2252.

② 张厚粲．心理学[M]．天津：南开大学出版社，2002:22.

③ 中华人民共和国教育部制定．义务教育数学课程标准（2022年版）[Z]．北京：北京师范大学出版社，2022:9.

第二学段，重点关注"数据的收集、整理与表达"。主要结合统计表、统计图以及平均数内容的学习，感受数据整理与表达的必要性与特定性。

第三学段，继续关注"数据收集、整理与表达"之余，认识"随机现象发生的可能性"。能结合具体事例，对其有所体会与感悟。

当然，我们认为，学生"数据意识"的发展，并不仅仅局限于"统计与概率"内容的学习。事实上，其与学生数学学习内容的全领域、全过程均有关联，只是有些直接一些，有些内隐一些。

另外，《义务教育课程方案（2022年版）》在"主要变化"部分的"关于课程标准"变化的第四点谈到了"增强了指导性"的变化，提出了"注重实现'教—学—评'一致性"的要求，"不仅明确了'为什么教''教什么'"，还强调了需要"教到什么程度"。因此，我们同样需要做好，在学生学习"统计与概率"内容之后，及时了解其"数据意识"的发展水平。这就需要思考，"数据意识"评测工具的开发，以及进行相应的数据分析。

正因为如此，本书的基本结构呈现为：理念厘清、学评实践与阶段评测，对应三个篇章——上篇"理论思考"，中篇"教学实践"，下篇"评测设计"。全书完整呈现了"统计与概率"内容怎么教、怎么评的实践研究过程，目的在于为一线教师教学相关内容提供帮助。

目　录

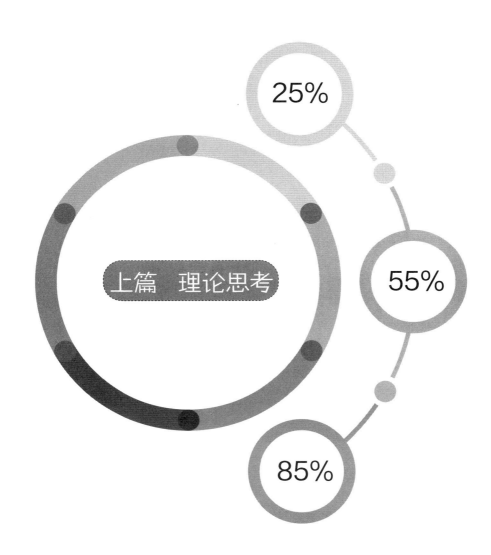

上篇　理论思考

25%

55%

85%

第一章

"统计与概率"与学生数据意识发展

"数据意识"作为数学基本思想之一，在数学课程中有着重要的地位。《"课程标准"（2022 年版）》将《"课程标准"（2011 年版）》中的"数据分析观念"分成了"数据意识"与"数据观念"两个维度，小学阶段重点发展学生的"数据意识"。学生"数据意识"的发展又与数学课程内容的"统计与概率"领域有着直接的关联。

一、"统计与概率"的课程内容解读

"统计与概率"是义务教育阶段课程内容的四个学习领域之一。具体的内容则按不同年段逐步推进：第一学段为"数据分类"；第二学段为"数据的收集、整理与表达"；第三学段在"数据的收集、整理与表达"的基础上，又增加了"随机现象发生的可能性"，扩展为两个方面；第四学段则包括"抽样与数据分析"与"随机事件的概率"两个方面。从以上内容中我们可以看出，小学阶段"统计与概率"的主题包括"数据分类""数据的收集、整理与表达"和"随机现象发生的可能性"三个方面。

"数据分类"的本质是根据信息对事物进行分类。分类比较是人们认识事物的基本方法之一。学生经历从事物分类到数据分类的过程，同样会经历"依据标准"分类的过程，其间会感知认识事物的不同属性。这也是数据意识形成的基础。

　　"数据的收集、整理与表达"则包括数据的产生、收集，依据一定的标准进行整理、归类，然后应用合理、合适的形式表达。比如借用统计图表或者统计量（如平均数、百分数等）呈现数据，表征数据中蕴含的信息。这一主题也是小学阶段"统计与概率"内容的重要组成部分，也是培养学生数据意识的重要载体。

　　"随机现象发生的可能性"则是"概率"学习的基础，教师一般需要通过试验、游戏等活动，引导学生了解、认识随机现象。学生在切身体验的基础上，感受随机现象，并通过定性描述"随机现象发生的可能性的大小"，感悟数据的随机性，从而发展数据意识。

二、何谓数据意识?

　　关于"数据意识"，《"课程标准"（2022 年版）》已作了界定："数据意识"主要是指对数据的意义和随机性的感悟，并在后续的阐述中，表达了三层意思：一是调查收集数据，二是分析解读数据，三是合理表达数据。与初中阶段的"数据观念"相比，小学阶段的"数据意识"更侧重于对数据意义和随机性的"感悟"。

　　所谓"感悟"，即感受与领悟。在认知层面，更多定位于有点感觉，有点知道。而意识本身有"觉察"的意义，即感觉、察觉的意思。由此，我们分析小学生的数据意识应该可以这么来理解"感悟"的内涵：第一层次，碰到问题，可以试着做个调查，收集一些数据；第二层次，对调查收集到的数据试着进行分析与解读，看看有没有规律；第三层次，能够根据数据的特点试着选取一种较为合适的方式将数据表达出来，为进一步分析解读提供帮助。三个层次也体现了小学生感知数据、认识数据、应用数据的层次水平，继而逐步发展学生"用数据说话"的习惯。

三、"统计与概率"与小学生数据意识发展的内涵

由以上数据意识的内涵出发，我们来思考小学生数据意识发展的内涵，可以表现为以下四个方面。

（一）数据产生的调查意识

虽然数学是一门研究数量关系与空间形式的科学，但数学学习离不开现实情境的支持，且小学生的数学学习更多是现实情境认识基础上的数学化过程。因此，教师在组织学生进行数学活动时，需要引导学生对现实问题做调查研究，从而收集数据，借助对收集到的数据的分析解读，获得数学知识，形成数学学习经验。事实上，由"生活情境"上升到"数学抽象"是小学生数学学习的一般逻辑。这样的学习逻辑，也有助于发展学生的调查意识。

当然，涉及"统计与概率"内容的学习时，教师不仅需要带领学生对问题进行调查，从生活中收集数据，而且还需要引导学生去体验"某次数据的产生只能代表这一次的结果"，数据推断有时候会因主体与客体的变化而发生变化，即数据产生有随机现象，需要学生对数据的代表性有初步的认知。

（二）数据整理的目标意识

对于小学生来说，从数据的收集到整理，是数据意识发展中的一个重要过程。因为整理可以让无序的数据变得有序，让原本只是独立的数据变成整体中的一个元素，从而支撑起数据形态，利于发现数据中隐藏着的规律。因此，数据整理是数据意识形成过程中的重要一步，也是必不可少的一步。

当然，对于小学生的数学学习来说，我们需要引导其逐步形成数据整理的目标意识。其中主要包括数据的收集、数据的梳理以及数据的表示，这些均需要针对研究的问题选取相应的数据整理方式。事实上，数据整理应该是有目的的，是出于相关问题的分析与解决的需要的。

（三）数据解读的关联意识

所谓关联，即相关与联系。数据解读时的关联意识，主要是指学生在数据解读过程中，对相关数据与相应信息的匹配性等，包括与经验间产生"联系"的思维。在实际的学习过程中，数据的解读并不是看到数据，而是能够在数据背后，找到数据间的联系，并能基于数据间的联系，思考数据给出的信息。

当然，对小学生在数据解读中的关联意识的要求并不高，一般能够通过找一找、比一比、连一连、算一算等方式，表达出数据间有相关性即可。比如在解读条形统计图时，能够关注到横轴与纵轴上数据间的联系；在解读两复式统计表中的数据时，能够解读出数据的多少与相应对象间的事实即可。

（四）数据应用的选择意识

在学习"统计与概率"的内容时，我们一般会采用一些具体事件来引导学生学习相关的内容，最终也会引导学生解决一些日常生活中的"统计与概率"问题。其间便需要学生具备一定的数据选择意识。数据应用中的选择意识，主要是指在解决相关问题时，结合量与量之间的关系，选择问题解决所需要的数据。

比如学生在学习了折线统计图之后，需要结合数据计算某项事物的"增长率"。而相关的统计图表中，数据较多，于是便需要学生根据相关信息选取恰当的数据进行运算，才能得到正确结果。

四、发展小学生数据意识的教学要点

从《"课程标准"（2022 年版）》中关于数据意识的定位来看，帮助学生"形成数据意识有助于理解生活中的随机现象，逐步形成用数据说话的习惯"，是发展学生数据意识的基本目标。达成这一目标需要有相应的教学策略，教学时需要把握以下四个方面的要点。

要点一：结合实际情境的数据关注。

生活中随处都有数据。这是培养学生数据意识的基础，也是"统计与概率"教学活动设计的基本出发点。情境来自生活，数据来自实际，解读依托经验，也正是小学生数据意识培养教学的基本要点。

情境来自生活，因此教学"统计与概率"的内容时，需要从实际问题出发，着眼于解决实际问题设计学习活动。比如在一年级下册的"分类与整理"教学时，人教版教材上用的材料是"气球的分类"。实际教学中，选择"根据衣服的样式，选用纽扣"这样的情境更能体现"分类与整理"的必要性，并更易于激发学生"用数据说话"的意识。当然，若将教材上"静态"的气球图利用信息媒介设计成"动态"的气球图，那么也会引导学生对记录数据的方法进行思考与体验，当然也更能体会数据记录与整理的必要过程。

数据来自实际，即收集与整理的数据不能脱离实际情境，而是在对实际情境的认知与分析后，收集到相关的数据，并结合问题需求进行整理。

解读依托经验，即当学生整理收集到的数据后，能够对相关的数据进行解读。这个时候的解读更多依托其原有的经验，并在交流过程中，完善数据解读的经验。

要点二：拉长数据整理的学习过程。

研究表明，学生对许多知识的学习，需要经历一个完整的过程，才能更好地在习得知识技能的同时，获取相应的活动经验。数据意识的培养同样如此。比如，在人教版教材二年级下册的"数据的收集与整理"一课的教学中，对于"统计表"的出现，教材更多是以半成品的方式呈现。实际教学中，教师完全可以将数据收集、整理的过程拉长，并在过程中对学生的数据整理过程做些对比，逐步完善，引导学生对整理后的数据表达进行讨论，然后帮助学生建立起"颜色与人数"的对应关系，从而建构起相对完整的"统计表"的概念。这个过程，可以引导学生在关注"表达需要"的学习状态下，自主发现与完善。

当然，由于小学生的年龄特点，学生在数据收集中难免会产生偏差，因此拉长数据整理的学习过程，一般需要遵循两个原则：一是数据收集方法的适宜，二是数据整理过程的自我调整。方法的适宜更多是指选择学生能够理解并相对易于操作的方法。过程的自我调整更多是指收集过程中对数据的准确与否作出判断后的自我修正。

要点三：引导学生从数据解读中发现问题。

数据没有好坏之分，它只是一种客观存在。但数据背后蕴含的信息，需要解读与发现。数据中往往包含诸多的数学问题。所以，在教学中，教师引导学生关注数据背后的数学问题，也是"统计与概率"内容教学的重要目标。

比如在教学"条形统计图"与"折线统计图"等内容时，首先需要学生根据前期统计表中相关数据的特点，选取合理的统计图进行描述与表达。在这个过程中，学生需要思考：表达多个对象的某个节点数据时，一般可以用怎样的统计图？表达一个对象在不同时段的发生发展过程时，一般可以选取怎样的统计图？类似的问题，还会在后续学习"扇形统计图"时出现。唯有这样思考，才能准确理解数据特征。呈现相应的统计图之后，又需要引导学生对图中的数据进行分析与思考，提出相关的数学问题。比如对"扇形统计图"中表示出来的某个家庭日常开销的使用比例，能否提出调整支出结构的问题，等等。这些环节设计，应该是"统计图"内容教学中的基本环节，也是发展学生数据意识的重要环节。当然，此类目标，也需要在"平均数""百分数"等统计量的学习中有所体现。

要点四：尝试结合数据作出合理推断。

"统计的意义在于应用数据作出分析与判断，然后作出合理推断。"发展学生数据意识的教学，当然应该将这一目标作为"统计"内容教学的基本目标来实现。教学中，需要设计相应的活动，保证这一目标的实现。

比如在教学"条形统计图"一课时，可选取某一地区某个月的天气情况，然后请学生根据天气情况判断，这个月在这个地区属于哪个季节；学生通过学习"可能性"的内容对数据产生的随机现象有了初步了解与认识后，可引导学生对一些生活现象作出解释与推断等。

当然更为典型的则是"折线统计图"，在"折线统计图"的教学中结合数据进行推断体现得更为充分。如下图，通过观察某位病人的体温变化，判断病情的变化是在好转，还是没有变化，等等。

结合数据，通过数据的图式化表征，感受到数据变化的规律，从而作出合理的判断，这是数据意识的重要组成部分，通常也是"统计与概率"内容测查的主要内容。

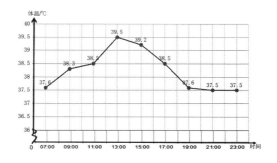

图 1.1 某病人体温变化情况统计图

第二章

小学阶段"统计与概率"的内容梳理与简析

"统计与概率"在小学阶段包括"数据分类""数据的收集、整理与表达"和"随机现象发生的可能性"这三个主题，遵循"由浅入深，相互联系"的原则，分布在三个学段。

一、"统计与概率"的学习内容

小学阶段"统计与概率"的学习内容主要包括"数据分类与整理""统计表与统计图""统计量"，还有"随机现象发生的可能性和可能性大小"等。通过教材呈现时，又分解为不同层次的内容。现以教育部审定的人民教育出版社课程教材研究所小学数学课程教材研究开发中心编著的义务教育教科书（以下简称"人教版"教材）为例，作一些梳理与简要的分析。

通过对"人教版"教材的解读，我们发现"统计与概率"在第一学段涉及的内容，主要有"分类与整理"与"数据收集与整理"等；第二学段则有"统计表"与"统计图"，具体包括"复式统计表"与"条形统计图"，在"统计量"方面有"平均数"单元的相关内容；第三学段出现了"折线统计图"和"扇形统计图"，"统计量"则有"百分数"单元，还包括"随机现象发生的可能性"的"可能性"单元的内容。

表1.2.1 "统计与概率"的学习内容在"人教版"教材中的编排

学段	"统计与概率"学习内容
第一学段	"分类与整理"（一）、"数据收集和整理"（二）
第二学段	"统计表"（三）、"条形统计图"（四）、"平均数"（四）
第三学段	"折线统计图"（五）、"扇形统计图"（六）、"可能性"（五）、"百分数"（六）

以上为"人教版"教材对"统计与概率"学习内容的编排情况，其他教材基本也以此顺序编排，都遵循了《"课程标准"（2022年版）》中关于"统计与概率"在小学阶段三个学习主题的学习顺序。第一学段侧重"数据分类"，是统计图表学习的基础，第二学段侧重"数据的收集、整理与表达"，主要的学习内容是统计图表，第三学段除了继续关注"数据的收集、整理与表达"外，还专门就"随机现象发生的可能性"进行学习。这样的编排，不仅在内容上逐渐丰富，而且在学习具体内容时，也基本遵循了"数据产生、收集、整理、表达与应用"的学习体验过程，这对于发展学生的数据意识有着重要的作用。

二、具体内容的简要分析

"统计与概率"领域的内容可以分解成"数据分类""统计图表""统计量"，以及"随机现象发生的可能性"四个方面的具体内容。

（一）数据分类

"数据分类"是"统计与概率"领域在第一学段的主题内容。从《"课程标准"（2022年版）》中"统计与概率"第一学段的内容要求来看，"数据分类"要求学生"会对物体、图形或数据进行分类，初步了解分类与分类标准的关系，形成初步的数据意识"。有研究者发现，"统计最基础的知识为比较、排列和分类，而分类是在比较、排列的基础上，进一步划分不同标准的结果"。[①] 这表明，统计活动起始于"分类"，实现于"分类"。

第一学段的"数据分类"，在教材中的内容编排则以"分类与整理"和"数据收集与整理"等内容来体现。这表明，数据的分类与数据的收集、整理有着密切的联系。虽然在第一学段中，对于"分类"更多着眼于"物"，突出的是"制定分类标准"，然后"依据标准"进行分类，但在这一过程中，仍然需要有数据的收集与整理。只不过这个阶段的数据收集方式可以是文字，也可以是图画，还可以是表格等，不强调高度抽象，做一些简单的记录即可。

我们来看"人教版"教材"分类与整理"与"数据收集与整理"内容的学习材料编排（见图 1.2.1、图 1.2.2）。教材上除了有相应的情境之外，还在讨论收集数据时，列出相应的表格作为数据整理的支架。

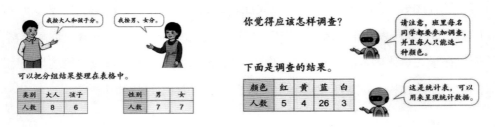

图 1.2.1 "人教版"教材"分类与整理"图　　图 1.2.2 "人教版"教材"数据收集和整理"图

特别是在"数据收集和整理"这节内容中，教材更是将数据的收集、整理作为重点体验的内容，引导学生结合调查收集数据，然后通过一定的方式，如象形统计图、表格等，对数据进行整理。

（二）统计图表

"统计图表"是数据整理、表达与分析的重要载体。相关内容主要编排在第二学段和第三学段，具体涉及统计表、条形统计图、折线统计图和扇形统计图（见表 1.2.2）。

---

① 马云鹏. 小学数学教学论 [M]. 北京：人民教育出版社，2013，374.

表1.2.2 "人教版"教材小学段统计图表的内容编排

学段	年级	学习内容
第一学段	二	统计表（一）
第二学段	三	统计表（二）
	四	条形统计图
第三学段	五	折线统计图
	六	扇形统计图

1. 统计表

统计表是学生收集与整理数据最先接触到的形式，对它的认识分为两个层次。层次一是两个相关联要素间的整理，此时的统计表只需要将相关联的两个量制作成一一对应的方式即可，这类统计表一般被一线教师称为"单式统计表"。从现在的教材来看，它被编排在第一学段，学习时与"数据分类""数据的收集与整理"，同步经历探索完成认识。如前文谈到的第一学段的"分类与整理""数据收集与整理"的内容中，均出现了"用单式统计表整理数据"的情况。

统计表学习的第二个层次，便是"复式统计表"，它被编排在第二学段的三年级下册中。与单式统计表相比，复式统计表整理的数据更为丰富，有了数据的"一对二""一对多"的整理空间，同时也有了结合数据对事物相应的特征进行比较分析的可能。如图1.2.3中，我们可以通过复式统计表，对"喜欢足球"或者"喜欢跳绳"的男生与女生进行"人数多少"的比较。这也是复式统计表相对于前面学习的单式统计表的优势所在。事实上，通过复式统计表的学习，学生可以进一步体会数据收集和数据整理的复杂性，以及数据分析方法的多样性。同时，复式统计表呈现、处

图1.2.3 "人教版"教材"复式统计表"

理数据的方法也是后续学习复式条形统计图、复式折线统计图的基础。

2.统计图

统计图是指用直观形象的图示整理与表达数据的形式。事实上，统计图是数据表达乃至后续解读分析的重要方式。小学阶段主要学习条形统计图、折线统计图与扇形统计图。三种统计图因其形象各具特点，也便承载着数据表达的不同功能。

（1）条形统计图

条形统计图指的是用直条表示数量多少的数据整理与表达的统计图，因其直条的形状较为形象直观，故被称为条形统计图。条形统计图的优势是"很容易看出各个数量的多少"，有助于直观比较不同类别事物的数量。

学生在学条形统计图之前，有了数据收集与整理的经验，会将数据进行分类并整理，且会用统计表记录数据，这是学习条形统计图的基础。当然，学生在学习统计图之前，因为在数据收集与整理的过程中，有过一定的象形统计图的学习体验，且有统计表的数据整理与记录的经验，因此，虽然条形统计图是认识统计图的起始课，但在经历由"表"到"图"的探究过程中，学生还是能够把握"图"与"表"的关系，且能充分感受用"图"表达数据的优势。另外，条形统计图有单式与复式之分，这同样也对应于单式统计表与复式统计表。

当然，学习条形统计图是学生第一次学习统计图的相关知识，因此，需要对统计图的要素有所认识与理解。比如，条形统计图有横轴和纵轴，需要理解两条轴的意义与关联性；在复式条形统计图中，需要有相应的图例表示不同的对象，等等。关注统计图的内涵要素，理解数据表达的实际意义，也是为后续学习折线统计图，乃至扇形统计图等内容积累经验。

（2）折线统计图

折线统计图是学生在认识了条形统计图之后学习的一种新的数据表达方式。这之前，学生对数据的认识更多停留于结果的表达以及关系的理解上。相比于条形统计图，折线统计图在数据表达时，在原有"点"的基础上增加了"线"的表征。因此，折线统计图的学习，将引导学生对数据的认识由"描述数量多少"（即点位高低）正式向"预测与决策"（线的走向）转变。与学习条形统计图相比，学生需要在原有"数量多少的感知"基础上，关注"数量的增减变化状况"，从而体会"利用折线统计图对数据的变化趋势作出判断"的意义。这也是折线统计图学习的重要价值。

当然，与条形统计图一样，折线统计图同样也有单式与复式之分，同样也是借助横轴与纵轴来表示量之间的关系。当复式折线统计图表达数据时，也会有相应的图例。因为，条形统计图与折线统计图间有着密切的联系，所以教学折线统计图之后，与条形统计图综合起来运用，引导学生体会折线统计图与条形统计图的区别，积累起"针对不同的问题选择合适的统计图"的经验，也是这个内容学习中需要重点关注的。

（3）扇形统计图

扇形统计图，顾名思义即用扇形表示量与量之间关系的数据表达图。这也是小学阶段学习的最后一种统计图。表达数据时，从扇形统计图很容易看出"部分与总体的关系"。小学阶段，因为扇形统计图与百分数有着紧密的联系，其认识过程涉及百分数的知识，所以教材将这一内容安排在百分数之后。

我们知道，扇形统计图在没有数据的情况下，学生能够根据扇形的面积大小读懂部分与总体的关系；而在有数据支持的情况下，还能根据数据回看扇形统计图的整个制作过程。另外，我们还能够根据一份完整的扇形统计图，认识数量间的多少，同时还能够了解部分量与部分量、部分量与总体量之间的关系，这是扇形统计图所特有的功能。这也是教师在引导学生探索认识扇形统计图时，需要关注与把握的。

（三）统计量

小学阶段涉及的"统计量"有"平均数"和"百分数"。

1. 平均数

平均数作为一种统计量，代表一组数据的集中趋势，在日常生活中有广泛应用。教材将平均数的内容编排在第二学段，并提出了相应的教学要求："知道用平均数可以刻画一组数据的集中趋势，知道平均数的统计意义；知道平均数是介于最大数与最小数之间的数，能描述平均数的含义；能用平均数解决有关的简单实际问题，形成初步的数据意识和应用意识。"这不仅说明了平均数的教学要求，而且阐明了平均数的本质。学生在学习平均数时，困难有两个：一是理解平均数是一个统计量，而不是一个具体量；二是求解一组量的平均数时，用"总量÷个体的数量"的方法求得平均数的过程，其根本思想是"移多补少"。

另外，因为平均数在日常生活中有广泛应用，所以教学时，基本思路即从现实生活问题入手，让学生通过调查研究或实验探究，收集数据，体会平均数产生的必要性，并结合探索解决问题的过程，知道平均数可以刻画数据的集中趋势和代表一组数据的"整体水平"，从而发展学生的数据意识。

2. 百分数

百分数作为一种统计量，是《"课程标准"（2022年版）》提出来的，其实质是在比较两个量时，通过标准的统一，使不易比较的量变得容易比较，继而帮助人们对相关事物作出判断。而将百分数作为一种统计量来学习，除了强调百分数"表示的是两个量之间的倍数关系"之外，还蕴含着引导学生理解百分数的两层意义，"既可以表达确定数据，如饮料中果汁的含量，税率、利息和折扣等，也可以表达随机数据，如某篮球运动员的罚球命中率、某城市雾霾天数所占比例等"。①

与平均数类似，因为百分数在日常生活中应用广泛，所以教学时，同样可以从真实的问题情境出发，在解决问题的过程中，感受百分数作为统计量的意

---

① 中华人民共和国教育部制定.义务教育数学课程标准（2022年版）[Z].北京：北京师范大学出版社，2022，41.

义，体会百分数如何表示现实世界中的确定现象或者随机现象，领会数据的现实意义与统计意义，发展数据意识。

（四）随机现象发生的可能性

概率知识对于小学生来说，还是一个全新概念，认识理解上存在一定的难度。但作为概率知识的核心"随机现象发生的可能性及可能性大小"的相关内容，对学生理解基于数据对事物作出判断与推测有着重要的作用。因此，这一知识在小学阶段不能回避，必须面对。当然，小学阶段讨论"随机现象发生的可能性及可能性大小"的问题，主要集中在"可能性"这一单元，大多数教材将这一内容安排在五年级。这一安排的理由是：虽然五年级的学生只是初步感知这种不确定事件，对具体的概率问题还没有深入地理解和运用，但此阶段的学生已经具备一定的生活经验和统计知识，对现实生活中的确定现象和不确定现象已经有了初步的了解，并有一定的分析能力和判断能力。现结合"人教版"教材内容对这一内容作分析，如下图。

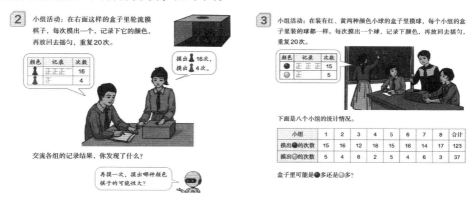

图 1.2.4 "人教版"教材"可能性"图

教材图 1.2.4 中，例 2 与例 3 的情境层次是不同的。例 2 用的是一个"明盒"。根据盒中给出的信息，学生凭生活经验能判断摸到哪种颜色的棋子的可能性大。然而，通过实际的"摸"却有"摸出来的结果与判断结果并非一致"的情况，促使其打破固有思维，充分体验随机性。同时，学生再通过多组数据的比较感悟数据存在的规律性。这是例 2 设计的意图。例 3 用的是一个"暗盒"，由于只知颜色不知具体数量，在摸球的过程中，教师需要引导学生体验数据的随机性和规律性的特点。学生唯有通过足够多的次数（即数据样本足够大），才能感受到数据产生的规律性。当然，这一学习过程更重要的意义在于，可以引导学生深切地感受到数据本身的价值："数据中所蕴含的信息可以帮助我们对一个未知事件作出更好的预测。"[①]

这样的学习过程，也能够真正体现《"课程标准"（2022 年版）》提出的"随机现象发生的可能性"的感悟，学生需要理解数据的随机性与同样的事情每次收集到的数据可能不同，而只要有足够多的数据，就可能从中发现规律。

三、统计与概率关系简析

小学阶段，"统计与概率"的内容在编排上，体现了"统计为主、概率为辅"的特点，内容极为丰富，"年级贯穿且交替进行，有层次性"。但各种版本的教材在"统计"与"概率"内容的编排上，又不是完全独立的，而是相互关联、相互渗透的。典型的内容如"百分数"等。[②]

我们继续深入思考，统计是关于确定性和随机性数据资料的收集、整理、分析和推断，按其是否使用概率方法，可分为两个层次：描述统计学和推断统计学。[③] 生活中有很多事情是具有随机性的，比如在解决选择班级午餐随餐水果的问题中，需要统计全班同学最喜欢吃哪种水果，在实际举手投票中会出现几次统计结果不一致的现象，究其原因是低年级学生缺乏主见，在统计过程中

---

① 杨海荣.淡化概率计算注重数据分析 [J]. 小学数学教师，2018(06)：20-22.

② 唐佳丽，李勇."统计与概率"在小学数学教材中的编排分析 [J].数学教育学报，2022（2）：59-63.

③ 数学辞海编辑委员会.数学辞海（第四卷）〔M〕.陕西教育，2002.

对喜欢吃的水果容易摇摆不定，这就造成了统计数据的随机性。在数据收集的过程中，会碰到许多类似的不确定现象，实际教学中，教师可渗透随机性、可能性思想，让学生经历猜测、验证的过程，提高他们对简单随机事件进行判断的能力。

同时，概率也离不开统计知识，得出概率结果的过程就是数据统计分析的过程，如摸球中摸到什么颜色球的可能性大，掷硬币中正面朝上的可能性大还是反面朝上的可能性大，都需要统计摸到的不同颜色球的个数，统计正面朝上和反面朝上的次数，通过对多次统计数据的分析才能进行判断并作出预测。

因此，概率教学中应注重"数据分析观念"的渗透，统计教学中应注重"随机思想"的体悟，唯有如此，学生对于"统计"与"概率"之间联系的把握才能更为牢固，相关的知识才能融会贯通。

第三章

促进小学生数据意识形成的学习设计

"数据意识"作为《"课程标准"（2022年版）》中关于小学生核心素养的表现之一，其内涵表述如下：

"数据意识主要是指对数据的意义和随机性的感悟。知道在现实生活中，有许多问题应当先做调查研究，收集数据，感悟数据蕴含的信息；知道同样的事情每次收集到的数据可能不同，而只要有足够的数据就可能从中发现规律；知道同一组数据可以用不同方式表达，需要根据问题的背景选择合适的方式。"[①]

从以上内涵中，我们对"数据意识"可以解读出三层意思：一是认识数据的价值（数据中蕴含着信息）；二是体验数据的特点（即数据的随机性和规律性）；三是了解数据分析的方法（多样性和适用性）。这三个层面，教师需要引导学生，结合解决生活问题的经验，经历数据收集、整理、分析活动的体验，在习得"统计与概率"知识技能的同时逐步实现。其学习过程需要有相应的设计，特别是在问题驱动、沉浸体验、功能抉择与全程历练等方面，需要在目标明晰、材料选择与方法应用上作深度设计。

---

① 中华人民共和国教育部制定.义务教育数学课程标准（2022年版）[Z].北京：北京师范大学出版社，2022:9.

一、真问题驱动：激起统计需求

《"课程标准"（2022 年版）》在"统计与概率"领域的内容说明中，特别强调了事物、生活情境、真实问题等学习材料的应用。特别是在第三学段的"数据的收集、整理与表达"主题的学习要求中，更是着重提出了"能根据问题的需要，从报纸、杂志、电视、互联网等媒体上获取数据，或者通过其他合适的方式获取数据"。可见，实际情境与真实问题，是唤起学生统计需求的重要因素。因此，在实际的学习中，教师应有意识地提供现实情境，采用"真问题驱动"的方式，激起学生的统计需求。当学生"收集数据、整理数据、表达数据"的需要被激起时，其会更易于认识数据的统计意义，会更主动去关注数据背后隐藏的信息，借助数据分析问题的欲望也会更加强烈，数据意识的发展也将更加完善。

由此，我们来解读教材上的情境材料，分析其设计意图，在考虑其局限基础上设计更贴近学生生活实际的情境，选取学生更熟悉的材料，这样生成探究问题时，学生的学习也会更加深入。

表 1.3.1 "人教版"教材主题情境材料例题表

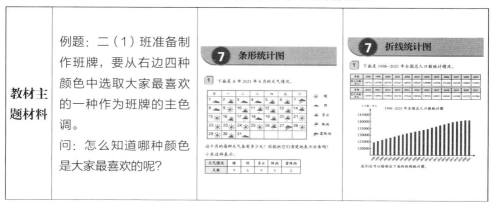

| 教材主题材料 | 例题：二（1）班准备制作班牌，要从右边四种颜色中选取大家最喜欢的一种作为班牌的主色调。
问：怎么知道哪种颜色是大家最喜欢的呢？ | | |

材料解读	选择班牌颜色作为驱动任务的材料贴近学生生活，但一般学校在开学前已经为每个班统一制作好了班牌，再去做班牌颜色统计，可能会对统计的真实性带来影响。	统计 A 市 2021 年 8 月的天气情况的需求度会因各个地区温度变化情况而异，因此可以更改为更贴近学生实际、学生更感兴趣的统计材料。	统计 1998—2021 年全国人口数很适合探究折线统计图特点的材料，但对小学生来说可能无法激发其强烈的统计需求。
调整后的真实驱动材料	更改为符合实际的材料：我们班准备制作班徽，要从右边四种颜色中选取大家最喜欢的一种作为班徽的主色调。	更改为学生更感兴趣的材料：老师想给咱们班过个集体生日，大家觉得几月份比较合适？	更改为更易激发统计需求的材料：2024 年奥林匹克运动会将在法国巴黎举办。请同学们预测我国在这届奥运会中将取得多少金牌？

以上三例，由于原教材的问题情境与学生的实际生活有一定的距离，故而可以进行相应的调整。由此，我们需要对"真问题驱动"中问题的特点做一些说明。

一是问题的真实性。"真问题"的"真"更多地指向于现实层面，也是学生在学习生活中可以真切感受得到的问题。比如"生日问题"，学生有切实的感知，也更易于理解。

二是问题的贴合度。指学生对相应问题的感知了解不会存在困难，能够比较容易把握问题的本质，从而开展有针对性的学习活动。比如"选取班徽颜色问题"，比较容易成为每位学生参与活动的驱动问题。

因为真问题的"真"，所以有了迫切解决的需求，也就有了进入学习活动的必要，也更利于激发学生的统计需求。

二、沉浸式体验：感悟数据意义

数据意识可以说是一种在亲历完整统计过程中培养出来的"感觉"。同样，

《"课程标准"（2022 年版）》在关于发展学生的数据意识这一方面也提出了这样的要求："学生应了解在现实生活中有许多问题应当先做调查研究、收集数据。"我们说，调查采集数据是进行统计的起点。对于数学学习来说，主动收集数据、分析数据的习惯既是优秀的思维品质，也是良好的学习品质。因此，设计在真情境下展开真统计，采用沉浸式学习体验活动，经历完整的"收集数据、整理和描述数据，分析数据，并作出推断或决策"的统计过程，也是学生数据意识形成的重要过程。当然，这里的"完整"，"可以从统计教学大单元整体上认知，在细节中落实。"[①] 具体表现在数据的收集、数据的整理与数据的解读等方面。

1. 数据的收集

数据收集经验的获得，主要还是针对第一学段。一、二年级学生知识储备少，还缺少主动收集数据的意识和能力。因此，这一学段的学生需要有"亲身经历收集整理数据"的一系列活动，充分体验收集整理数据的作用和价值。比如，在二年级学习"数据收集与整理"时，结合问题情境"我们班准备制作班徽，要从右边四种颜色中选取大家最喜欢的一种作为班徽的主色调，怎么知道哪种颜色是大家最喜欢的颜色？"展开调查。在调查过程中，有学生建议采用举手的方式，有学生则建议采用画正字的方式，等等。无论采用哪种方式，其在计数、表达时，均能经历数据收集的过程，并有可能碰到数据的误差、变化等现象，从而激发其严谨、科学的方法意识，感知数据意识的丰富内涵。类似过程也存在于"调查同学们最喜欢的体育运动，以安排大课间的运动项目""调查同学们最喜欢的水果，来确定午餐水果的分发"等问题的解决中。学生这一次次数据收集与分析的活动经历，利于其积累统计活动经验、收集数据经验，并能逐步体会到生活中充满着大量的数据，很多问题的解决可以先做调查研究、收集数据，再通过分析作出合理决策的数据观念。

---

① 王强国 . 小学生数据分析观念的培养路径 [J]. 小学数学教育，2020(20)：17-18.

2. 数据的整理

数据收集基础上的记录，也是学生统计活动中的基本组成部分。比如在"数据的收集与整理"的某个统计活动中，基于任务"学校举行讲故事比赛，要在这两位同学中选一位参加"的驱动，组织学生进行画正字动态统计。整个过程虽然费时较多，但在画正字记录时，学生能够充分感受到数据的不断变化，并能更深刻地感受到每一个参与对象对结果都有可能产生影响，继而感受到"数据的重要性"。这个记录整理数据的过程能让学生真切地感知"数据的价值"。

再如学习"条形统计图"时，因为是第一次学习"统计图"的内容，学习活动可以设计得既生动又有趣味，同样可以采用现场动态整理数据的方式进行。比如，在对"班里哪个月生日人数最多"这个问题进行统计时，可以在提供的象形图或方格图上直接整理记录。当全班同学依次报出自己的生日月份时，每位学生都有将原始数据在图上填涂、标注的经历，从而能够充分体验条形统计图中"量"的多少的变化，经历数据收集与整理的过程，体会数据收集的意义。

3. 数据的解读

信息技术手段的辅助，使得手绘作图在实际生活中不再那么重要，因此教学统计图时，应引导学生会看图，会分析，能根据统计结果作出简单的判断和预测。随着课程实践的深入，这一观点也被越来越多的教师认同。读图在"统计与概率"教学的课堂上，成为引导学生数据意识发展的重要手段。

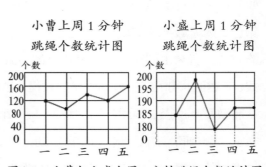

图 1.3.1 小曹与小盛上周 1 分钟跳绳个数统计图

比如，在"折线统计图"的相关内容学习中，学生之前经历了充分的数据收集与整理的过程，碰到图 1.3.1 中"小曹与小盛谁的跳绳水平高？"的问题（纵轴标准不统一）时，即可侧重于数据的解读与分析。学生经过此类学习问题的探讨，可以更加高位地认识折线统计图，即超越数据本身的读取。

当然，通过沉浸式体验来激活学生的数据意识，在具体实践中还需要关注数据自身的特质与学习价值。

数据的"决策"意义。根据统计图表中的数据，分析数据的变化趋势，预测事情的发展，感受数据价值，进行决策。如根据班级每个月的生日人数统计图，可以决策哪个月为集体生日月；根据近几年我国奥运会金牌数量统计图，推测2024年我国奥运会金牌数……学生了解到原来数据是可以说话的，体会到数据在解决实际生活问题中发挥的真实价值。

数据的"正确"解读。能根据统计结果做出简单的判断和预测是发展学生数据意识的重要内容。这一过程中，学生需要对数据作深度分析，正确解读，才能读对数据，用好数据。

如在学习折线统计图时，出示小曹和小盛两位同学的1分钟跳绳统计图（如下图中的左两图），提问：如果派一位同学代表班级参加比赛，你建议老师派哪位同学去？

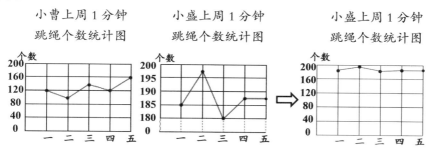

图 1.3.2 两位同学 1 分钟跳绳数比较图

首先调查时，大部分学生会选择小曹，究其原因是统计图中的"点"与"线"对视觉冲击相对较大，会让学生对数据误读误判。当学生发现两图在纵轴的单位数据不同时，才知道自己对图中数据的解读过于"简单化"了。事实上，解读这两图中的数据，需要统一纵轴上的单位刻度才能比较。于是给出统计图（图1.3.2 中的右图），学生才能比较准确地感受到，小盛的成绩比较稳定，且处于高位稳定。这样的学习过程表明，即使是同样的数据，不同的纵轴单位刻度会导致不同的统计图形态，因此，读取统计图数据不仅要关注线的结构，还要关注纵轴的单位刻度。数据读取要兼顾形与数，这样才能更准确客观地分析，同时还可对小盛下一次的成绩作出更科学的预测。[①]

三、功能性抉择：理解统计本质

统计的本质在于收集数据、理解数据，继而能够表达数据，并用数据解释或解决相应的实际问题。当然，在这一过程中，其基本思想是因需而选、因需而用，即根据实际问题的解决需要而选择统计表或统计图。以统计图为例，三类统计图有着各自的特点，没有好坏之分，条形统计图侧重于呈现不同类别数据数量的多少；折线统计图更侧重于反映其数量的增减变化；扇形统计图侧重于直观呈现不同类别数据数量在整体中的占比情况。应用时，需根据统计的需求选择适合的统计图。

选择合适的统计图、表，实质也是在理解统计相关知识的基础上的一次深入对比辨析和总结提升。学习者准确理解问题背景与准确定位后，才能作出合理的选择，这也表明了学习者对统计图表本质有了进一步理解。

比如，将统计表与条形统计图作比较，两者都侧重于呈现不同类别数据数量的多少，但统计表只是呈现了相应的数据，而条形统计图不仅呈现了相应的数据，而且还在直观的形上，对数据的大小有清晰的表达。若实际问题只需要对相应的数量作调查的话，那么选择统计表比较合适；若实际问题不仅有相应数量的调查，还需要对不同类别量的多少给予关注的话，那么选择条形统计图则更为直观。

---

① 曾潇洁，蒋敏杰．经历完整过程，发展数据意识——《折线统计图》教学与评析 [J]．教育视界，2022(05)：58-61.

再比较条形统计图和折线统计图，除前者侧重于呈现不同类别数据数量的多少，后者侧重于反映其数量的增减变化之外，两者还有一个区别是：条形统计图是记录数据，调换横轴各量的顺序，不会影响统计图的读取、分析或判断；而折线统计图由于数据涉及时间背景，又因时间是有先后顺序的，蕴含数据的发展变化，不宜调换横轴各量的顺序。

当然，学生对以上统计图、表相应特点及其功能的理解并不是一蹴而就的，而是需要相应的学习活动做支撑的。实践中，我们可以引导学生结合以下活动进行。

1. 在对比读图中加深理解

统计图或统计表都有其相应的优势与特点。比如，在对比统计表和条形统计图的优势时，教师可以呈现相同内容的图与表，并引导学生结合问题思考：从这两张图表中快速寻找 2023 年哪个省人数最多？浙江省的具体人口数量是多少？

表 1.3.2　2023 年中国部分省份人数调查统计表

省份	四川	山东	河南	江苏	广东
人数	83674866	101527453	99365519	84748016	126012510
省份	河北	湖南	湖北	海南	浙江
人数	74610235	66444864	57752557	10081232	64567588

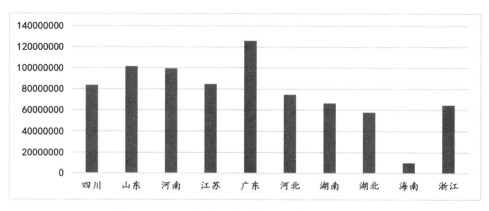

图 1.3.3 2023 年中国部分省份人数调查统计图

显然，比较数量的多少（即找最多）时学生的关注点落在统计图的形上，找具体数据（确定人数）时，关注点落在统计表的数据上。通过这样的对比选择，教师引导学生将关注的焦点落在统计图、表的结构上，从而进一步理解图与表的特点与内涵。

2. 在表达应用中深化理解

对于学生而言，扇形统计图的特点与优势相对容易理解一些，但条形统计图与折线统计图则不太容易理解。特别是在条形统计图与折线统计图的转换上，学生更容易出现误解：适合条形统计图的肯定不适合折线统计图，无序的、没有潜在变化规律的离散数量，不宜用折线图。为了打破学生的思维定式，可以引导学生进行选图。

表 1.3.3　五个城市温度统计表

城市	北京	哈尔滨	海口	济南	上海
温度（℃）	6	1	31	15	20

如根据上面这张统计表，请学生说说选择什么统计图比较合适。相信大部分学生会选择条形统计图，因为这五个城市没有关系，是离散量。

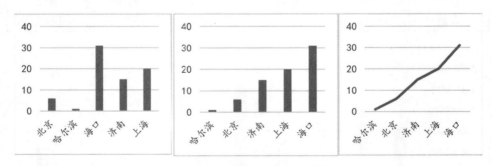

图 1.3.4　五个城市温度统计图

接着根据条形统计图可调换横轴数据的特点，调换后引导学生思考：现在用折线统计图合适吗？此时学生会惊奇地发现这五个城市地理位置由北向南，温度由低到高，存在递增趋势，用折线统计图能直观表示出来，同时说明我国地域辽阔，这是从先前的条形统计图中很难读取到的信息。看来，合适的图能让数据开口说话：毫无关系的五个城市的温度居然还有着这样的关系。

四、全过程历练：体悟统计的意义

"统计与概率"领域的学习内容与学生的生活紧密相关，且在生活中有相当普遍的应用与实践。因此，在教学相关内容时，教师引导学生利用课内课外的时间，结合一些实践性学习活动，进一步经历收集数据、整理数据、展示数据、分析数据以及应用数据解决问题的过程，从而更好地发展学生的数据意识，培养学生的学习能力。实践中，教师可以采用项目设计的方式，引导学生自主实践、自主探索。

1. 基于"课程标准"定主题

与"统计"知识相关的项目主题一般需以《"课程标准"（2022年版）》中"统计与概率"领域相关内容为基础，结合教材内容确定。

表 1.3.4　以"统计与概率"领域内容为主题的项目活动例举表

项目名称	统计内容	活动目的	成果呈现（例举）
我是购买校服调查员（二下教材）	线下统计：学校各班喜欢的校服颜色	通过数据分析，为学校购买校服提供精准化的建议	校服购买建议书
我是家庭记账员	城市生活：普通家庭一年开支情况	通过分析数据，提出合理记账改善开销情况的建议	一月家庭账单以及一年家庭开销规划书
我是睡眠守护者	"双减"政策："双减"政策是否助力学生睡眠	通过调查、数据分析，向各年级各班提出倡议，向学校提出建议	睡眠调查表、统计图表
我是书店调查员	线下销售：新华书店线下书籍销量情况	通过数据分析，发现问题，提出建议	新华书店线下销售改进建议书

项目名称	统计内容	活动目的	成果呈现（例举）
我是个人引航者	个人数学测验每次的扣分情况	根据数据分析，查漏补缺，找出提高学习的方法	学习整改建议

2. 突出"实践体验"定学法

以"统计与概率"领域内容为主题的项目活动，一般采用"项目规划 + 综合实践"的方式展开，具体表述如下：

（1）关注热点，提出问题。从时事热点中发现第一手问题。根据具体的项目名称，小组可以提出不同的开放性问题。

（2）小组浅析，理解问题。小组合作分析，更加全面地理解问题，鼓励团队成员相互合作，合理分工，互相帮助。

（3）细化调整，确定方案。结合小组实际情况，确定合适的详细方案。教师在这里只需做一位助力者，如果小组碰到问题，可以请求老师帮助。

（4）调查收集，执行方案。根据拟定的方案开展调查，收集相关数据。如果调查的对象是校内学生，可求助其他班的老师帮忙；如果调查的对象是校外人员，可请求家长支持和帮助。

（5）分析展示，提问评价。展示小组成果，允许学生提出质疑，在交流碰撞中产生新的见解，在此基础上继续深入开展。

从以上基本过程中可以看出，围绕"统计与概率"领域内容进行的项目学习，在校内课堂学习的基础上，鼓励学生走出校园，于社会情境中结合实际问题收集数据，整理数据，并分析、解读数据，继而应用数据解决问题。这样的过程，特别贴合新课程实践的理念，培养学生"用统计的眼光看待问题，用统计的思维分析问题，用统计的知识呈现问题分析的结果"，也符合《"课程标准"（2022 年版）》提出的小学数学"三会"核心素养发展目标，真正做到促进学生的综合素养的发展。

第四章

从"表"到"图"，让数据可视化

本章试图回答的问题是：为什么有了统计表，还需要有统计图？统计图在社会生活中被广泛应用，到底有怎样的意义？对学生而言，又该如何在学习过程中充分实现统计图的学习价值？数据可视化理念在统计图相关内容的学习中，对学生数据意识的形成又起着怎样的促进作用？等等。

那么，什么是数据可视化呢？所谓数据可视化，是指数据转换成适当的可视化图表，将隐藏在数据中的信息直观地呈现出来。[1] 2013 年，《注意力、知觉和心理物理学》杂志发表的一项研究显示，大脑仅用 13 毫秒就可以处理视觉接收的图片信息。该书还提到，人脑处理图片信息是同步进行的，而处理文字信息是一步一步循序渐进的。这表明，在相关数据信息的类型中，人脑对图片信息的接收与处理效率高于文字信息。同样的内容，可视化图片表达比文字信息表达可以更快地发现数据的特征。因此，就小学阶段的学习来说，数据可视化是一种数据赋能的过程，能以更准确、更简洁、更高效的形式展现数据并帮助精准决策。

---

[1] 祝智庭，樊磊. 信息技术数据管理与分析［M］. 北京人民教育出版社，2021:119.

一、数据处理，从"表"到"图"的价值思辨

（一）数据整理，有了"表"，为什么还要"图"

《"课程标准"（2022 年版）》在"统计与概率"中提道："在学习过程中，让学生初步感受现实生活中存在大量数据，其中蕴含着有价值的信息，利用统计图表和统计量可以呈现和刻画这些信息，形成初步的数据意识。"[①] 具体而言，表是把数据用列表格的方式体现出来，是对数据指标加以合理叙述的形式，它能使数据条理化，简明清晰，便于检查数据的完整性和准确性，以及做对比分析。图是根据数据，用几何图形、事物形象和地图等绘制的各种图形，它具有直观、形象、生动、具体等特点。图可以使复杂的数据简单化、通俗化、形象化，使人一目了然，便于理解和比较。总体而言，表是图的基础，图是表的升级。

（二）可视化对于"统计"有着怎样的意义

从"表"到"图"的过程，有利于借助统计图表学习，促进学生建立数据意识，这是小学阶段"统计与概率"领域教学的核心要求。从收集数据、整理数据，再到描述数据、分析数据，始终围绕的是统计意义。在数据整理后需考虑选择什么样的方式呈现，制作适当的统计表或统计图，清晰、直观地呈现数据或反映隐含在数据中的一般趋势，这些过程均体现数据可视化的特质内涵。

基于此，我们可以这样理解，小学阶段"统计与概率"领域的学习需要运用数据可视化的特质，结合数学教学与学生的数学学习过程，培养学生的数据意识。

---

① 中华人民共和国教育部制定.义务教育数学课程标准(2022 年版)［Z］.北京师范大学出版社，2022.4:37.

二、不同统计图间的关系分析

作为数据可视化的载体，小学阶段主要认识的统计图有条形统计图、折线统计图、扇形统计图这三大类。关于这三类统计图，我们可以通过"人教版"教材中的分布情况与呈现方式作一定的了解。

（一）统计图在小学教材中的分布情况

表1.4.1 "人教版"教材统计图分布表

统计图类型	条形统计图		折线统计图		扇形统计图
	单式条形统计图	复式条形统计图	单式折线统计图	复式折线统计图	
教材分布	四年级	四年级	五年级		六年级
内容要求	认识条形统计图，会用条形统计图合理表示和分析数据。能在简单的实际情境中，合理应用统计图，形成初步的数据意识和应用意识。		认识折线统计图、扇形统计图；会用条形统计图、折线统计图呈现相关数据，解释统计图所表达的意义。能从各种媒体中获得所需要的数据，读懂其中的简单统计图。在简单的实际情境中，应用统计图，形成数据意识和初步的应用意识。		

以"人教版"教材为例，对统计图的教学主要集中在第二、三学段。从"内容要求"上可以感知，"条形统计图""折线统计图"和"扇形统计图"的学习要求有所不同，显然第三学段的内容要求更高一些，总体从简单到复杂，呈现进阶状态。就数据意识培养而言，通过学习，认识三种统计图的特点，从"合理表示""解释意义"再到"读懂图表"，都在说明这两个学段中的数据意识培养主要是集中在数据的收集、整理与表达的整个过程。

（二）统计图在学段中的呈现方式

统计图是描述数据的重要手段，条形统计图、折线统计图以及扇形统计图的结构、优势及相互的联系在第二、三学段中的呈现方式可以概括如下。

表 1.4.2　三类统计图分析表

	条形统计图	折线统计图	扇形统计图
结构	用直条的长短表示数量的多少。	用点表示数量的多少，用线表示数量的趋势。	用扇形的面积来表示各部分数量的多少。
优势	直观呈现不同数据的数量，反映数据分布的状态。	不仅能表示数量的多少，还能清楚地反映数量的增减变化。	直观表达部分和整体的关系，可以与百分数的学习有机结合。
联系	承载着由"表"到"图"过渡的任务，为后续学习折线统计图、扇形统计图提供学习经验和思想基础。	在学会单式条形统计图和复式条形统计图相关知识的基础上，学习一种新的数据描述方法——折线统计图。	学习扇形统计图后，对三类统计图进行整体性回顾，根据统计图的不同特点选择合适的统计图进行数据描述。
变化	学生经历从"统计表"到"统计图"的学习变化。	学生在经历"表→图"的过程之后，学习"图的对比"，感受数学学习中的对比分析法。	学生经历从关注"个体之间的数与图"到关注"个体与整体间关系的数与图"的认识变化。

另外，条形统计图和折线统计图有单式和复式之分，复式统计图的价值在于把一组相关联的数据信息整合在一起，便于展开部分与部分、部分与整体、整体与整体之间的比较，进而作出科学决策。在学习过程中，学生要了解统计图的基本结构和主要特点，并且知道从统计图中不仅可以获得数据本身的信息，还能发现数据背后隐含的信息。

三、发展学生数据意识下的"统计图"教学实践

不管是条形统计图、折线统计图还是扇形统计图，都是描述数据的载体，其背后的育人价值重在发展数据分析观念，帮助学生体会数学与生活的紧密联系，"初步形成运用数据进行推断的思考方式，养成尊重事实、用数据说话的

态度，能明智地应对变化和不确定性，自信而理智地面对充满信息和变化的世界"。[①] 那么，以统计图为例，具体怎样操作呢？

（一）直面需求，结合现实情境感受数据的统计意义

数据分析活动源于具体的生活情境，主要体现在将实际问题转化为统计问题的过程中。教学中，我们应把有价值的现实情境引入课堂，将与社会问题、学生生活等相联系的真实问题素材贯穿始终，在数学学习与现实世界之间建立紧密联系，让学生在情境中感受大量数据的存在，并在数据问题的层层深入中提取数据价值。例如人教版四上"条形统计图"一课，导入部分，教师把××市某月的天气情况呈现给学生，师生在交流中讨论统计的必要性，共同研究统计问题。

表1.4.3　呈现 2022 年 11 月 ×× 市天气情况

日	一	二	三	四	五	六
		1　雾	2　雾	3　多云	4　多云	5　多云
6　多云	7　多云	8　雾	9　多云	10　多云	11　雨	12　雾
13　雨	14　雾	15　雾	16　雨	17　雨	18　雨	19　雨
20　多云	21　多云	22　雾	23　雾	24　多云	25　多云	26　多云
27　雾	28　雨	29　雨	30　雪			

问题1：看到这些数据，你感觉怎么样？

问题2：根据数据整理，你觉得 ×× 市这个月的天气怎么样？

问题3：除了可以用以前学过的统计表来整理，你还想到什么办法？

围绕呈现的真实数据，教师用三个研究问题进行串联与引领，第一个问题是让学生感悟数据统计的必要性；第二个问题是让学生体会根据数据整理形成的数据判断；第三个问题可以让学生进一步感受数据表达方式的丰富性。如此，借助问题的方式通过统计图直观呈现不同数据的数量，反映数据分布的状态，突出直观与对比，让学生从现实情境中具体感受统计图在生活中的价值与作用。

---

① 张井华．浅析小学统计与概率课程的教学价值［J］.吉林教育，2013（31）:123.

（二）渐进体验，结合问题解决发展数据分析思维

数据思维是数据意识形成的过程，具体到统计图，统计的学习不是简单的一个知识点或是一项技能，而是一种数据分析的思想。学生的统计水平分为三个层次：一是能读懂统计图中直观的信息；二是经过简单推理能读懂信息；三是能对数据进行解释和预测。① 因此，在学习统计图的全过程中，教师应始终围绕这个目标有层次、有方法地组织教学，让学生在不断地体会、应用中丰富活动体验，发展数据意识。

1. 有序读图：读懂是什么

在认识条形统计图的过程中，教材先安排单式统计图，再编排复式条形统计图（包括纵向式与横向式）的内容，"生活中的数学"练习里呈现了条形叠加的复式条形统计图。循着教材的编排顺序，教师应引导学生专注图表的本质属性。首先，从比较单式条形统计图与复式条形统计图的不同开始，逐步认识复式条形统计图的本质属性——既能够清楚表示几组不同的数量，又能清楚地反映几组数量之间的相差关系；再让学生体会复式条形统计图的多种呈现方式，从而意识到不管是纵向绘制还是横向呈现，只是表达形式上的不同，本质上是相同的。

2. 体验析图：清楚为什么

感悟数据中蕴涵着信息，是具有数据分析观念的重要表现。在教学中，我们应着力引导学生通过数据分析主动提取有效信息、分析相关问题。在教学折线统计图时，教师利用"看""判""想""问"四个关键词呈现研究方案，引导学生开展探究。以下图（表）为例：

---

① 史宁中，张丹，赵迪.."数据分析观念"的内涵及教学建议——数学教育热点问题系列访谈之五［J］. 课程·教材·教法，2008（06）：40—44.

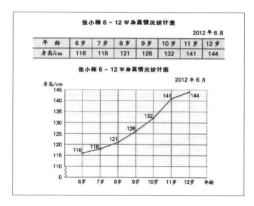

图 1.4.1 "折线统计图"学习材料图

角度一："整条线"的分析

生：随着年龄的增长，张小楠越长越高，她6~12岁之间一共长了28cm。

角度二："每段线"的分析

生1：张小楠10~11岁身高增长得最快，长了9厘米。

生2：我观察了线，发现10~11岁这中间的一段线最长，倾斜度最大。

生3：张小楠6~7岁身高增长最慢，因为这段线最平缓。

小结：整条线能告诉我们数据变化的趋势，而每段线能告诉我们数据变化的快慢情况。

角度三：基于数据的推测

学生表示没有办法准确判断张小楠13岁的身高，需要再提供一些数据和信息。教师呈现我国6~13岁女生的平均身高数据（13岁的平均身高是156.3cm）。

师：看了这张数据表，再推测张小楠13岁时的身高，你会作出怎样的判断？

学生根据相关数据比较发现张小楠6~12岁的身高比同龄女孩矮一些，推断她 13 岁时的身高不会超过 156cm。

小结：只靠单一数据进行推测不太准确，而与相关数据进行比较后，可以更准确地判断。

该教学过程中，考虑到学生独立分析数据存在一定的难度，教师采用"研究方案"作为支架，目的是帮助学生进行全面和深入的研读，使他们从关注"整条线"的趋势到关注"每段线"的变化，从关注"现有数据"到进行"预测判断"，体会数据的随机性，在加深体会统计分析价值的基础上培养学生的数据推理能力。

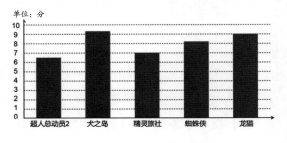

图 1.4.2 动画电影评分统计图

3. 审辨理图：清晰怎么选

学习好条形统计图、折线统计图和扇形统计图后，可以设计一个综合运用多种统计数据的场景进行分析：

小丽双休日想去看动画电影，她上某电影网站查看了一些影评数据（图 1.4.2），发现《犬之岛》评分（平均数）最高。

（1）小丽以这个条形统计图数据作为选择影片的唯一依据合适吗？为什么？

（2）妈妈找到了该网站评分人群年龄分布的扇形统计图（图 1.4.3），你发现了什么？

（3）爸爸搜索到了动画电影占全国电影总票房百分比的拆线统计图（图 1.4.4），动画电影票房占比呈现什么样的总体趋势，是儿童观影人数越来越多了吗？请联系下面的扇形统计图说说你的分析。

（4）你觉得进行数据分析时，要注意什么？

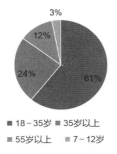
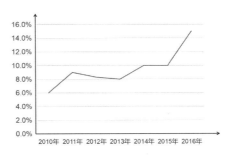

图 1.4.3 评分人群年龄结构分布图　　图 1.4.4 动画电影票房占比图

借助图的分析过程，学生会发现虽然从条形统计图中看到评分最高的是《犬之岛》，但是这个评分不适合作为小丽选择影片的依据。因为从妈妈检索到的扇形统计图可以看出，参与网站评分的人群中 7~12 岁的儿童只占 3%，说明评分最高的动画影片《犬之岛》不一定是儿童最喜欢的，很可能主要是大人喜欢。

问题（3）则提示学生，综合妈妈、爸爸提供的信息，分析动画电影票房占比上升的原因，很可能是因为观众成人化。在此基础上，问题（4）启发学生交流数据分析的体会与经验。通过审辨的理图过程，启发学生关注数据的来源，思考数据处理分析的方法，以及对由此得到的结果进行合理的质疑。

（三）综合判断，结合高阶任务完成数据推理能力

大数据的核心是推理预测。在大数据时代，用数据来分析和解决现实问题理应成为一种习惯、一种观念、一种素养，这是学生终身学习和可持续发展的基本途径，是培养创新意识和实践能力的基本载体。例如，在学习了折线统计图后，教师提供一幅折线统计图的走势情况（如图1.4.5），让学生猜一猜大概统计的是什么内容。读图的训练，一方面可以让教师了解学生能否准确地解读统计图中的数据

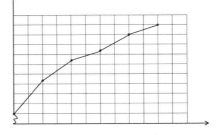

图 1.4.5 折线统计图样例图

变化，并能根据趋势变化寻找生活中的相关现象；另一方面也可以体现学生用

数学模型还原生活中此类现象的能力。

当教师告知上图（图1.4.5）为某同学0~10岁每两年身高情况统计图，并完善相关数据后，让学生进一步猜测四幅折线统计图中哪一幅用来表示小明0~24岁的身高比较合适？如图1.4.6所示：

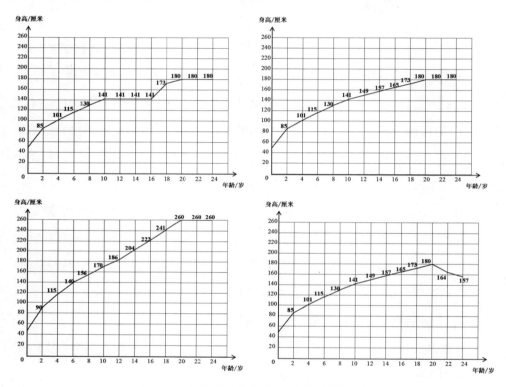

图1.4.6 "折线统计图"学习比较材料图

通过选择的过程，教师可以看到学生能否恰当读图、析图，以及根据数据与实际情况进行现实推断来解决实际问题的能力。最后，老师还可以让学生结合实际情况，推测某同学接下来一直到老的身高变化情况。学生对于折线统计图的学习积累了一定的经验，能进行综合分析与判断推理，此时引导学生展开逆向思维，从"单一读图"到"据图选事"，由观察分析走向综合思考，这样的学习过程能让学生经历思维与情感的双向奔赴，学会用数学的眼光看问题。

第五章

小学生"数据意识"测评框架设计及测评题举隅

学业质量评价是课程改革中的重要内容，也是课程改革实践推进过程中的难点之一。《"课程标准"（2022年版）》将学业评价作为一项强化的内容，在"教学评一体化"理念的指导下，提出了"学业质量标准"的具体要求。主要将核心素养表现达成及发展的评估进行了学段目标的具体描述，充分强化了测试评价在落实核心素养培养过程中的重要性。在"统计与概率"领域，数据意识"评什么""怎么评""评后结果如何解读"该怎样设计呢？

一、小学生"数据意识"评价指标的设定

数据意识主要是指对数据的意义和随机性的感悟。《"课程标准"（2022年版）》在小学阶段"学业质量标准"中，关于数据意识有如下表述：[①]

第一学段（1-2年级）：能对物体、图形或数据按照一定的标准分类，形

———————————

① 中华人民共和国教育部制定. 义务教育数学课程标准（2022年版）[Z]. 北京：北京师范大学出版社，2022:81.

成初步的数据意识。

第二学段（3-4年级）：能分析与表达数据中蕴含的信息，能绘制简单的数据统计表和统计图，形成初步的数据意识。

第三学段（5-6年级）：知道数据的统计意义，能对一些随机现象发生的可能性大小作定性描述，形成数据意识和推理意识。

基于以上表述，本章以"数据意识"培养和发展为目标，从内容维度和能力维度两个方面制定小学生数据意识测评标准，确定"评什么"。

（一）内容维度

从课程内容来分析，"统计与概率"领域的学习内容，是发展学生数据意识的重要载体。小学阶段围绕"统计与概率"领域的内容，分布在三个学段，由浅入深，相互联系。学生在学习的过程中，了解统计与概率的基础知识，感悟数据分析的过程，形成数据意识。详细可见前文第二章列举的"人教版"教材中"统计与概率"内容分布表（见表1.2.1）。

（二）能力维度

根据《"课程标准"（2022年版）》对数据意识的描述，对数据意识的内涵进行分解，划分成四个方面的能力要素，并进一步对每个能力要素细化解构，列出具体的行为表征，然后对应具体的学习内容，形成"数据意识"能力要素分项表（见表1.5.1），明确了所要达成的学习目标，并以学习目标导向评价目标。

表 1.5.1 小学数学"数据意识"测评能力要素分项表

能力要素	具体表征	对应内容
数据分类与感悟	01. 能依据事物特征，按照一定的标准进行分类；能发现事物的特征并制定分类标准，依据标准对事物分类；能用语言简单描述分类的过程；感知事物的共性和差异。	分类；象形统计图
数据收集与整理	02. 能收集、整理具体实例中的数据，并用合适的方式描述数据，分析与表达数据中蕴含的信息。	数据的收集与整理；单式统计表；复式统计表
数据收集与整理	03. 知道简单的收集数据的方法，知道数据的变异性，会呈现数据整理的结果。	数据的收集与整理；单式统计表；复式统计表
数据描述与表达	04. 能根据问题的需要获取数据，能把数据整理成条形统计图、折线统计图。	单式条形统计图；平均数；复式条形统计图；单式折线统计图；复式折线统计图；扇形统计图
数据描述与表达	05. 知道条形统计图、折线统计图和扇形统计图的功能。	单式条形统计图；平均数；复式条形统计图；单式折线统计图；复式折线统计图；扇形统计图
数据描述与表达	06. 会解释统计图表达的意义，能根据结果作出简单的判断与预测。	单式条形统计图；平均数；复式条形统计图；单式折线统计图；复式折线统计图；扇形统计图
数据描述与表达	07. 知道用平均数可以刻画一组数据的集中趋势，知道平均数的统计意义。	单式条形统计图；平均数；复式条形统计图；单式折线统计图；复式折线统计图；扇形统计图
数据描述与表达	08. 能描述平均数的含义，能用平均数解决有关的简单实际问题。	单式条形统计图；平均数；复式条形统计图；单式折线统计图；复式折线统计图；扇形统计图
随机现象发生可能性	09. 能列举生活中的随机现象，列出简单随机现象中所有可能发生的结果，判断简单随机现象发生可能性的大小。	可能性
随机现象发生可能性	10. 能根据数据提供的信息，判断随机现象发生的可能性。	可能性
随机现象发生可能性	11. 能在真实情境中理解百分数的统计意义，解决与百分数有关的简单问题。	百分数的认识；百分数的应用

上表中，"数据意识"的具体表征是根据各年级课程目标、教学内容、学业要求，分析细化"数据意识"素养表现的四个维度的具体行为，将学期学习目标与能力指标进行匹配，并与单元学习内容相对应。甚至可以具体到每一册教

材学习内容，还可以结合单元教学以及课时教学的要求，梳理出具体的更为详细的测评点。

二、小学生"数据意识"的水平划分

学业质量也就是学生完成相应课程内容学习后的学业成就表现，对于个体来说，一般存在着水平差异。因此，在确定了"评什么"之后，需要对相应的指标进行水平描述，从而能够更好地对学生群体或个体作出恰当的学业质量评定。同时，有了细化的水平描述，也有利于教师了解学生在"数据意识"的发展过程中的水平状态，对学生数据意识的培养也更有抓手。

（一）基于认知目标的水平层次划分

结合布卢姆目标分类法，将测评习题进行分类和等级化，根据能力要素分项表中的具体表征要求，对统计与概率中的核心要素"分类、统计表、统计图、统计量、可能性"进行四个层次的水平划分，串联相关测评点。[①]

水平一：认识和初步理解水平。即是否能够感知到所学内容的存在，属于较低级的知觉层次。如学生看到统计图，知道这是统计图，能够知道统计图所表示的大致信息。

水平二：理解与解释水平。即是否理解所学核心要素的含义，是否能够解释说明数据本身的信息，但尚不涉及运用。

水平三：应用和分析水平。即是否能将相关的知识运用到实际生活中去，解决实际问题，是否能够读取、分析数据之间的信息。

水平四：创造和评价水平。即是否能将所学内容综合起来，能读懂数据背后的信息并创造新的内容，是否能对所学内容进行评价，并能够在不同的实际

---

① L·W. 安德森. 学习、教学和评估的分类学 [M]. 上海：华东师范大学出版社，2008.

情况中进行选择和决策。

（二）基于数据意义的水平表现分层描述

基于学生的理解掌握情况，参考相应研究成果后，从数据意识的四个维度的能力表现进行水平划分，每个维度划分成四个不同层次。[①]

维度一：数据分类和感悟。数据分类维度以数据的来源、分类、判断和主动应用数据的意识角度划分水平层次。

水平一：没有自主要通过调查研究收集数据、分析数据来解决问题的意识，经他人提示，还是没有感悟。

水平二：没有自主要通过调查研究收集数据、分析数据来解决问题的意识。经他人提示，能够较快感悟。

水平三：对于数据特征明显的问题，意识到需要通过调查研究收集数据作分析来解决，知道数据具有实际意义。

水平四：对于数据特征不太明显的问题，能够意识到可以通过调查研究收集数据作分析来解决，知道数据具有实际意义。

维度二：数据收集与整理。数据收集与整理维度以数据收集方法的选择运用，数据的筛选、分类、排序等方法掌握角度划分水平层次。

水平一：没有数据收集和整理的意识，没有相应的方法。

水平二：只知道用单一的方法进行数据收集和整理。

水平三：知道能用多种方法进行数据收集和整理，但面对不同的问题不能选择合适的方法。

水平四：知道对不同的问题需要收集与整理不同的数据，对同样的问题也可以收集与整理不同的数据。

维度三：数据的描述与表达。数据表达维度以统计图表的认识与选用、统

---

① 童莉，张号，张宁.义务教育阶段学生数据分析观念的评价框架构建 [J]. 数学教育学报，2014，23（7）：45-48.

计量的理解与表征、数据分析与作出合理判断角度划分水平层次。

水平一：问题的解决没有意识到要用数据分析的方法。

水平二：只知道用单一的方法分析数据，没有认识到分析数据可以用多种方法。

水平三：知道统计量和统计图表的意义，能用多种方法分析数据，但还不能选择合适的方法。

水平四：知道统计量和统计图表的意义，能用多种方法分析数据，可以根据不同的问题需要选择合适的数据分析方法。

维度四：随机现象发生的可能性理解。数据随机性维度以数据收集中的随机性和数据推断中的随机性角度划分水平层次。

水平一：不能认识到同一事件每次收集到的数据结果可能不同，不能体会随机现象。

水平二：能认识到同一事件每次收集到的数据结果可能不同，能体会随机现象。

水平三：能认识到同一事件每次收集到的数据结果可能不同，能用数据对不确定事件发生可能性大小进行表示和度量。

水平四：能在实际情境中，对一些简单随机现象发生可能性大小作出定性描述。

三、小学生"数据意识"测评题举隅

测评题是测评工具的重要组成部分。测评题的形式也是多类型的，有客观题，如填空题、选择题、判断题等；也有主观题，如解答题、阐述题等。无论哪一种形式的测评题，均需要围绕测评目标进行设计。小学生"数据意识"测评框架下的测评题命制，同样需要遵循这一原则。

实例一：对数据质量判断的测评。

数据质量是指数据本身的特征及数据记录中所蕴含的信息质量。学生对数据质量的判断是数据意识的重要表现之一。学生对数据质量的认识，首先表现在对数据的敏感性，能够意识到可以运用数据来解决问题，能够关注和发现身边存在的数据来源。其次是能结合需要解决的实际问题，对数据的信息质量，如数据的有效性、真实性和可靠性进行正确的判断。对数据质量的判断正确与否直接影响后续是否能有效地解决问题。教师可以设计相应的测评题考查学生对数据质量的理解。

例题1：元旦放假，小明对某商场的消费者做了关于消费水平的调查。（　　），调查的结果最有价值。

A.在一个衣服柜台进行调查　　　B.在所有衣服柜台进行调查

C.在商场的出口处进行调查　　　D.在商场1千米外进行调查

此测评题专门针对数据的来源进行了测评。数据的来源是否可靠，在一定程度上决定了数据的质量。要了解某商场消费者的消费水平，需要进行数据的调查研究，选择在哪个位置进行调查收集的数据能够更好地解决问题呢？教师引导学生结合自身的生活经验及对相关统计知识的理解对4个选项进行思考选择。通过分析可以知道：在一个衣服柜台进行调查和在所有衣服柜台进行调查，收集到的数据都会比较单一，仅限于衣服的消费；在商场1千米外进行调查，距离商场有些远，收集到的数据与商场的关联度会比较低；而在商场的出口处进行调查，能对商场的消费者当天的消费有一个整体的了解，因此选择C。测评的过程一方面引导学生感悟数据质量对解决问题的重要性，另一方面让学生感悟不同的数据对于同一问题的不同作用。

实例二：对数据操作效能的测评。

数据操作指对收集到的数据进行整理和表达。从现实生活或实验中收集到的一手数据，常常是无序的、杂乱的，不能直接运用于解决问题。发展学生的数据意识，需引导学生从问题解决的角度发现并知道从杂乱的数据中难以看出规律，要通过筛选、分类、排序等方式对其进行整理，呈现数据所蕴含的规律，再通过图表等方式将数据的特征和规律直观化。我们常见的评价方式，常常是直接呈现完善的统计图和统计表，让学生根据图表回答问题，而较少考察数据的整理过程或图表的形成过程，而后者才是学生数据意识发展的关键所在。我们可以设计如下的评价任务，对学生的数据操作效能进行测评。

例题2：阅读材料：国家卫健委公布的2020年9月到12月开展的全国近视专项调查结果显示：其中，6岁儿童、小学生、初中生、高中生的近视比例依次增加。医学上规定:300度以下为轻度近视，300-600度为中度近视，600度以上为重度近视。

数据呈现：一个自然班每位学生的视力数据。

任务要求：视力普查是学校的一项重要工作，请你帮校医选择合适的方法整理这些数据。

此测评题给学生提供了原始的视力数据及相关视力划分阅读材料，创设了一个校医整理数据的问题情境，请学生选择合适的方法整理这些数据。面对一个班级的视力数据，学生是否掌握数据整理和表达的方法，能力水平如何，通过学生的作业结果能够充分呈现。有些学生面对杂乱的数据完全无从下手；有些学生能够根据阅读材料，将视力按正常、轻度近视、中度近视、重度近视进行分类整理；也有学生能够用统计图表直观呈现。完成此类评价任务需要的时间虽然较长，但是可以较全面地呈现学生在数据意识发展中碰到的困难和不足，教师可以根据评价结果针对性地进行教学改进。

实例三：对数据随机性感悟的测评。

数据随机性指学生能够感受生活中的随机现象，包括数据收集中的随机性和数据推断中的随机性。学生是否能认识到同一事件每次收集到的数据结果可能不同；是否能从"确定性"的数据意识向"不确定性"的数据意识进行过渡；

是否能够就问题确定数据需求，对于数据的随机意义具有一定的判断，这些都可以作为测评的考查点。

例题3：为了解嘉兴特产的销售情况，某小区的特产店对粽子、酱鸭、槜李和南湖菱这四种市民喜爱的特色食品做了调查，详见下面的统计表与统计图：

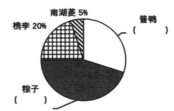

7月份某小区特产店销售额情况统计表

特产	酱鸭	粽子	槜李	南湖菱
销售额/元	600	900	（　　）	（　　）

7月份某小区特产店销售额情况统计图

（1）补充完成统计表和统计图。

（2）9月份在相同小区又做了一次调查，结果如右图。分析两张扇形统计图，你发现了什么变化？造成这种变化的原因可能是什么？请你写下自己的想法。

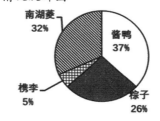

9月份某小区特产店销售额情况统计图

此测评题创设了某小区特产店对四种市民喜爱的特色食品做调查的现实情境，第一个子任务以统计表和扇形统计图的形式同时呈现，互相补充印证数据，达成对统计图表基本知识和技能的掌握情况检测。第二个子任务是对同样的事件在不同的时间重新进行一次调查，根据收集到的数据制成的统计图与前一次收集到的数据制成的统计图进行分析对比，发现其中的变化，并对变化发生的原因进行阐述，感受数据收集的随机性。这样可以实现在解决问题的过程中，促进学生将数据与现实相联系，进行关系探究，从而促进学生关联思维的发展，加强数学意识。

实例四：对数据思维发展的测评。

数据思维是根据数据来思考事物的一种思维，是一种量化的思维模式。基于数据思考，形成定性的描述和结论是数据思维的真正价值。通过小学"概率与统计"领域内容的学习，学生要能够根据与问题相关的各种因素与材料进行数据化思考，能基于数据制定相关的问题解决方案或思路，实现"经验"向"证据"的跨越。从我们期望学生学会什么样的目标来思考评价工具的制定标准和具体内容，相应的测评可以如下。

例题 4：六（1）班数学学习小组在阳光街道开展了有关"网络诈骗"的调查活动，绘制出如下统计图。

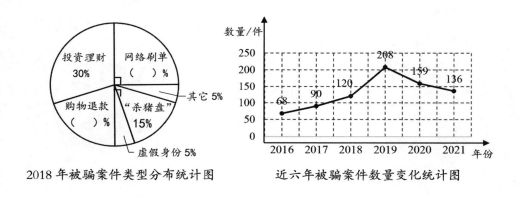

2018 年被骗案件类型分布统计图　　近六年被骗案件数量变化统计图

（1）2018 年网络刷单数量占被骗案件总数的（　　）%，购物退款数量占被骗案件总数的（　　）%。

（2）阳光街道 2018 年共发生"杀猪盘"案件（　　）起。

（3）由于街道网络诈骗案件频发，街道成立志愿者宣传小组，向居民宣传防诈知识，起到了良好的效果，你认为宣传小组可能是（　　）年后开始成立的。为什么？

（4）为了减少网络诈骗案件的发生，作为小学生，我们可以做些什么？

此测评题呈现了现实生活中的网络诈骗事件信息，前两个任务是学生对相关的统计图进行解读，后两个任务学生需要根据统计图作基本的推断，作出决策。数据的变化关联着事件的变化，2019 年网络诈骗案件数量达到一个高峰，而 2020 年有所回落，学生从数据的角度辨析事件发生的情况，过程中也需要能够对收集到的数据和经过整理分析得到的结果持辩证的态度，不盲目信任数据，有质疑的精神。特别是任务三，可以从学生的解答类型划分出学生数据思维发展的不同水平层次。

综上所述，小学生"数据意识"测评题的编制，特别强调选择贴近学生实际的真实问题，运用多样化的评价工具，增加学生面对真实数据、处理真实数据的机会。随着学生年级的升高，教师设置的问题背景可以逐渐复杂，引导学生收集数据、整理表达数据、分析数据，从而发现数据的意义，并对其作出判断和决策的系列活动中，实现数据意识的发展。

第六章

发展小学生"数据意识"的延伸思考

发展小学生"数据意识"的目标只在学习"统计与概率"领域内容时才有吗？作为核心素养之一的"数据意识"与其他核心素养的发展之间存在着怎样的联系呢？

《"课程标准"（2022 年版）》将小学学段的"数据分析观念"调整为"数据意识"，作为核心素养之一，数据意识的培养通常被自动归类为"统计与概率"领域的培养核心。当然这样的归类没有问题，但大多数教师将发展学生数据意识的定位等同于"统计与概率"的内容教学，这样的认知显然会使"数据意识"的培养途径过于狭隘。事实上，数据意识的培养是方方面面的。我们不能仅限于在"统计与概率"领域中深耕，更需要看到宽广的教学领域。全领域渗透，更符合数据意识发展的学习目标定位。

一、建构"真"环境，引导学生关注数据

数据学习无处不在。发展学生的数据意识，除了日常的数学课堂教学之外，当然还包括其他的学习活动，甚至可延展到生活环境。因此，只要与数据有关

的学习生活材料，均需要重视数据的"真实"。

首先，关注学习素材中数据的真实性。

在日常教学中，我们经常会看到，有些课堂情境中的数据有违常理。大多数时候我们抱着"会解决问题了就可以"的心态来看待，就不那么在意数据是否真实。试想，长此以往学生还会有关注数据的习惯吗？常言道，细节决定成败，同样，数学中的细节影响数据意识的孕伏，这一点人民教育出版社出版的《小学数学教材（2022 版）》（以下简称"人教 2022 版教材"）给了很好的提醒。

"人教 2022 版教材"除了替换插图外，基本保持了原有的编写内容，但也有例外，比如数据方面。六年级下册的这道百分数练习题，将面包的原价从 1.5 元、2.4 元、1 元和 3 元更换为 4 元、6 元、8.8 元和 5 元，其他不变。这道题原价改不改并不影响学生

（1）打折后，每种面包各多少元？
（2）晚 8：00 以后，玲玲拿了 10 元去买面包，她可以怎样买？

图 1.6.1 "人教 2022 版教材"第十二册第 13 页习题

使用百分数知识来解决问题。为何要修改数据？在众多可能性中最合理的解释是为了保持数据的真实性、合理性。

这一调整看似微不足道，但在教学过程中，数据的真实性、合理性会影响学生对数据的关注度，即便在内容并不以培养数据意识为主的情况下，也需要关注数据。因此，教师需要对呈现给学生的"数据"把好关，数据分析观念培养的三维目标之一（见图 1.6.2）是求实。[①]

图 1.6.2 数据分析观念培养的三维目标

---

① 曹培英.跨越断层，走出误区："数学课程标准"核心词的解读与实践研究 [M].上海：上海教育出版社，2017:83.

其次，体验学习生活中的数据思维力。

作为教师，可能没有意识到我们其实每天都在做描述性统计，如哪些学生作业没交，请学生帮助统计名单，以了解作业完成情况；又如餐后水果点心发放，当数量不匹配时会请学生作相应的统计，以了解发放问题。而这些都是教师自身对数据的需求而产生的统计内驱，因为数据可以帮助分析和推断，但整个过程中学生只是参与者、配合者。

事实上，教师完全可以利用这些实际场景，将统计的内驱转移至学生，促使其萌生"关注数据"的内需。如课堂上讲一道题要了解正确或错误情况，可以把对个体的了解改成对小组的了解，让学生对所在小组产生统计内驱，从而推进统计行为，实现数据关注，发展数据思维。再如重视综合评价的当下，我们可能会请学生对自己的作业表现进行评价，若让学生统计自己某一阶段的作业情况，以此作为评价依据会更客观，那么学生也会慢慢养成梳理数据进行分析的意识与习惯。

总之，利用知识学习之外的实际场景来激发学生对数据的需求，是对数据意识发展的很好孕伏。

二、贯穿全领域，引导学生理解数据

发展学生的"数据意识"不能仅限于"统计与概率"领域的内容学习，需要扩展到"数与代数""图形与几何"以及"综合与实践"等领域中加以关注和体现。实践中可以采用以下策略。

（一）领域渗透：扩展学习层面，助力数据意识的发展

1. 在"数与代数"中关注联接点，触发数据感知

"我们在义务教育阶段处理的数据主要是用数来表达的，当然这些数都是有

实际背景的。"①虽不应将统计学和"数与代数"类比，但这不代表数据意识的培养只独立存在于统计学内，在"数与代数"的教学中有意识地挖掘数据本质，是为数据意识的形成做建构铺设。

（1）感受数据的统计意义。在教学中我们可能会用到数据作素材，但数据本身的意义容易被忽略掉。如"1分钟可以做什么？""1分钟可以跳多少下绳？"在教学时间单位时，我们利用任务让学生感知时间单位的长短，从而更好地理解时间单位的意义。但"1分钟可以跳多少下绳？"无论在什么时候提出，学生都可以有自己的答案，教师为了教学的推进可能会给出一个平均数。那这个数就不是简简单单的数，而是一个经过统计得出的有背景的数据，在教学时如果简单地跟学生解释数据的意义，或许对意义的追寻能成为一次数据意识的渗透。

（2）理解随机数据的确定性。在教学"用字母表示数"时，学生了解到字母 a 可以用来表示任意一个数，但当 a 表示一个人的年龄时却有了范围，这既是学生的生活经验也是数据意识的体现。学生能解释大部分人的年龄是多少岁，哪怕有极端年长的年龄也会在确定的数值范围内。在这样的教学过程中，数据被学生很好地利用起来，教师如果引导学生多追寻一下"a 可以表示任意数，为什么这里 a 有了范围？"就可以引导学生发现看似随机的年龄数据，却有其确定性，也是数据意识的渗透。

2. 在"图形与几何"中把握关联点，理解数据意义

"随着信息的迅速增长，我们需要扩大对数据的认识。事实上，现在的数据不仅仅是数据，图是数据、语句也是数据……无论是什么表现形式，都是数

---

① 史宁中，张丹，赵迪．"数据分析观念"的内涵及教学建议——数学教育热点问题系列访谈之五［J］．课程·教材·教法，2008（06）:40—44.

据。"① 这说明发展数据意识的着眼点不仅仅在数字上，在"图形与几何"领域的学习中也需要进行铺垫。

（1）利用图形特征表征数据。在教学扇形统计图时，有学生提出疑问，为什么这个统计图一定要画成圆形？这便要用圆的特征来解释其中的缘由。这个短小的教学细节说明了数学知识的内在关联性。数据意识被定义为是在用数学的语言表达现实世界，更多的时候我们会用图形来表达，这就需要学生的图形学习是扎实有效的，才能帮助自己合情合理地表征信息。

（2）利用作图策略理解数据。虽然生活中的图表都由计算机软件完成，但这并不能代替学生思维的完善，因此经历图表的绘制也是学生学会数据表达的组成部分。纵观小学阶段的"图形与几何"内容，各种作图策略的掌握也是图表绘制的基础。如绘制"以一当几"的统计图时，就会遇到等分图形的问题。

3. 在"综合与实践"中践行应用点，丰富数据体验

在"综合与实践"领域的学习过程中，学生的数据意识会得到更多的发挥与生长空间。"综合与实践"通常以实际情境为主题，设置一系列结构性材料给学生去分析与解决。如此不仅仅有利于学生综合运用所学领域的知识来解决问题，还将促进其多方面的发展，包括提升对日常生活中蕴涵的数据信息的敏感度。

比如"节约用水""体育中的数学"等综合实践活动，学生需要经历调查、收集、度量、测算、汇总、分析等一系列步骤才能得出结论，完成实践活动。在这个过程中，学生不仅数据意识得到发展，数据分析能力也得到提升。学生一方面通过活动了解数学与客观世界的广泛联系以及数学内部的联系，获得对数学较为全面的认识；另一方面形成尊重事实、用数据说话的科学态度，还能够逐步提高对数学学习的兴趣和自信心。

综上所述，在发展学生的数据意识时，虽然"统计与概率"是主阵地，但

---

① 史宁中，张丹，赵迪."数据分析观念"的内涵及教学建议——数学教育热点问题系列访谈之五［J］.课程·教材·教法，2008（06）:40—44.

其他领域内容的教学也可以进行无痕渗透。如果能够在教学其他领域内容时也关照到数据意识这一核心素养，探寻合理的渗透策略，对数据意识的发展将有助力作用。

（二）素养关联：拓展培养路径，助力数据意识的建构

数据意识的发展逻辑与其他领域的核心素养培养逻辑是相通的，甚至可以迁移其培养策略，实现路径的贯通，使学生的数据意识建构更稳固。

1. 路径联动

史宁中教授这样描述数据与数的关系："在义务教育阶段处理的数据主要是用数来表达的，当然这些数都是有实际背景的。脱离实际问题的单纯的数的研究是数与代数的内容，不是统计的内容。"[①] 我们可以理解为：数的学习与数据意识的培养是两个不同的概念。但这并不意味着它们的培养路径是分开的，在数据意识的培养过程中，需要学生用数学的眼光去观察数据、分析数据，这与数感、量感、符号意识、几何直观、创新意识等核心素养的培养过程都有一定关联。

如在培养"量感"的过程中，度量是主要路径。度量工具和方法会引起误差，数据的收集整理也会存在误差或不确定性。这两者的误差都需要在教学中有一定的创设，让学生充分体验与经历，才会获取相应的认知与理解。度量的方式会因对象的不同而不同，而数据的整理与表达也需要根据问题的背景选择合适的方式。

2. 方法贯通

数据意识的培养需要学生具备一定的数学思维能力，才能支撑其进行联想与分析。这与运算能力、推理意识和推理能力等核心素养的培养路径也是相通的。在义务教育阶段，有一些素材可以让学生经历推理归纳的过程，比如推理归纳一些公式和规律，而教学统计也会让学生经历分析推理、归纳结论的过程。

---

① 史宁中，张丹，赵迪."数据分析观念"的内涵及教学建议——数学教育热点问题系列访谈之五［J］.课程·教材·教法，2008（06）：40—44.

两者的不同点在于公式和规律往往是既定的，难以让学生真正通过推理归纳得到不确定性结论的过程，但是对数据的收集分析可以让学生真正得到相对匹配的结论。终点不同，方法相通，教学时可以有意识地贯通。

3. 表达融通

在大数据时代的当下，数据已经成为人们了解世界、获取信息的重要手段，同时也是帮助人们表达现实世界的重要载体。如何引导学生学会用数据表达是数据意识形成过程的一项重要内容。在面对大量数据和不确定情境时，学生的数据意识无法"一条腿走路"，它需要学生会用数学的方式进行表达，而这与学生的模型意识和应用意识都紧密相关，综合运用才能更精准、更合理地表达现实世界。比如模型意识的培养，要求学生能够认识到现实生活中大量的问题都与数学有关，有意识地用数学的概念与方法予以解释。同样的，数据意识的培养也需要如此，这就可以理解为虽然为不同的核心素养，但对学生在数学表达方面的要求与引导是可以融通的。

三、多维度延展，引导学生用数据说话

数学表达是数学学科素养的重要内容之一。学生能够感悟数据的意义与价值，有意识地使用真实数据表达、解释与分析现实世界中的不确定现象，这才表明其数据意识得到了有效的发展。引导学生用数据说话，既可以发展学生的数据意识，也为后续的数据分析观念的形成打下良好基础。在日常教学中，我们可以这样来操作。

（一）学习结合数据的理性表达

在课堂教学中，时常会出现学生以较为主观的、感性的表达对数学问题进行解答，这样的现象对学生的理性思辨并不友好，对数据意识的形成也无助力。因此，作为教师要引导学生改变表达方式，尽可能地让学生去挖掘数据所蕴含

的信息。

例如课堂上师生或生生交流时，大多数学生能够表达个人观点，是或不是，认同或不认同，但追问观点背后的理由时，学生往往只能作一些主观描述。这时，教师包括学生会认同，但不会进一步要求其提供论证或相关数据的支持。因此，教学时我们教师要有意识地去引导学生用一些客观的论证或数据来证明自己的观点，这就是数学思维的理性表达，也是对数据意识的完善。

（二）关注主观题的实证式说明

近年来数学的评测内容中陆续出现一些解析题、说理题，答案不唯一，可以由学生作出判断并自圆其说，但学生在作答时常以经验判

下面是某鞋店上月女鞋进货和销售的情况。

尺码	35	36	37	38	39	40
进货数量／双	30	100	150	90	50	20
销售数量／双	16	94	145	83	30	10

（1）你认为这样进货合理吗？为什么？

（2）你对下一次进货有什么建议？

答：（1）我认为这样进货合理，因为逛女鞋店的顾客的鞋码一般都在36～37码左右，39码、40码的很少，所进的较少，40码的鞋偏大，所以较少。（2）我对下一次进货的建议是：36～37码的鞋多多进点货，而39～40码的鞋少进点货。

图 1.6.3 学生完成"鞋子进货"问题的作业图

断为主，进行描述性的作答来说道理，且并不一定能把问题说清楚。

如图 1.6.3 关于女鞋店进货的分析，学生的回答更容易将生活经验作为分析理由，这个出发点没问题，但学生从头至尾没有以题目所提供的数据进行分析判断。因此在教学中，教师需关注这一类题的设计导向，明确用数据分析的方式来说理，并落到实践中，让学生在面对主观问题时，学会用事实、用数据来讲理。同时，要让学生感知一个结论的产生，是需要一定的数据或论证材料来加以支撑的。因此设计评测题时提问的内容可以开放一些，但作答要求中要明确引导学生。如上题，可以在要求中提示学生：请结合表中数据加以说明。这样的设计，更易于引导学生关注数据，用好数据。

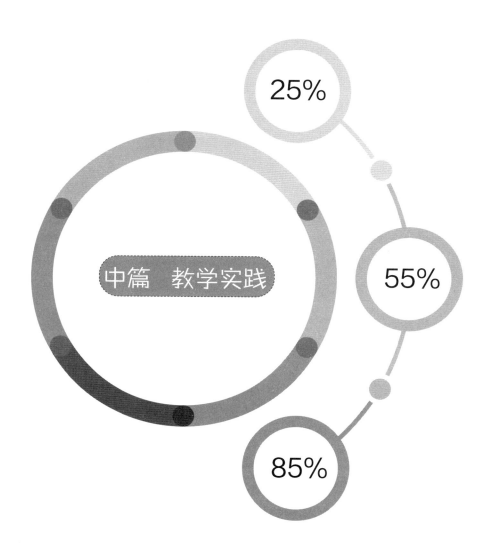

中篇　教学实践

25%

55%

85%

第一章

数据分类

【"课标"*表达】

"数据分类"的本质是根据信息对事物进行分类。学生经历从事物分类到数据分类的过程，感悟如何根据事物的不同属性确定标准，依据标准区分事物，形成不同的类。

【内容要求】

会对物体、图形或数据进行分类，初步了解分类与分类标准的关系，形成初步的数据意识。

【学业要求】

能根据事物特征，按照一定的标准进行分类，能发现事物的特征并制定分类标准，依据标准对事物分类；能用语言简单描述分类的过程，感知事物的共性和差异，形成初步的数据意识。

---

* 课例实践中，除特殊标注之外的"课标"均是指《义务教育数学课程标准（2022 年版）》。

$$课例一："分类与整理"教学研究^*$$

一、内容解读

分类思想是一种基本的数学思想。它是根据一定的标准，对事物进行有序划分和组织的过程。有研究表明："儿童数概念的形成起始于对物体集合的感知，他们对物体数目的理解是建立在对物体的分类、排序和比较多少的基础上的。"因此，原义务教育实验教科书在教材内容编排时，将分类、排序和比多少作为学生学习数和计算的知识准备，安排在了"准备内容"的学习中。现《"课程标准"（2022 年版）》将"分类"放在了"统计与概率"领域，并明确了将"分类与整理"的内容作为"统计"知识学习的起始课，有意识地将"分类"定位为整理数据的知识基础，由此表明"分类"与统计知识间密不可分的关系。

具体表现在教材内容的编排上，各个版本教材的编排时序有所不同，但均在第一学段中编排有"分类"或"分类与整理"的内容。现就"人教 2022 版教材"第一学段的"分类与整理"的学习内容作一些解读。

---

* 本课例由浙江省海宁市许村镇中心小学查周洁老师执教实践课，并作研究材料的整理。

图 2.1.1 "人教 2022 版教材"中"分类与整理"例 1 与例 2 的内容图

从"人教 2022 版教材"的内容我们可以看出，教材安排了两个例题，其中例 1 是按给定标准分类计数，例 2 则是按自选标准分类计数。两个例题体现了"分类"知识学习的两个层次。例 1 意在理解分类的含义，体会"分类"计数的基本方法，并能够用一些理解的方法表达分类计数的结果；例 2 的学习重点在于自己定标准后，能够将结果通过一些简单的图表表示出来。从学习的层次来看，显然例 2 要高一些。总体来看，两个例题表明了本节内容的学习重点：按标准将事物分成几类，并能用自己理解的方式表达出来。这样的内容要求，属于统计知识的内容范畴，是统计学习的起点。

事实上，从单元编排的内容不难看出，教材将"分类"作为统计知识学习的起点，不仅强调了"分"的动作，更加突出了"分类"的标准，并强调了"分类"活动中的数据收集、整理与分类的结果（收集到的数据）的表达，在突出"分类"的统计味的同时，也充分引导学生经历了数据的收集、整理、描述的过程，初步形成数据意识。

二、学情前测与分析

关于分类，学生在学前阶段已学过按表面特征（形状）分类和按内在性质（用途）分类，因此在经验层面上已经有一定"分"的基础。为了对学生"分类"的学习基础有更充分的了解，我们对学生进行前测调研。调研内容是完成两个任务，具体内容如下：

任务一：请将图中的水果按照你"喜欢吃的"和"不喜欢吃的"分一分，你会怎么分呢？

任务二：图中有一堆扣子，你准备怎么分一分呢？（把你的想法用自己喜欢的方式记录下来。）

任务一指向学生对"给定标准"后的分类水平的测查，旨在了解两个方面：一是了解学生是否有分类的体验，会不会表示出"分"的过程。二是了解学生会以怎样的方式表达"分"的结果。任务二指向学生能否会"自选标准"进行分类的水平测查，同样是为了了解两个方面：一是了解学生有没有自定标准后进行分类的经验；二是学生按自主标准分类后，会以怎样的方式表达分类的结果。我们对前测结果稍作分析。

（一）任务一的数据解读与分析

本题一共对 100 位学生进行了前测，结果其中有 92 位学生都能用自己的方式表示出喜欢吃的水果和不喜欢吃的水果；有 8 位学生无从下手，分析原因应该是不理解题目要求，表明这几位学生几乎没有"分类"的体验。能够表示出分的结果的 92 位学生，表现出 4 种不同的方式。（见下页表 2.1.1）

表 2.1.1　学生对"给定标准"的分类前测题的表现形式统计表

表示形式	人数比例		图例
	人数	占会分人数的百分比	
纯符号表示	87	94.6%	
纯文字表示	2	2.2%	
文字符号结合	2	2.2%	
画图表示	1	1.1%	

　　前测发现，在"会分的"学生中，有94.6%的学生喜欢用钩、圈、爱心、笑脸，甚至是数字等符号在对象物体上标注记号，表示喜欢吃的水果；用叉或斜线等符号表示自己不喜欢的水果。2.2%的学生直接用文字来表达，只不过他们的方式与符号标注的经验水平基本相同，均直接标注在对象物体上。应该说，这些学生已经有了"分"的经验，但"类"的整理意识稍显薄弱，或者说经验不足。

　　第三类采用"文字符号结合"表现形式的2位学生，先用符号直接标注在对象物体上，有了"分"的经验，再用文字表达说明符号表示的含义，则有了

"类"的整理过程。

第四类的这一位学生，则是真正做到了"分"而归"类"，由分类整理的过程，上升到了真正意义上的"分类"表达。

由以上分析可以看出，在学习"分类与整理"这节内容之前，有超过90%的学生有"分"的经验，但"归类"整理的意识相对较弱。只有不到2%的学生，有一定的"分类"经验，即既能清楚完成"分"的过程，同时也能够清晰表达出"分类的结果"。

（二）任务二的数据解读与分析

整体分析任务二前测结果（见下表2.1.2），100位学生中，有61位学生能够"自定标准"对纽扣进行分类，并能呈现出分类的结果，占比61%。还有39%的学生不能完成这一任务。由此看来，相对于"给定标准"进行分类，学生对"自定标准"进行分类的问题缺乏解决的经验，解决能力明显不足。现对能够正确完成任务的学生作汇总分析。

表2.1.2 学生对"自定标准"的分类前测题的表现形式统计表

| 表示形式 | 人数比例 | 图例 | |
	人数	占会分人数的百分比	
按形状分	25	41.0%	
按颜色分	15	24.6%	
按扣洞数分	11	18.0%	
按形状、颜色两级分类	10	16.4%	

前测发现，在能"自定标准"并能表示出来的学生中，主要出现了 4 种情况，即按形状分、按颜色分、按扣洞数分等一级分类的，占会分学生数的 83.6%，超过了五分之四，表明学生在一级分类上，还是有一定的经验的。还有 16.4% 的学生能够进行二级分类，即将形状、颜色等两种要素作为分类标准，且分出了三类。当然在这一过程中，有的先按颜色分类，然后再把紫色纽扣按形状进行分类；有的先按形状分类，然后再把圆形纽扣按颜色分类。这些学生也许只是在操作活动过程中出现了"偶发"想法，但至少分正确的学生，有了对逐级分类的经验基础，认为"像这样的情况，我们还可以定个标准继续往下分"，表明其标准意识与分类意识颇强。

当然，在实际表示的过程中，还有学生产生了不同的表示方法，比如下面的几种情况：

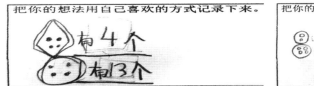 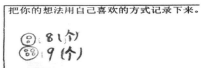

还有学生在按形状分时用算式 4+13=17 或 13+4=17 表示，在按颜色来分的时候用算式 6+11=17 或 11+6=17 表示，按扣洞数分时用算式 8+9=17 或 9+8=17 表示。无论是依据哪种标准分，均出现了用算式来表示分得的结果，表明学生对于数量的概念较为敏感，也比较依赖。事实上，这也是后续由分到整理时需要的，是一种比较好的数据收集、整理与表达的经验。

综观第二个任务学生总体的完成情况，略高于 60% 的学生有一定的"基于标准来分"的意识和能力，近 40% 的学生缺乏这种能力。另外，在强调表示出"类"的整理过程的前提下，会分类的学生是能够表示出"类"的整理过程的。

（三）前测得出的结论

基于以上前测调查与后续数据的分析，有超过 90% 的学生，能够在"给定标准"时，对相应的事物进行分类，至于在表达方式上，则存在着多样性，更多的学生采用"画记号"的方式进行"分"；在根据"自定标准"进行分类时，有部分学生存在困难，只有 60% 的学生能够完成任务。这也真实反映了学生对于"分类"的经验状态，即有接近四成的学生，对"分类"的认识还只停留在生活情境状态，尚未真正上升到数据分析水平。"分类"的本质，在于关注事物的特征，"类"是一种特征的表达，即将具有同类特征（属性）的事物归并在一起。会依照"标准"进行分类的学生，对事物的观察、认识能力相对较强，反之则较弱。在完成实际任务时，能够去尝试做二级分类的学生，表明其认识事物的能力相对更强一些。这些都是后续学习"分类与整理"相关内容时需要关注、发现与充分利用的资源。

三、目标定位与教学思路

基于以上教材和学情分析，教师希望学生通过本节课的学习，在以下四个方面有所收获：

一是能够依据事物特征，按照一定的标准进行分类，掌握分类的方法，初步理解分类的意义。

二是能够发现事物的特征并制定分类标准，依据标准对事物分类。

三是能够在分类的基础上进行简单的数据收集和整理，会用自己的方式（文字、画图、表格等）呈现收集的数据，并能用语言简单描述分类的过程。

四是在分类的过程中体验分类结果在单一标准下的一致性和不同标准下的多样性，感知事物的共性和差异，形成初步的数据意识。

为了更好地帮助学生实现以上学习目标，本节内容的教学拟采用"先分后理，理中领悟，练中提升"的整体教学思路。实践中重点关注三个关键点。

关键点一：真任务"分"。即在学习的导入阶段，设计一个真正需要解决的生活问题，引导学生交流。采用真实的任务，目的在于让学生充分体会到分类的必要性。真实任务的"真"主要体现在两个维度：一是生活维度，是个"真问题"；二是数学学习维度，标准的自定。从前测调研来看，"给定标准"分类学生的经验较为丰富，难度不大。所以本节内容的教学，起点可定得高一些，从结合问题解决的"自定标准"切入。

关键点二：真感受"说"。讨论交流阶段，引导学生结合自己的操作体验，表达想法，强化对标准的理解，突出分类中对事物的同一性特征的认识。分类不仅对于提取信息很重要，而且有利于学生感悟对事物共性特征的抽象过程。[①]

当然，这个"说"的环节，需要关注不同方式的表达，不同水平的表达，从而引导学生对"分类"的认识从生活经验上升到数理经验，促进数据意识的形成。

关键点三：真情境"提"。从前测了解到，这个年龄段的学生，对于有了标准后的"分类"经验较丰富，但在收集、整理数据的能力上，尚需提升。因此，在练习巩固时段，需要对学生在收集数据、整理数据上的能力进行强化，引导学生去体验数据收集方法在数据收集与整理中的重要性，从而逐步培养学生的数据收集与整理的能力，发展数据意识。这个时候，在课堂上，创设一个学生自主体验数据收集与整理的活动，引导学生参与，就显得很有必要了。

四、过程设计与实践简析

（一）生活问题引入，体会分类的需求

对于分类与整理，学生在日常生活中经常可以接触到，再加上学生在学前阶段已经有过丰富的"分一分"的活动体验，对此并不陌生。课堂伊始以一个真实的生活问题引入，目的在于让学生充分体会到分类的必要性，即"分类"

[①] 孙晓天，张丹. 小学数学义务教育课程标准（2022 年版）课例式解读 [M]. 北京：教育科学出版社，2022:77.

是观察与认知事物特征的一种重要方式。

【教学片段1】

课件出示一件少了纽扣的毛衣。教师引导学生关注：聪聪的奶奶给他织了一件漂亮的毛衣，可是这件漂亮的毛衣上好像少了什么？

生：纽扣。

课件呈现一大堆漂亮的纽扣。

提问：这里有这么多的纽扣，你想给这件漂亮的衣服选什么样的纽扣呢？

生1：黄色圆形的纽扣。

生2：紫色正方形的纽扣。

生3：蓝色的纽扣。

师：看来众口不一，那你选的这个纽扣够不够缝到这件毛衣上呢？怎么办？谁有好办法？

生1：数一数有几颗。

生2：可以分类。

师：你们的意思是可以分一分，数一数。那么，我们可以怎么分呢？请大家同桌合作，把这堆纽扣分一分，摆一摆，并想一想，怎样摆，不用数，就能让大家一眼看出哪种纽扣最多？哪种纽扣最少？

【实践简析】

分类在生活中有着广泛的应用，分类的教学需要结合学生的生活实际进行。本课的导入部分引用生活中的实例，让学生初步感受到分类的必要性，激发学习需求。教学中，"分纽扣"的活动为学生提供充分体验"分"的机会，同时也通过问题"怎样摆，一眼就能看出纽扣的数量"作了适时的引导，有意识地渗透了收集与整理的要求。

（二）真实结果表达，交流分类与整理的体验

由于学生在学前阶段已学过按表面特征分类和按内在性质分类，因此这里

需要引导学生结合自己的操作充分探究，并用自己的方式呈现分类计数的结果，体会分类结果在单一标准下的一致性。过程中产生的操作结果，既是学生真实思维的成果，同时也是交流分享的重要材料。教学中，教师充分用好这些材料，引导学生说说分类与整理的感受，关注不同方式的表达，不同水平的表达，强化对标准的理解与分类过程的体验。课堂上学生同桌合作，自定义标准进行分类，自然就出现了不同的分类方式，使交流成为一种可能。

【教学片段2】

首先，反馈按颜色分类的情况。教师投影学生示例："一堆一堆摆放的"和"竖着排的或横着排的"（如下图）。

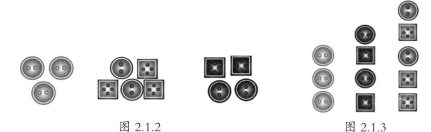

图 2.1.2   图 2.1.3

提问：看懂这两位小朋友的摆法了吗？你们喜欢哪一种？

生1：我喜欢左边的。

生2：我喜欢右边的。

师：为什么你喜欢右边的呢？

生：他这样摆整齐。

师：那我们请他到黑板上再摆给大家看一遍哦。请小朋友们睁大眼睛仔细看，他是怎样摆的？

学生操作后指名回答。

生1：他是一个一个摆的。

生2：他是一个一个往上摆的。

师：为了让大家看得更加清楚，我们可以在这里画上一条横线，这条是起跑线，表示从这里开始摆，在横线下面相对应地写上颜色和个数。

其次，反馈按形状分类的情况。提问：这些同学是按颜色来分的，还有不同分法的吗？

教师呈现按形状分类的结果，请学生讨论、说明，同样作一定的规范：为了让大家看得更加清楚，我们也可以在下面画上一条起跑线，表示从这开始摆。在横线下面相对应地写上形状和个数。

【教学片段 3】

教师呈现两种不同分法（如下图），请学生讨论：仔细观察，都是在分纽扣，为什么分的结果不一样？

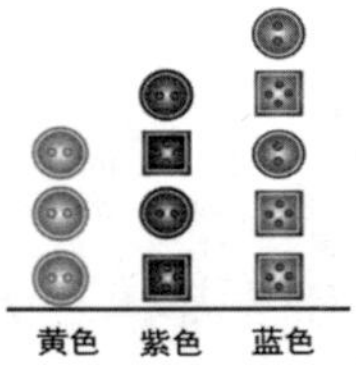

生：左边是按颜色分的，右边是按形状分的。

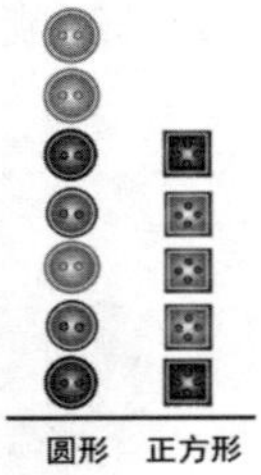

师：也就是说分类的标准不同，分类的结果可能是不同的。

图 2.1.4　　　　图 2.1.5

提问：那有相同的地方吗？

生：都是在分纽扣。

师：分的都是几颗纽扣？

生：都是 12 颗纽扣。

小结：原来分类标准不同，分类结果可能不一样，但是总数不变。

【实践简析】

这一环节是本课的重点，从解决"可以怎么分"这个问题入手，学生在同桌合作动手分纽扣的过程中体验了自定义分类标准，将分的过程与计数紧密地结合在一起，并通过多样的方式呈现，使学生体会到"分类标准不同，分类的结果可能是不同的，但是计数结果是相同的"这一分类的基本特征。同时，过程中，学生在教师的引导下聚焦整理的方法，辨析优缺点，经历象形统计图的生成过程，感受"一一对应"整理的优势。这又是本环节的另一个学习目标。

（三）挑战性情境应用，引导学生体验数据收集与整理的过程

学会用符号自主记录是这节课的难点所在。因此，将教材上静态气球的情景图处理成一个气球飞动的真实场景，可以使其具有一定的挑战性，从而激发学生数据收集方法的探索体验。当然，在课堂上，教师需要留给学生"碰到困难—尝试解决—体验感悟"的时间与空间，不妨将活动处理成"三次观察记录"的机会，引导学生经历尝试记录—优化记录—完整记录的过程，最终切实体会用符号记录的简洁与方便，让分类与整理的过程具有统计味道。

【教学片段4】

（1）第一次飞气球，学生尝试记录

师：小朋友们，你们已经学会了分纽扣，接下来我们一起来分气球好吗？

请看大屏幕，老师这里有一大堆漂亮的气球，你打算怎么分？

生1：按颜色分类。

生2：按形状分类。

师：有什么形状呢？

生：圆形，爱心，还有花朵形。（教师板书气球形状）

提问：这堆气球里面圆形气球有几个，爱心气球有几个，花朵形气球有几个，你有办法记住它们吗？这些气球是很调皮的哦，飞起来，一眨眼就不见了。

播放课件：气球在屏幕上比较快地飞过的场景，不必放完。

请问：圆形有几个？爱心有几个？花朵形有几个？

生1：太快了，来不及记。

生2：我数的是总数。

师：那你们有没有什么好办法，能够一个不落、清楚地把这三种形状的气球记下来？

同桌讨论。

生1：放慢一点。

生2：再放一遍。

生3：还可以在纸上记。（这位学生是之前学老师已经把气球形状画好了）

师：真是个好办法！我们接下来就用这位小朋友刚刚想出来的方法，再来试一遍，看看这次你能不能把这些气球都记录下来。

（2）第二次飞气球，优化记录的体验

师：调皮的气球又要飞起来了哦，你准备好了吗？

播放课件：再次播放气球在屏幕上较快飘过的场景，且放完所有气球。

教师板书答案：圆形5个，爱心4个，花朵形3个。

记录正确的小朋友请起立，我们来欣赏一下他们是怎么记的，看看他们有什么小秘诀呀？

展示学生作品：

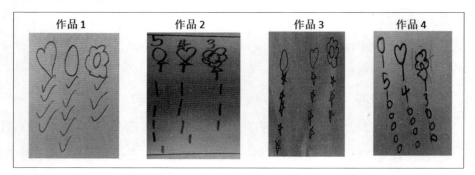

图 2.1.6

提问：你们发现他们记录正确的小秘诀了吗？

生1：他们都先画了气球的形状。

生2：他们有的打钩，有的画线，有的打五角星，有的画圆圈。

师小结：看来，记录之前我们先要做好准备工作，把气球的形状画好，然后再像这几位小朋友一样，用做记号的方法来记录，这样记录比在自己的小脑袋里记录棒多了。

师：你们真能干！看来用符号来记录真的是一个好办法！

（3）第三次飞气球，体验用符号记录收集的完整过程

师：这次我们按颜色来分类，气球有哪些颜色？做记录之前我们要先把准备工作做好。

生：黄色，蓝色和红色。

教师板书气球的三种颜色，并画好起跑线。

师：调皮的气球又要飞起来了哦，准备好了吗？谁愿意到黑板上来记录？

一位学生到黑板上记录，其他学生自己记录，完成后集体校对。

【实践简析】

这一环节的教学是本节课的难点所在，从"来不及记录"这个问题入手，激发学生思考"怎样记录才能使物体一个都不缺，做到不重复、不遗漏"，将统计工作中最基础、最重要的环节——数据收集做扎实，让每个学生都经历完整的数据收集的过程。学生在这个过程中学会记录的方法，体验符号意识，体会到数据收集与整理在解决问题中的作用，形成统计观念，获得成功的体验。

（四）回顾梳理，交流分类与整理的学习感受

课的最后，请学生回顾知识和生活的联系，拓宽学生的思维，沟通已有的知识经验，让学生感受"分类思想"对于学习数学的重要性，同时自然地从数学走向生活，感受分类与整理在生活中的作用，体会分类方法的多样性，明白分类与整理是数据分析的基础，而数据分析让分类与整理更有意义。

【教学片段 5】

师：小朋友们，今天这节课你学到了什么？仔细回忆一下，之前的数学学习中有没有分类与整理呢？

生 1：平面图形里有。

师：是的，这是我们第一单元学习的知识，可以把平面图形分为正方形、长方形、圆形、平行四边形和三角形。

生 2：减法里也有。

师：这是我们第二单元学习的有关 20 以内退位减法的知识，有十几减 9，十几减 8，十几减 7，十几减 6……

师：其实，不仅数学学习中有很多分类与整理，生活中也随处可见，谁来举个例子？

生 1：衣服和衣服放在一起，袜子和袜子放在一起。

生 2：玩具汽车放在一起，飞机和飞机放在一起。

生 3：垃圾分类。

看来，分类与整理在我们日常生活中非常有用！

五、测评题命制与说明

结合对本节课学习内容的解读、学生情况前测分析以及教学过程的实践与思考，在命制"分类与整理"的测评题时，我们需要重点思考 3 个层次的测评目标，具体表现为以下三个问题：

问题一：在给定分类标准的情况下，学生是否能正确分类计数？

问题二：在没有给定分类标准的情况下，学生是否能自己设定分类标准？

问题三：学生能否正确设定分类标准并把分类的过程记录下来？

带着这样的目标定位，我们命制了如下 3 个水平层次的测试题：

测试水平一：按照给定的分类标准，是否能正确计数

例题 1：分一分，涂一涂，填一填。

（1）按大人、小孩分一分。

大人有（　）人，
小孩有（　）人。

大人　小孩

（2）按男、女分一分。

男的有（　）人，
女的有（　）人。

男　女

【意图说明】

给定标准分类计数，意在引导学生理解分类的含义，会用自己喜欢的方式分类计数，并会正确表示分类计数的结果。上述测试题以象形统计图的形式呈现，让学生感受到有多种形式呈现分类计数的结果，但总数不变。此题属于第一层次的测评题，正确率一般在 90% 以上。实际解答时，学生一般会有以下两种情况。

情况一：能正确数出大人有 4 人，小孩有 5 人；男的有 5 人，女的有 4 人，并能相应地填正确和涂正确。

情况二：在计数的过程中，数错了人数，导致填错和涂错。

以上两种情况，反映了学生对"按照给定的分类标准，是否能正确计数"的掌握情况。情况二中，虽然从结果来看，学生对按照给定的分类标准进行分类计数存在问题，但细究起来，有题意不明、要求不懂的原因。一般需要作一些访谈才能更准确地了解，以便作出针对性的指导。

测试水平二：是否会自定义标准进行分类

例题 2：想一想，分一分。

如果分成两组，可以怎么分？

我可以这样分：＿＿＿＿＿＿和＿＿＿＿＿＿；

也可以这样分：＿＿＿＿＿＿和＿＿＿＿＿＿。

【意图说明】

该题主要是测试"在没有给定标准的情况下，学生是否会自定义标准自主进行分类"。这种能力对于学生来说非常重要，这是一切统计的起点。上述测评题，仅仅告知学生可以分成两组，学生自行选择标准进行分类，给学生留出了探索的空间，引发学生对于分类的深层次思考，充分体现对学生个性发展的尊重。在实际解答时，学生一般会出现以下情况：

情况一：按站着的和躺着的分，按可以立起来的和不能立起来的分，按能滚的和不能滚的分。

情况二：把题目里的平面图形和立体图形一一画出来进行分类。

情况三：按有角的和没有角的分，按有边和没有边的分。

情况四：按颜色来分（白色和黑色）。

情况五：按不是立体图形和是立体图形来分，按立体图形和平面图形分。

以上五种作答情况，反映了学生对物体特点认识的不同水平。因为学生的知识经验不同，对问题的理解和看法也会千差万别。体现在对于物体的分类上，选择的标准往往不同。情况一，表明学生是从经验出发进行分类，因为一年级的孩子喜欢用拟人化、有趣的语言，对直观图形的印象更深刻；情况二，这类学生能正确地按自定义标准进行分类，由于年龄特征的关系，喜欢画画，因此把平面图形和立体图形一一画出来了。情况三，学生能从图形的特征进行分类。情况四和情况五，表明学生能够发现事物的特征，自己制定分类标准，依据标准对事物进行分类，体验分类结果在不同标准下的多样性，这是"分类与整理"这节课的重点所在。此题的最大价值还是在于引导学生在经历基于标准的分类过程中，体会不重复、不交叉、不遗漏的分类要求。

测试水平三：是否能根据自定义标准进行分类，并把分的过程记录下来

例题 3：你想怎么分？把你分的过程记录下来。

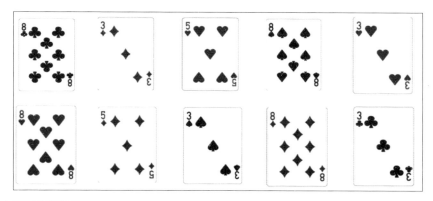

【意图说明】

将形与数作为分类的元素，强调在分类的基础上进行收集、整理并呈现分类的结果，突出分类是收集与整理的基础。同时也将统计工作中最基础、最重要的一环——收集与整理巧妙融合在一起，引导学生主动选择用简洁直观的几何符号来记录。经历收集和整理数据的过程，能用自己喜欢的方式记录分类结果，是本题的难点所在，具有一定的挑战性。在实际解答时，学生一般会有以下四种情况。

情况一：按颜色分类：红色和黑色，并一一罗列出来。

情况二：按数字"8""3""5"来分类，记录了"4 个 8"，"4 个 3"，"2 个 5"。

情况三：按单数和双数分类，写着"3 和 5"的分成一类，写着"8"的分成一类。

情况四：以统计表的形式呈现自己分类的结果。

以上四种作答，反映出学生对于自选标准进行分类掌握得不错，特别是情况一和情况二，大部分学生都能想到。少部分学生数感不错，还想到了情况三的分类。情况四，学生学会自主分类，并用简单的统计表呈现分类计数的结果，这种能力对学生来说非常重要，这是一切统计的起点。本题的最大意义在于将"形"与"数"的分类整合在一起，引导学生体会"分类"在数学知识学习中的基础性意义。

第二章

统计表

从课标来看，单独描述"统计表"的文字基本没有，"课标"将其蕴含在"数据的收集、整理与表达"的相关要求中。现稍作摘录。

【"课标"表达】

经历从事物分类到数据分类的过程，感悟如何根据事物的不同属性确定标准，依据标准区分不同的事物，形成不同的类。在学习统计图表时，进一步认识数据的分类，从中感悟对事物共性的抽象过程。……利用统计图表，可以呈现和刻画这些信息，形成初步的数据意识。

【内容要求】

经历简单的数据收集、整理、描述和分析的过程，了解简单的收集数据的方法，会呈现数据整理的结果。通过对数据的简单分析，感受蕴含着的信息，体会运用数据进行表达与交流的作用。

【学业要求】

能收集、整理具体实例中的数据，并用合适的方式描述数据，分析与表达数据中蕴含的信息。

【课例实践】

"单式统计表"教学研究

"复式统计表"教学研究

课例二："单式统计表"教学研究*

一、内容解读

统计表就是把统计调查得来的数据按某种顺序填写在一定格式内，用来反映情况、说明问题的表格。在小学阶段，主要涉及单式统计表和复式统计表两类。两者的区别主要在于，前者描述"一对一"的数据，后者描述"一对多"的数据。如统计表达"喜欢不同颜色的人数"时，需要表示出"颜色"与"人数"两个相关量的"一对一"的数据，这时用单式统计表就可以了；而如需统计表达"喜欢不同颜色的男生、女生的人数"时，需要表示出"颜色"与"男生人数""女生人数"等两个对象间的数据，这时便需要用到复式统计表了。

统计表是在调查收集数据的基础上对数据进行整理与表达的最基本方式。它更多是作为数据整理与表达过程的重要组成内容来学习的。因此，在国内使

---

*　本课例由浙江省嘉善县第二实验小学何优优老师执教实践课，并作研究材料的整理。

用面较广、影响也较大的"人教版"教材与"北师大版"教材的内容编排上，除了"人教版"教材出现"复式统计表"的课时内容之外，其他没有出现以"统计表"为标题的教学内容，表明两套教材在定位"统计表"的学习目标时，更多的是将它融入"数据收集与整理"中。

本节以"人教版"教材的"单式统计表"（在教材上课题实际为"数据收集和整理"）为例，进行解读与分析。

图 2.2.1 "人教版"教材"数据收集与整理"例 1 和例 2 内容

从教材编写的内容来看，单式统计表的学习与解决问题的整个过程是融合在一起的。在调查收集的过程中，它作为数据整理的需要出现。与例 1 配套的机器人说："这是统计表，可以用来呈现统计数据。"在例 2 的数据收集后，提出了相应的要求："你能把上面的统计结果填在右表中吗？"前者是描述性定义，给出了统计表的样子；后者则引导学生用统计表整理与表达数据。

从更高位的要求来分析，教材编写意图显然在于，通过一系列的统计活动，让学生初步感受现实生活中存在大量数据，其中蕴含着有价值的信息，知道利用"单式统计表"可以呈现和刻画这些信息。并能根据统计表的数据提出并解决简单的问题，使学生体会统计的意义和作用，初步了解统计的基本思想方法，逐步形成数据意识。

可见，"单式统计表"的认识与应用，在"课程标准"相配套的实验教科书中，均淡化了形式上的告知，而是将其整合在问题解决、数据收集整理、数据表达的学习过程中，由学生自我感知与理解来达成目标。这样的设计，有助于学生将对统计表的认识建立在统计活动的过程中，深度理解作为数据表达工具的统计表。显然，这有利于发展学生的数据意识，培养学生尊重事实、用数据说话的态度。

二、学情前测与分析

关于数据的收集与整理，学生在学习"分类与整理"内容时已经有过经验。本节内容更多的是想让学生对收集来的数据在整理与表达上有进一步的提升。为了充分了解学生在统计的感知与认识、数据的整理与表达方面的经验基础，我们对学生进行前测调研。调研内容如下：

问题一：你觉得生活中哪些事情需要我们做统计？

问题二：有红、黄、蓝、绿四种颜色，班主任想选一种颜色作为班级图标的底色，你觉得选什么颜色合适？说说你的想法。

问题三：右图是收集到的本班同学最喜欢吃的蔬菜。你会用一张统计表把它表示出来吗？

图 2.2.2 本班同学最喜欢吃的蔬菜

问题一其实是一种大概的了解，主要想了解学生对"统计"在生活中应用的感知，这也是数学与生活的直观感知，更多地源于无意注意的结果。问题二涉及"统计意义"，是对学生"应用统计解决问题"的意识，以及能力的了解。问题三涉及的是统计方法的问题，旨在了解学生用统计表整理数据的方法的基础水平。于是编者对所任教的二年级两个班的 89 名学生进行了前测。现对前测结果作一些分析。

（一）问题一的数据解读与分析

通过问题一的前测发现，学生对统计不完全陌生，有93.4%的学生对统计有一定的感知，很多的统计活动是学生经历过的。有学生说：统计班级里的同学喜欢什么颜色；有学生说：统计各班的女生和男生人数；还有的学生说：选班干部投票、好书推荐投票、比赛投票等。当然也有学生只是一种模糊感知，如一位学生只写了一些统计调查的对象名称：1.水果，2.蔬菜，3.零食，4.文具，5.书本，6.作业，7.名字，8.玩具，9.学号。他估计想表达：统计就是记录事物的名称。

当然，需要学生具体描述是怎么做统计时，学生的表达明显是模糊的，可见他们对统计的认知大多是零散、拼凑的，并没有经历完整的统计过程。数据表明，超过90%的学生对统计有一定的感知，但更多地停留于模糊感知。

（二）问题二的数据解读与分析

问题二的前测，真实地反映了第一学段的学生对于"统计问题"的认知状况。事实上，"你觉得选什么颜色合适？"与"你喜欢什么颜色？"是两个不同的问题。前者是一个"统计问题"，即需要通过调查数据分析后才能作出决策；后者则是一个一般性的针对个人喜好的问题，作为个体只要参与就行了。前测结果是，100%的学生在回答时，以自己的喜好作为选择依据。

如，"我选黄色，因为我喜欢黄色""我觉得红色合适，因为我们班的红旗是红色的"。显然，二年级学生对于"统计问题"与"一般问题"的区分几乎是没有经验的。这也正是本节课需要学生发展的一个目标点。

（三）问题三的数据解读与分析

关于数据的收集与整理，前面已经学习过相关的内容（如右图），学生也已经积累了一些经验。当然，以

可以把分组结果整理在表格中。

类别	大人	孩子
人数	8	6

性别	男	女
人数	7	7

图 2.2.3 "人教版"教材一年级上册"分类与整理"

统计表的方式进行整理，前面的教材上也有，但并不是作为主要学习目标来达成的，在"分类与整理"这节内容的学习中，学习重点更多落在"依据某个标准对事物进行分类"，所以学生对于数据整理（特别是用"表"来整理）的感知是不深刻的。前测结果也反映了学生对"统计表"认知的真实情况。通过前测发现 95.3% 的学生不会完整地绘制统计表，他们只会将相应的"物的数量"给出"数的表达"，如"12 个玉米，8 个萝卜，7 个南瓜"。

还有学生则结合自己前一节内容"分类与整理"课上形成的经验，画出了一份象形统计图（如图 2.2.4），这已经是相当不错的数据呈现方式了。前测数据表明，对于二年级的学生来说，以"统计表"的形式来表达数据整理的结果，经验还不足，需要通过进一步的学习体验来积累和丰富。

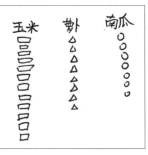

图 2.2.4 象形统计图

通过三个问题的前测，我们了解到二年级的学生对于"统计"有一定的模糊认知，但并不能准确区分"统计问题"与"一般问题"；他们有数据分类的经验，但用"统计表来表达数据整理的结果"的经验不足。

三、目标定位与教学思路

基于以上教材和学情分析，希望学生通过本节课的学习，达成以下四个层次的学习目标：

一是结合实际统计问题的解决，引导学生体会"统计问题"与"一般问题"的区别，能够在一定程度上理解统计意义。

二是经历数据收集的过程，体验数据收集方法的多样性，体会某次统计数据的收集只与这次收集时的样本有关。

三是经历数据整理与表达的过程，探索"从物到数再到表"的单式统计表的形成过程中，认识单式统计表的基本结构，并能理解各部分的含义，发展数据意识。

四是能够读懂单式统计表中的数据，并能够结合表中数据分析、解释一些简单的生活问题，形成初步的数据意识。

"单式统计表"是学生第一次正式接触抽象规范的数据表达的内容，为了让学生在学习过程中感受"数据"与生活的紧密联系；经历完整的统计表的形成过程，同时发展学生的"数据意识"。本节内容的教学拟采用"全过程经历，分阶段体验"的整体教学思路。实践中着重关注三个关键点。

关键点一：从"问题需求"出发，体会"统计意义"明晰"统计问题特征"

为什么要进行统计？统计是为了解决生活中诸如竞选班干部、了解班级学生情况、同学餐食喜好情况等问题的手段。依据学生的年龄特点，从学生的"问题需求"出发，设计一次任务驱动式的学习，引导学生体会统计的学习意义。课堂上，以"学校要做一套新的校服，该选哪种颜色比较合适？"这一真实问题导入，引导学生感知用统计解决问题的需求。此问题意义有二：一是这个问题的回答不是简单的个体作答就行，而是需要通过群体（即某个较大样本）中的个体作答，对作答结果作出总体分析后才能给出结论，即体会统计问题的统计意义；二是这个问题的解决，甚至并不是通过收集某个班（样本过小）的数据就行了，而是需要经历样本扩大的过程，因而更能体现统计味。

随后的"奖品发放问题"与"天气问题"，均从贴近学生的"问题需求"出发，引导学生亲历收集和整理数据的过程，并通过展示、交流、评价的过程发展数据意识。三个活动层层深入，从学生的"问题需求"出发，激发学生学习的兴趣，让学生带着兴趣经历整个数据收集和整理的过程，充分感受到"数据收集整理"既是一个非常有趣的体验活动，同时也是很有意义的数学学习活动。

关键点二：经历数据的"收集—整理—表达"全过程，体会统计表的形成过程，认识"表"的基本结构

让学生经历完整的数据收集过程是"数据收集整理"（即"单式统计表"）一课的教学核心。从教材来看，数据整理与表达的结构化方式——统计表，是直接给定的，学生要做的只是将收集到的数据准确填入相应的空格。这样的设计，使得学生体会从"物"到"数"再到"表"的经验不足，对统计表的形成过程体验不充分。实践中，我们尝试改变教材设计，用一个实际问题，引导学生在解决问题的过程中，体验"统计表"的形成与建构过程。实施时，分三个步骤推进。

步骤一：调查收集数据。根据"学校要做一套新的校服，该选哪种颜色合适？"这一问题，讨论确定采用现场调查的方法收集数据后，开始对本班学生进行现场调查。其间，学生会有调查方法的优化，会有对现场数据收集过程的切实体验，还有对调查收集过程不容易的切身感受。

步骤二：数据整理与表达。数据整理既有以"物"的形式直接呈现，比如以选票的形式整理出相关数据；也有以象形统计图的形式呈现，即直接将选票贴在黑板上以"类"的方式展示；还可以是以数据形式直接呈现，即举手表决后数出相应的人数。

步骤三：表达方式的完善。相对于象形统计图、选票的直接排列等表达方式，以统计表的形式来表达收集到的数据相对结构化。主要体现在"一对一"的精准匹配上。而正因为这种对应性，对事物的分析可以抛开具体的"物"直接结合数据进行了。

当然，在引导学生"经历统计全过程"时，需要给学生足够多的参与和独立思考的时间、空间，让学生经历由浅到深、由模糊至清晰的学习探究过程，体验从随意的统计到有意义的统计过程，最终使学生亲历数据收集整理的全过程。

关键点三：从"深度体验"到"扩展感受"，发展学生的数据意识

作为数据收集与整理表达的一节内容，发展学生的数据意识是一个很重要的学习目标。那么这节内容又该如何落实这一学习目标呢？我们可以通过引导学生经历"深度体验"与"扩展感受"来实现。

课中，由"选校服颜色"这样的问题获取真实数据，"在思考分析一个班数据的基础上引入年级数据"，这是一种对"统计问题"解决过程的深度体验，同时也是一种数据收集与整理过程的深度体验。通过这样有现实意义的讨论，使学生初步体会数据中蕴含着的信息和数据分析的意义，逐步培养学生的数据意识。当然，这样的体验需要扩展，于是在后续的练习中，又有了"奖品问题"与"天气情况统计"问题，再次引导学生对统计的结果进行分析，根据数据进行推断，体现统计的作用：为现实中的决策作参考，从而在扩展感受中进一步发展学生的数据意识。

四、过程设计与实践简析

（一）解决真实问题，引导学生经历数据收集与整理的过程

课的开始，教师设计一个真实的问题，引导学生结合现实问题去体验感悟"一般问题"和"统计问题"的差异，并以"统计问题"的解决为突破口，引入到调查收集数据。

1. 创设情境，引出调查活动

呈现问题：学校想要做一套新的校服，同学们，你们觉得需要从哪些角度去选择新校服呢？

学生很容易想到：按款式、颜色、身高。

小结：看来同学们都很有经验，是的，选择一套新校服需要考虑款式、颜色等相关要素。

问题：现在已经有了一个款式的校服大家都比较认同，但是到底该选哪种颜色比较合适？这个问题又难倒总务主任了。我们一起去帮帮忙。（呈现同一款

式的红色、黄色、白色、蓝色四种颜色的校服。）

师：如果选一种颜色作为校服的颜色，你会选哪种颜色？

学生交流后反馈。

生1：我喜欢黄色，我选黄色。

生2：我选蓝色，因为我喜欢蓝色。

师：这些是你们每一个人的想法。大家喜欢的颜色不太一样，这怎么办？

生：投票，哪种颜色喜欢的人多，就选哪种颜色作为校服的颜色。

师：你说的"投票"是什么意思呢？

生：就是大家给自己喜欢的颜色投个票。看选哪种颜色的人最多，就用这种颜色。

师：你的意思是调查下全班同学的想法，然后"少数服从多数"，是吗？

生：是的。

师：大家觉得投票这个办法好不好？

生：好！

继续提问：那怎么投票呢？

生：举手、起立、在一张纸上写上自己喜欢的颜色……

【实践简析】

从前测了解到，学生对于统计只有一个模糊的认识，缺少真正的体验活动。于是，课堂伊始，教师设计了一个真实的问题，引导学生体会"一般问题"的解决与"统计问题"的解决之间的差异，从而体会"统计问题"的解决办法，即需要调查，需要收集数据，需要根据数据去判断等。"校服颜色"问题，是一个学生比较有直接感受的问题，能够激起每一位学生的直接体验。并且通过教师的引导，学生能够体验到，这个问题不是一个人回答"喜欢什么颜色"就可以解决的，而是需要去了解每位同学的想法，然后再收集每位同学的想法，才能根据数据做出选择，从而体验到"一般问题"和"统计问题"的本质差异。

2.实施调查，收集数据

师：哇，同学们想到了这么多的方法，真棒！老师给大家准备了四种颜色的投票圆片，过会儿把代表你喜欢的颜色的圆片贴到黑板上来。可以吗？（停顿）好了，现在请先想一下，你最喜欢的颜色是哪一种，然后请把选择的颜色圆片贴在黑板上。

课堂上，为了安全，教师有意识地请学生分组到黑板前，完成任务。在贴的过程中，后上的学生中，有人觉得黑板上的圆片太乱，于是就想把它们摆摆齐，甚至想摆成象形统计图的形式。当全班学生摆完后，大家一眼就看到了结果：喜欢蓝颜色的人数最多。有的学生一下子就数出每种颜色各自的个数：喜欢蓝色的有 20 人；喜欢白色的有 14 人；喜欢红色的有 8 人；喜欢黄色的有 3 人。

【实践简析】

这一教学片段源于学生解决问题的需要。当然，在课堂上，教师改变了以往教学中用举手、起立等数一数来收集数据的方法，而是用小圆片投票的方式收集数据。这是基于前面几次课堂尝试中，学生使用举手、起立等数人数的方法，容易出现数数错误，造成此片段花时太多，效率不高。在数据收集的过程中，虽然对错误数据进行调整也是一种很好的体验，但毕竟课堂教学的时间有限，所以宜采用数据不容易出错的方式来操作。而把数据的质疑论证过程往后移到整体判断中，也可以达成此目标。本环节的重点则是数据的收集。

（二）以交流比较为抓手，实现数据整理与表达的结构化

1. 整理数据，引出"统计表"表达

再次提出问题：同学们真厉害！这么快就把我们班的情况给统计出来了。现在我们要把统计的结果告诉总务主任，可是总务主任不在。你会怎样来整理这些数据，让总务主任一眼就能看明白我们班的投票结果呢？（停顿）请拿出你的练习纸，把这些数据整理一下吧。

学生作品呈现。（如下页图 2.2.5 ）

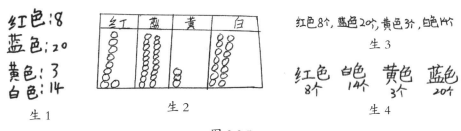

图 2.2.5

引导学生讨论、解释、比较这些数据整理与表达方式的异同，认识各种表达方式中的关键要素，厘清如此表达的含义（即这里有一行表示的是颜色，有一行表示的是人数），且颜色和人数是"一一对应"的。过程中，教师引导学生逐步完善表达，形成相对完整的"单式统计表"（如下表 2.2.1）。

表 2.2.1　203 班同学喜欢的校服颜色统计表

颜色	红色	黄色	白色	蓝色
数量	8	3	14	20

【实践简析】

这一片段是学生第一次尝试对自己收集的数据进行整理。过程中，学生用自己的方式（文字、图画、表格等）呈现数据整理的结果，这也是讨论交流引导的基础。然后，通过对不同方式中相同点的感知、抽象，逐步完善"单式统计表"的表达，认识到统计表的结构，并理解表中数据所表示的含义。这也是学生数据意识培养的重要内容。

2. 读懂数据，读出问题，延展学习

提问：同学们，怎么样才能知道我们整理的这些数据对不对？

生：算算一共有几人，然后与全班人数比一下。

师：这种方法是否可行？

生：可以的。

师：还有不同方法来确定吗？

生：再调查一遍，看是不是一样。

师：这个方法也可以的。当然，今天因为时间关系，我们采用第一种方法来确认一下这些数据吧。

教师引导学生一起计算，得出有 45 人参与投票，而班级总人数也是 45 人，所以这个数据还是有效的。

师：同学们，看了这些数据，你们又知道了哪些信息呢？

生：我知道喜欢蓝色的有 20 人。

生：喜欢黄色的人数最少，喜欢蓝色的人数最多。

师：如果选一种颜色做校服，应该选择哪一种颜色比较合适？

生（齐）：蓝色！

这时，教师特意用质疑的声音问：你们都同意蓝色？

有学生说：同意，我们班喜欢蓝色的人数最多，所以就选蓝色。也有学生迟疑起来了。于是教师放慢声音追问：通过刚才的调查，我们收集到了全班数据，也作了整理，并用统计表表示了出来。数据也告诉我们，我们班最喜欢的颜色就是蓝色。现在，告诉总务主任，全校定校服就选我们班最喜欢的蓝色，你们——觉得合适吗？

有学生说：合适。

有学生说：不合适，我们班不能代表全校的学生，还有其他班的学生。

教师向那些说不合适的学生投去了赞许的目光：明白了，原来不能只看我们班的结果，还要看隔壁班，还有其他年级的学生。老师这儿有 201 班的统计表，你们能看懂吗？（呈现统计表）

表 2.2.2　201 班同学喜欢的校服颜色统计表

颜色	红色	黄色	白色	蓝色
人数	13	5	11	9

生：201班，他们最喜欢的颜色是红色。

……

小结：回忆一下，刚才我们是怎么进行数据收集整理的？先选定了一种投票的方式——圆片投票——把结果放在统计表——计算统计结果是否正确——分析数据——根据实际情况调整判断结果——得到准确的统计结果。

【实践简析】

统计表是数据整理与表达的一种方式。读懂统计表中的数据则是数据整理成统计表的重要意义。教学中，首先引导学生关注的是表中数据的准确与否，引导学生思考，如何来判断表中数据的正确性。只有明确收集的数据准确无误，后续进行的数据分析才是有意义的。这既是学生形成数据意识的重要内容之一，同时也培养了学生实事求是和严谨的科学态度。这个片段的最后，又有意识地从班级样本拓展到年级样本，再到较大样本的考量，既是对统计表数据的解读，又渗透了对统计样本的感悟体验，这些均在促进学生的数据分析观念与数据意识的形成。

（三）以统计活动为抓手，引导学生体验核心环节，发展学生的数据意识

呈现问题：生活中，像这样的数据收集还很常见。看，王老师收集了30位同学最喜欢的奖品。（图2.2.6）

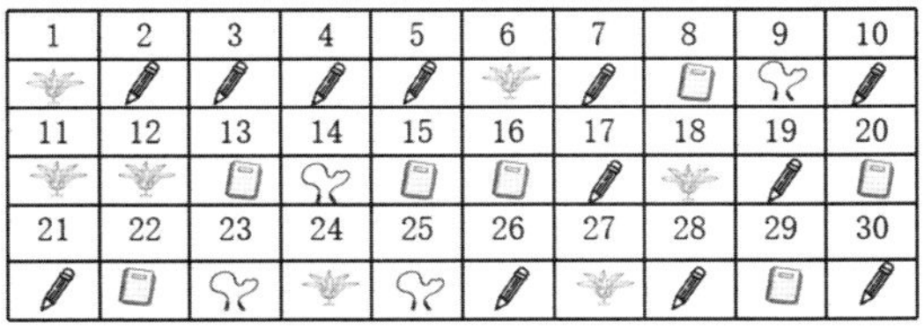

图 2.2.6 某班同学最喜欢的奖品

观察有哪些奖品？要想清楚地看到结果，怎么把这些数据进行分类和整理呢？请在你的纸上记录一下。

呈现学生作品。（下页图2.2.7）

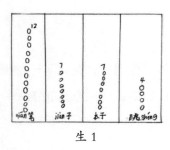
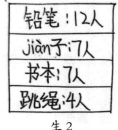
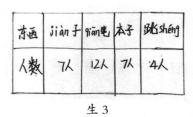

生 1   生 2   生 3

图 2.2.7

完成后，首先请学生检验收集的数据是否正确，然后引导学生交流各种表达方式的异同。最后完善成以下统计表。

表 2.2.3　某班同学最喜欢的奖品统计表

奖品	🪁	✏️	📓	🪢
人数	7	12	7	4

【实践简析】

这一片段通过对某班同学最喜欢的奖品的收集和整理，引导学生再一次亲身经历数据整理与表达的过程，进而加深对统计表的结构的认识。当然，整个过程中，起点是从"分类"开始的，学生会出现不同的分类，只要分类的标准不产生交叉造成重复统计的情况，均视为可行方案。关键在于"统计表"整理与表达的结构合理与数据准确。

（四）基础性练习，体会数据整理与表达的价值

练习：读懂统计表，回答相关问题。（图 2.2.8）

练习分成了三个不同的层次：

首先，直接分析。学生能根据表格内的信息，直接读取：我喜欢（　　）天，这种天气有（　　）天。

某月天气情况。

天气	☀️	⛅	🌧️	❄️
天数	12	8	6	5

1. 我喜欢（　　）天，这种天气有（　　）天。

2. 这个月一共有（　　）天，其中⛅有（　　）天。

3. 这个月中❄️比☀️少（　　）天。

4. 这个月最有可能是春、夏、秋、冬的哪个季节？

图 2.2.8

其次，间接分析。学生通过简单的计算读取信息，回答蕴含着的问题：这个月一共有（　）天，其中阴天有（　）天。这个月中雪天比晴天少（　）天。

最后，推测分析。这是真正落实学生数据意识的关键。让学生推测这个月最有可能是春、夏、秋、冬的哪个季节？学生会依据自己原有的想法进行不同的猜测，课堂也再一次进入了小高潮，在思辨、交流、反馈的过程中，让学生把目光聚焦到数据中。在数据分析中明确这个月是冬天，因为下雪天有 4 天，在南方，一般只有冬天才会下雪。

五、测评题的命制与说明

结合对本节学习内容的解读、学生情况前测分析以及教学过程的实践与思考，在命制"数据收集与整理"的测评题时，我们需要重点思考三个层面的测评目标。

目标一：初步理解"统计问题"与"一般问题"的区别，知道怎样的问题需要通过调查收集数据才能给出结论。

目标二：会用调查法收集相关数据，并能用"单式统计表"整理与表达相关数据，表现出数据整理与表达的意识。

目标三：能读懂单式统计表中的数据，并能结合表中数据分析、解释一些简单的生活问题，形成初步的数据意识。

目标一：理解水平

典型题 1：以下第（　）个问题需要通过调查收集、整理数据后才能作出判断。

①我最喜欢吃哪种水果？

②爸爸今年几岁？

③201 班喜欢哪一项运动的小朋友最多？

④星期二一共有几节课？

【意图说明】

此题主要测查学生对统计问题的感知水平。解答此题，需要学生有对"统计问题需要经过调查收集数据，并进行适当整理后作出判断"的特点的感知、理解。四个选项中，选项③是统计问题。选项①、②和④，不存在整理、分析的过程。如果说选项④相对复杂些，也只是在理解上存在一些不同的解读，即可解读成星期二某个班共有几节课，一般为6节；也可解读成整个年级在星期二共有几节课，这样解读问题只是在得到结果时相对复杂些，因为需要通过计算，比如二年级有6个班，那么共有36节。无论哪种理解，其过程不在于数据分析，只涉及计算的问题。所以此问题也只能算作是一般问题。

只有选项③，需要通过对201班的所有学生作一次实际的统计，才能最后确定喜欢某项运动的小朋友人数，然后通过比较得出结论。这样的过程，是数据收集、整理与分析的过程，也是统计的过程。

目标二：数据收集与整理水平

典型题2：二年级（1）班举行一分钟计算比赛。比赛题目如下：

27+30=	4×5=	93-6=	71-50=	93-30=	19+0=	7×4-8=	4×（ ）=24
90-16=	56+29=	36+50=	24-8=	47-18=	72-16=	6×8-23=	（ ）×4=32
8×5=	51-37=	67-16=	39-4=	39-19=	4×4=	4×6+45=	6×（ ）=54
15+28=	55+28=	5+27=	9×3=	32+24=	61-27=	12+33+8=	（ ）×8=56
69+29=	20+67=	2×7=	78-29=	76-32=	61+27=	9×5-19=	（ ）×6=12
9×9=	67-40=	44+37=	36-6=	1×5=	2×9=	17+50-8=	89-3×5=
50-17=	35+9=	6×6=	80-20=	19+37=	32+14=	13+29+10=	4+6×3=

比赛结果是这样来评定的：答对30题以上为"优"，答对20~30题为"良"，答对10~19题为"合格"，答对10题以下为"待合格"。

请你结合比赛结果，将数据填入以下统计表。

二年级（1）班举行一分钟计算比赛结果统计表

等第	优	良	合格	待合格
人数				

本题意在测查学生能否根据解决问题的需要进行数据收集，并能将收集到的数据填入相应的空格内。过程中，需要学生做一次实际的比赛，然后取得相应的数据。当然，因为统计表中需要根据"等第"来填人数，而实际答题时则是以答题的正确数来确定人数的，这中间有一个"正确的题数"与"等第"的转换，需要从"正确题数"与"人数"相对应，转换成"等第人数"。这对于二年级的学生来说，具有一定的挑战性。因此，从测评要求分为的四级水平来看，此题为三级水平。

典型题3：一年有四季，每个季节都有它不同的美。每个人喜欢的季节也不一定相同。请设计一次对本班同学进行的"最喜欢哪个季节"的调查活动。最后把调查结果用统计表的形式表示出来。

（1）我设计的统计表名称是：

（2）我画的表格：

（3）我得出的结论是：

【意图说明】

数据的收集和整理离日常学习和生活很近。本题的测评目标在于，测查学生能否结合相关问题进行针对性的数据收集，并能将收集到的数据通过"单式统计表"表达出来。其实质是引导学生再一次经历完整的数据收集过程，让学生学会绘制表格，加深对"单式统计表"结构的理解。当然，第（3）小题有意识地要求学生呈现结论，这也是完整解决此问题的重要环节，学生比较容易忽略。同时，也是数据解读的一个环节，引导学生深刻体验统计的意义。

目标三：**数据解读与分析水平**

典型题4：二（1）班同学一天睡眠时间情况如下。

时间	11小时	10小时	9小时	8小时
人数	9人	20人	11人	5人

（1）二（1）班一共有（　）人。

（2）二（1）班中，睡眠时间为（　）小时的人数最多。

（3）二（1）班中，睡眠时间少于 10 小时的有（　）人。

【意图说明】

这是一道测查学生对于统计表中数据解读水平的常规题，更多地定位在数据的直接感知，或需要略作运算得到：一是读取，二是对信息间关系理解后的简单运算。这对于学生而言并不难，应该属于四级水平的二级水平，属于知识的理解与技能的简单应用水平。

典型题 5：某商店一个月童鞋各种尺码的销售情况如下图，且仓库内这款童鞋各种尺码都没有货了，如果陈老板要进货，下面说法错误的是（　）。

尺码／厘米	19	20	21	22	23
数量／双	5	24	37	12	6

①多进尺码是 21 厘米的童鞋。

②全部进尺码是 21 厘米的童鞋。

③少进尺码是 19 厘米的童鞋。

【意图说明】

以生活中童鞋尺码这一情境引入，让学生感受到数据中蕴含着丰富的信息，"单式统计表"能帮助我们根据数据信息解决生活中的很多问题。本题的测查目标在于学生对表中信息解读后，结合生活实际作出分析判断，而且将选择要求定位在选取"错误答案"，挑战难度明显增强。如果以四级水平划分的话，此题对于二年级学生来说，属于四级综合应用与分析水平。

典型题 6：班级联欢会上，3 名同学参加了套圈比赛，每人套 10 次，统计结果如下表。

姓名	嘉嘉	乐乐	笑笑
投中次数	6	4	5

（1）这三人中的第一名是（　　）。

（2）如果每人再接着套2次，那么笑笑可能成为这三人中的第一名吗？请在括号内画"√"。可能（　　）；不可能（　　）。

【意图说明】

本题作为读表测查，考查学生对表中数据的解读能力，并不复杂。困难在于融入了"随机事件发生的可能性"知识。因为对于二年级学生来说，并没有学过"随机事件发生的可能性"这一知识，纯粹靠生活经验来作判断，本来就差异较大。而且还存在着"名次并列"的情况，且涉及分类讨论的思想。这对于学生来说，更不易厘清。此题不宜作为一般性的测评题，故而不作水平等级划分，建议教师在日常教学中将其作为一种趣味性习题使用。

课例三："复式统计表"教学研究*

一、内容解读

"复式统计表"这一内容属于"统计与概率"领域"数据的收集、整理与表达"的范畴，是学生在小学阶段学习统计方法、感悟统计思想、发展数据意识的重要素材。此课内容是在前期"数据分类""数据收集与整理"以及认识了"单式统计表"的基础上学习的。以《"课程标准"（2022 年版）》的分段来看，两套使用面比较广的教材，"人教版"教材和"北师大版"教材均将其编写在第二学段，作为第二学段"统计与概率"知识中第一个接触到的内容。

与"单式统计表"统计项目"一对一"的特点相比，"复式统计表"的"复式"主要是指统计项目的多个，有"一对二"甚至"一对多"的情况。"复式统计表"具体是指在对某个项目进行统计时，将多个对象的数据合并在一张表上呈现的统计表。比如前面谈到的，在统计学生喜欢的运动项目时，不仅需要反映全班学生的情况，还要表达出班中男生与女生各自的数据，这便需要复式统计表来呈现了。从内容学习的相关性来讲，"复式统计表"还是后续学习复式条形统计图、复式折线统计图的基础。

现以"人教版"教材的编写为例，作简要分析。

---

　　* 本课例由浙江省海盐县城西小学张梦欣老师与浙江省嘉善县吴镇教育集团吴叶老师共同执教实践课，并合作整理研究材料。

教材例题：

男生、女生最喜欢的运动项目人数情况

运动项目	足球	篮球	游泳	乒乓球	跳绳	踢毽子
男生人数						
女生人数						

这个表包含哪几项内容？根据上表，回答下面的问题。

（1）男生喜欢哪种运动项目的人最多？女生呢？

（2）参加调查的一共有多少人？

（3）根据调查的结果，你对学校体育设施的配置有哪些建议？

教材做一做：

① 下面是某市2013年、2017年和2021年空气质量各级别天数情况。

2013年

空气质量级别	天数
优	66
良	150
轻度污染	79
中度污染	42
重度污染	20
严重污染	8

2017年

空气质量级别	天数
优	96
良	160
轻度污染	65
中度污染	27
重度污染	12
严重污染	5

2021年

空气质量级别	天数
优	124
良	184
轻度污染	40
中度污染	12
重度污染	5
严重污染	0

（1）把上面三年的空气质量各级别天数填写在右表中。

（2）比较一下该市这三年的空气质量情况，你有什么发现？

空气质量级别	2013年	2017年	2021年
优			
良			
轻度污染			
中度污染			
重度污染			
严重污染			

图2.3.1"人教版"教材"复式统计表"

"人教版"教材在导入部分设计了统计本班同学（分男女）最喜欢的六种活动情况的情境，贴近学生的学习生活。这样的素材有利于学生在学习过程中有亲近感、代入感。展开部分重在引导学生在认清多张"单式统计表"要素结构的基础上进行合并，经历"复式统计表"的产生与形成过程，并在体验合并的过程中，认识"复式统计表"中"复式"的结构，学会填写"复式统计表"，且能对统计表作简单分析。这样的学习过程设计，有助于学生感悟数据与数据表达方式的变化，体会表达方式的结构，旨在发展学生的数据意识。"做一做"中，又将"复式统计表"的"一对二"扩展到"一对三"的数据表达，意图很明确，就是引导学生进一步丰富复式统计表"复式"的结构，感受复式统计表"一对多"的表达。

"复式统计表"是学生首次接触数据的"复式"表达，所以这个知识点的教学非常重要，为后面复式统计图的教学打基础。学生的学习过程，仍然可以从解决生活实际问题出发展开探索，借助问题解决的过程，引导学生初步感受现实生活中存在大量数据，其中蕴含着有价值的信息，利用统计图表可以呈现和刻画这些信息，形成初步的数据意识。

二、学情前测与分析

通过第一学段的"分类与整理"与"数据收集整理"的学习，学生对数据分类、数据收集以及数据记录整理的方法有了一定的经验，并能够通过"单式统计表"表达数据，还能根据统计表中的数据做简单的分析和解决有关问题。当然，统计方法和意义的体验、数据意识的培养、数据分析观念的发展不是一蹴而就的，需要在多次的经历中不断积淀，逐步内化。学生有了第一学段相关"统计"内容的学习之后，到底积累了怎样的学习经验？面对统计乃至更为复杂的统计问题时，又能将学到的相关知识与积累的活动经验应用到怎样的程度？我们在"复式统计表"一课的教学实践之前，对学生进行了相关的前测，以期作深度的了解。

思考：这次，我们选用怎样的材料作为前测内容比较合适？

有了前测的想法后，我们首先思考，选用怎样的材料作前测比较合适？这就需要思考我们制定前测的具体目标：一是了解学生对统计问题的认知水平；二是了解学生数据整理的策略水平，即学生看到一组较为复杂的数据，会怎样来整理，有多少学生会想到通过统计表的方式进行整理。当然，选择的材料，首先是真实，然后是个统计问题，最后能够有"类"的特征。

最后，我们选择了以下问题作为前测的材料。

国家卫健委公布了 2020 年 9 月到 12 月开展的全国近视专项调查结果：其中 6 岁儿童、小学生、初中生、高中生的近视比例依次增加。关于近视程度，医学上是这样规定的：300 度以下为轻度近视，300—600 度为中度近视，600 度以上为重度近视。

这个学期中，学校医务室正好给全校学生做了一次体检，以下是某班 37 位学生的视力情况记录表：

1 号	女	0 度	正常	14 号	女	0 度	正常	27 号	男	100 度	轻度
2 号	女	100 度	轻度	15 号	女	0 度	正常	28 号	男	0 度	正常
3 号	女	100 度	轻度	16 号	女	0 度	正常	29 号	男	150 度	轻度
4 号	女	150 度	轻度	17 号	女	0 度	正常	30 号	男	0 度	正常
5 号	女	250 度	轻度	18 号	女	0 度	正常	31 号	男	100 度	轻度
6 号	女	100 度	轻度	19 号	男	0 度	正常	32 号	男	0 度	正常
7 号	女	250 度	轻度	20 号	男	0 度	正常	33 号	男	0 度	正常
8 号	女	100 度	轻度	21 号	男	0 度	正常	34 号	男	0 度	正常
9 号	女	100 度	轻度	22 号	男	0 度	正常	35 号	男	150 度	轻度
10 号	女	150 度	轻度	23 号	男	200 度	轻度	36 号	男	0 度	正常
11 号	女	0 度	正常	24 号	男	0 度	正常	37 号	男	0 度	正常
12 号	女	0 度	正常	25 号	男	200 度	轻度				
13 号	女	100 度	轻度	26 号	男	0 度	正常				

任务一：视力普查是学校的一项重要工作，请你帮校医选择合适的方法整理以上数据。

任务二：根据整理的数据，你有什么想说的？

选择这组前测材料的理由是："视力"这个情境是学生关注的，而数据的来源又是真实的，也是目前社会广泛关注的话题。显然，用"视力"这个情境作为前测材料，不仅可以激发学生整理数据的兴趣，驱动学生的情感参与，还可以从学校视力普查工作说开去，引导学生留意、关注生活中其他的数据整理。

同时，还隐藏着一个想法：将这个情境素材作为课堂教学时的主情景内容，将前测材料作为课上交流学习的材料，贯穿整节课。

数据分析：学生的表现到底反映了他们具备怎样的经验水平？

本次前测对象选取了城区学校三年级一个班，共 37 名学生。现就前测题 1 "视力普查是学校的一项重要工作，请你帮校医选择合适的方法整理以上数据"的结果作整理与分析。

结论一：学生在分类维度上，体现了不同的标准。

分类是整理数据常用的方法，学生在第一学段学过"数据的分类"，从前测中可以看出，学生分类的整体意识较强，有 26 名学生以"几种不同的视力状况"为标准进行分类整理，我们称之为"一级分类"；还有 11 名学生不仅关注了 4 种视力情况，还关注了"性别"这个信息，我们把这样的分类称为"二级分类"。以下是几种典型的分类形式。

表 2.3.1　学生典型分类标准一

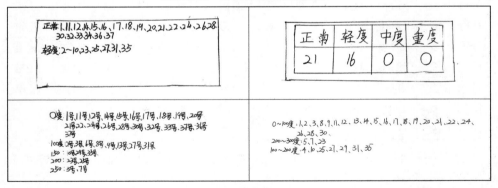

表 2.3.2　学生典型分类标准二

无明确分类的情况也有，如有学生是这样表达的：可以把不同度数的同学放在一张纸上。

结论二：学生在数据整理上，样式多样。

学生能根据自己选定的分类标准，在充分解读信息后，主动对校医所提供的数据进行整理。整理样式主要有以下三种：

表 2.3.3　学生典型分类样式

表格式	
文字式	
其他 **（如用图形）**	

其中表格式的有 18 人，占总人数的 48.6%；文字式的有 15 人，占总人数的 40.5%；其他类的有 4 人，占总人数的 10.8%。数据表明，学生对数据的整理能力比较强，且整理的方式丰富多样。

结论三：学生在结果表达上，形式比较丰富。

对整理结果的表达方面，形式也是多种多样。如整理学号的有 22 人，占总人数的 59.5%；通过按列累加、画正字整理的有 10 人，占总人数的 27%；还有 1 人将两类都进行了整理，占总人数的 2.7%；表达不清楚的只有 4 人，占总人数的 10.8%。

表 2.3.4　学生典型整理方式

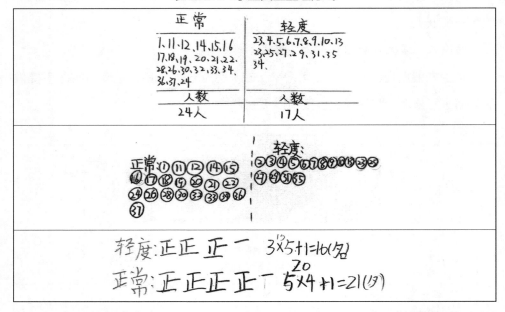

　　基于以上的前测数据分析，我们发现大部分学生已经有了初步的信息解读能力，并能根据一定的标准将数据进行分类整理。同时也发现绝大部分学生经历数据整理的全过程后，能感受到：将数据按一定标准整理，用表或图表达出来，较清楚直观，更便于分析与比较。

　　通过以上的尝试与分析，我们认为"视力"这个情境素材可以作为课堂教学时的主情景呈现，并在课上作为交流学习的主材料，贯穿起整节课。

三、目标定位与教学思路

　　基于以上教材和学情分析，本节"复式统计表"的学习重点应放在引导学生经历"复式统计表"的产生与形成过程，并能根据表中数据进行简单的分析。具体从以下三个维度来确定相应的学习目标。

　　认知维度：结合数据的整理与表达，使学生经历"复式统计表"产生的过程，认识"复式统计表"的基本结构与相关要素。

技能维度：结合数据合并与完善的过程，使学生能根据收集、整理的数据正确填写统计表，还能根据统计表的数据进行简单的分析。

素养维度：结合认识、填写、分析"复式统计表"的数据处理过程，使学生进一步理解统计方法，培养学生的数据分析意识，体会统计与现实生活的联系，感受学习数学的乐趣。

基于以上目标定位，本课教学将采用"教"与"学"互动并进的路径，助力学生实现认识"复式统计表"、发展数据意识的学习目标。

"教"的路径：材料导引—问题启思—组织交流—引导小结。课堂引入时，以前测中产生的典型材料作为讨论交流的素材。过程中，则通过"你能看出男生与女生的差异吗？""要比较男生和女生的视力情况，需要同时关注几张统计表？""怎样容易看得更清，你有什么好办法？"等系列问题，设置认知冲突，激发学生思考。然后通过交流明晰，形成共识。

"学"的路径：自主表达—思悟梳理—要素明晰—结构内化。课堂上主要体现在两个层次的学习活动中：层次一，结合分类整理，尝试表达收集到的数据，"创作"出属于学生自己的"表"；层次二，结合交流与合并的活动，感悟"复式统计表"的"复式"特征。显然，这两个层次的活动，对于学生感知、认识、抽象与理解"复式统计表"的意义与结构特点，有着重要的作用。同时，在过程中，学生对相关数据信息进行解读与理解时，数据分析的意识与学习经验的积累，都是自主、自发、自成的。

四、过程设计与实践简析

（一）任务前置，把握学生真实的学习起点

教材首先安排了统计"本班同学最喜欢的活动"，接着就直接提供了两张结构完整的单式统计表，要求学生填写数据，并在填表后提出问题，引导学生解读单式统计表。这样的编排，缺少了数据的整理与表达的过程，"统计味"不足。我们认为，数据意识的发展，还需要更为丰富的学习活动来帮助。数据的收集、整理与表达过程的经历，需要多次的重复。于是，我们重新处理了教材，并在课堂教学前设置了前置性的学习活动。

前置学习任务：这是我们班同学最近一次体检中的视力情况（呈现学习单，如图 2.3.2 ），请你帮助校医选择合适的方法整理这些数据。

1 号，男，0 度，正常	17 号，男，0 度，正常	33 号，女，100 度，轻度
2 号，男，0 度，正常	18 号，男，100 度，轻度	34 号，女，0 度，正常
3 号，女，0 度，正常	19 号，女，100 度，轻度	35 号，男，0 度，正常
4 号，男，0 度，正常	20 号，男，0 度，正常	36 号，男，0 度，正常
5 号，男，0 度，正常	21 号，男，150 度，轻度	37 号，女，350 度，中度
6 号，男，0 度，正常	22 号，男，650 度，重度	38 号，女，100 度，轻度
7 号，女，0 度，正常	23 号，女，0 度，正常	39 号，男，0 度，正常
8 号，男，0 度，正常	24 号，男，0 度，正常	40 号，男，0 度，正常
9 号，女，0 度，正常	25 号，男，0 度，正常	41 号，男，0 度，正常
10 号，男，50 度，轻度	26 号，女，400 度，中度	42 号，女，0 度，正常
11 号，男，0 度，正常	27 号，女，0 度，正常	43 号，男，0 度，正常
12 号，男，200 度，轻度	28 号，男，350 度，中度	44 号，男，0 度，正常
13 号，女，0 度，正常	29 号，女，200 度，轻度	45 号，男，0 度，正常
14 号，男，0 度，正常	30 号，男，0 度，正常	46 号，男，0 度，正常
15 号，男，0 度，正常	31 号，男，50 度，轻度	
16 号，女，100 度，轻度	32 号，男，0 度，正常	

任务一：视力普查是学校的一项重要工作，请你帮校医选择合适的方法整理以上数据。

任务二：根据整理的数据，你有什么想说的？

图 2.3.2 课堂实践班级前测单

学习任务单具体只完成任务一：视力普查是学校的一项重要工作，请你帮校医选择合适的方法整理以上数据。

【实践简析】

学生在第一学段已经学习过"分类与整理"和"单式统计表"，所以对数据的整理和表示是有一定基础的。结合教材内容的特点和三年级学生的学情，设计了"整理表示班级学生视力情况的数据"这个学生更亲近、也更有现实意义的任务作为前置性学习任务，可以激活学生已有的经验和能力，同时也有利于教师把握每个学生的真实起点，提高教学的有效性。

（二）比较回顾，产生数据表征的新需求

1. 回顾数据整理过程，呈现多样表征方式

【教学片段1】

师：观察这两位同学的作品（图2.3.3），你能发现它们的相同之处吗？

生1：我发现它们都有正常、轻度和中度。

生2：我认为，它们都是将班级同学的视力情况分成了正常、轻度和中度三类，很清楚。

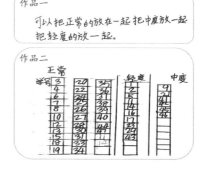

图 2.3.3 学生作品一、二

教师评价追问：的确，这两位同学都想到了可以通过"分类"对数据进行整理，那么他们的作品又有什么不同的地方呢？

生3：作品一只有分类，没有数据，整理得不够完整。

生4：作品二不仅分成了三类，还有具体的学号数据，清楚又完整。

小结：看来整理数据的时候，可以通过分类的方法，表示不同类别的数据情况。

【实践简析】

从学生课前完成的材料中可以发现，很大一部分学生已经有用表格整理的意识，但其中能完整、正确地用单式统计表去整理和呈现数据的比例非常小。

结合前测，我们认为如果直接出示表格，让学生在表格中填写数据，这对学生来说并不难，但若让学生自主想到用表格形式来整理，则对培养学生的数据意识十分重要。

【教学片段 2】

师：看来大家更喜欢作品二，那么这份作品三（图 2.3.4）呢？你有什么想说的吗？

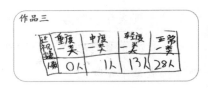

图 2.3.4　学生作品三

生 1：它们的方法不一样，作品三用到了表格，更简单了。

生 2：我也觉得作品三更简单，但其实它也是按一样的分类方法整理的。

教师追问：那作品三的这些数字是什么意思呢？你在作品二中能找到吗？

生 3：作品三的数字是每一类一共的人数，就是把作品二里学号的数量数出来了。

师：原来是这样，大家都能看明白吗？谁能再来说说从作品三里你还看到了什么信息呢？

学生对作品三中的数据进行解读。

小结：其实像作品三这样的，我们以前就学过了，还记得吗？像这样整理表示的方法，叫作？

生：统计表。

【实践简析】

此环节，教师引导学生对不同材料进行比较，使其充分思考、交流、表达，激活了学生原有的知识储备，唤起学生对单式统计表的构成要素和表示方式的记忆，自然地引导学生解读单式统计表中的数据，感受数据之间的关系，理解数据背后的信息，提升学生对数据的敏感度，促使学生对数据的感悟更加深入。

【教学片段 3】

在"作品三"的基础上，教师又出示了"作品四"这份单式统计表（图

2.3.5），提问：观察这两张统计表作品，你又有什么想法？

学生通过对两份作品的理解与分析，不断用自己的思维方式表达出两者之间的优劣。

图 2.3.5 学生作品三、四

生1：我更喜欢作品四，作品三的表格没有用尺画。

生2：作品四的表格有一个格子没有填，作品三更完整。

生3：我发现两张表格的轻度人数不一样，我通过计算总人数发现，作品四的数据有错误。

【实践简析】

此环节，学生的反馈主要有两个层次：第一层次，关注表格的组成和规范性；第二层次，关注表格的数据及其准确性。数据收集要求"真实""准确"。真实，是统计的生命。离开了真实，也就失去了它的意义与价值。通过对两份学生的作品进行对比，安排了一个辨析、校对数据的活动，学生在对数据进行解读分析的过程中，结合事实情况理解、感悟统计的基本要求。

2. 主题任务的引领下，激发新的表征需求

【教学片段4】

师：我们班的孩子对整理的统计表还有一些想法（图 2.3.6）。你能看明白吗？有什么办法帮助他吗？

生1：他还想把整理的情况分成男生和女生。我们可以分别整理一张男生统计表、一张女生统计表。

作品五

先把男生和女生分开，男生由正常至重度，女生从重度至正常。

图 2.3.6 学生作品五

教师板贴两张男、女单式统计表（如图 2.3.7），追问：是这样吗？那么现在你能看到什么原来不知道的信息吗？你是根据哪些数据知道的呢？（请学生

板演，边指图 2.3.7 边说）

视力情况	正常	轻度	中度	重度
男生人数	14	6	0	0

视力情况	正常	轻度	中度	重度
女生人数	14	7	1	0

图 2.3.7 男、女单式统计表

生 2：原来中度近视的 1 人是女生。

生 3：我知道了女生轻度近视的人数比男生多 1 人。

师：通过对比两张表里面的数据，我们知道了比原来一张统计表更多的信息。

生 4：两张表对比起来好麻烦，能不能把它们合并在一起呢？

师：你们觉得可以合并吗？请同桌讨论交流一下想法。

【实践简析】

学生在解决问题的过程中，感觉到两张独立的男、女单式统计表中数据的单一性，主动采用对比解读数据的方法。同时，在对比过程中感受到两张单式统计表数据不便比较的问题，自然就产生将单式统计表进行纵向合并的需求。

（三）亲历过程，感受复式统计表的优势

【教学片段 5】

先是进行直观合并。学生板演合并过程，得到图 2.3.8。

视力情况	正常	轻度	中度	重度
男生人数	14	6	0	0
视力情况	正常	轻度	中度	重度
女生人数	14	7	1	0

师：可以这样直接合并吗？为什么？

图 2.3.8 学生合并统计表

生 1：可以的，因为是同一个班的男、女生。

生 2：这两张表的整理内容是一样的，都是按正常、轻度、中度、重度来整理的，所以可以直接合并的。

师：还可以更简单吗？

生：整理内容的两行文字都是一样的，可以像这样只写一次。（如图 2.3.9）

请学生板演。

师：请同学们观察一下现在的表格，同桌之间说一说你看到的信息。

引导完善小结。

视力情况	正常	轻度	中度	重度
男生人数	14	6	0	0
女生人数	14	7	1	0

图 2.3.9 学生简化统计表

师：太棒了，同学们！你们通过思考创造了一张新的统计表，这和以前学习的统计表有什么不同？

生1：以前的统计表是只统计一种，男生或者女生，现在的统计表里面有男生又有女生。

师：真会观察。其实像现在这样的统计表，它也有自己的名称：复式统计表。（板贴课题）

师：在数学课本上的复式统计表和我们创造的还有一些不同，你能发现吗？（如图 2.3.10）

视力情况／人数／性别	正常	轻度	中度	重度
男生人数	14	6	0	0
女生人数	14	7	1	0

图 2.3.10 规范复式统计表

生2：有一个格子里面不一样。

师：是的。这个格子，叫作"表头"。（板书）你们知道为什么要有表头吗？

生3：这样表示，可以把复式统计表里面的内容都说明白。

小结：介绍表头的结构和内容。

【实践简析】

在对比解读两张单式统计表的过程中，学生自然地感受到了它的局限性，从而产生"合并"成一张表的心理需求，拓展了原有的知识结构，产生了探究新知的强烈欲望。复式统计表是由单式统计表合并而成的，但这种合并不只是几张单式统计表的简单叠加，而是需要有结构性的优化。教学时，通过引导学生真实体验，激发合并内需，经历表格合并过程，体验表格合并的价值，帮助学生理解、认同复式统计表的结构，实现从"一阶"到"二阶"的跨越。

（四）思辨提升，树立数据分析观念

1. 强化巩固复式统计表的结构

【教学片段6】

师：对于我们班的视力统计情况，同学们出现了不同的想法（图2.3.11），你们更支持哪种想法呢？

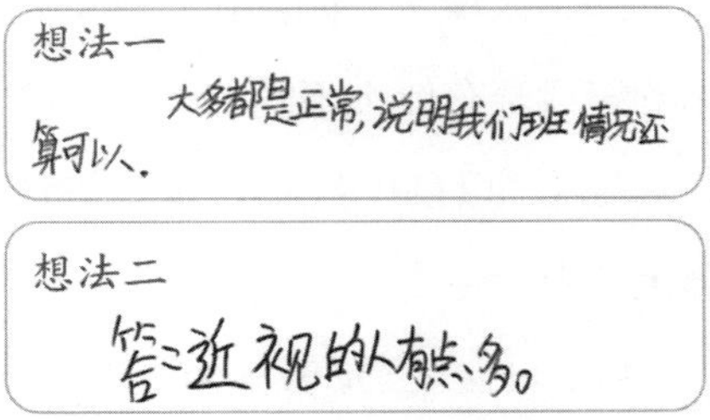

生1：我觉得视力情况挺好的，因为没有重度近视的学生。

生2：轻度近视和中度近视的人一共有14人，所以我觉得我们班视力情况不太好。

想法一
大多都是正常，说明我们班情况还算可以。

想法二
答：近视的人最多。

图2.3.11 学生想法一、二

师：看来大家有不同的意见。那有什么办法，可以帮我们了解班级视力情况到底如何呢？

生3：我们可以和其他三年级的班，比一比。

师：这是302班的男生、女生视力情况（出示练习），请根据信息将复式统计表补充完整。

同时呈现301班、302班的复式统计表。

师：现在同学们觉得我们1班的视力情况如何？

生4：我觉得301班比302班视力好，因为302班有一个重度近视的，说明比较严重。

生5：我觉得302班比301班视力好，因为302班正常视力的人数更多，轻度近视的人数更少。

师：同学们从不同的角度解读数据，会得到不同的结果。

301班视力情况

视力情况 性别 人数	正常	轻度	中度	重度
男生人数	14	6	0	0
女生人数	14	7	1	0

302班视力情况

视力情况 性别 人数	正常	轻度	中度	重度
男生人数	18	3	0	1
女生人数	15	3	1	0

图2.3.12 301班、302班视力情况

生6：我们要比较两个班的情况，是不是可以不分男女，把两个班整理成一张复式统计表呢？

师：好想法！大家能想象到合并的复式统计表吗？

课件呈现动态整合过程（图2.3.13）。

班级 \ 视力情况	正常	轻度	中度	重度
301班	28	13	1	0
302班	33	6	1	1

301、302班视力情况

图2.3.13 301班、302班视力情况复式统计表

【实践简析】

利用学生的思维碰撞、质疑、验证、合并等操作活动，引导学生经历复式统计表的填写、表头和标题的调整、表格格式完善的反思。这样不仅巩固了对复式统计表结构的认识，还提高了能力，发展了思维。

2.突破拓展复式统计表的类目

【教学片段7】

师：校医还想要了解我们班入学以来的视力变化情况，需要哪些数据呢？

生1：需要以前一、二年级的视力数据。

师：那么整理后的复式统计表会是怎样的呢？

生2：分类还是这几项，但是类目会变三类，比原来的要再多一行。

师：是这样吗？（图2.3.14）课件呈现。如果小学阶段我们一直继续统计呢？

年级 \ 视力情况	正常	轻度	中度	重度
一年级	36	6	0	0
二年级	30	10	2	0
三年级	28	13	1	0

我们班每年的视力情况

生3：只要在下面继续增加行就可以了。

图2.3.14 我们班每年视力情况复式统计表

【实践简析】

问题引领下，学生通过思考收集数据、设计方案、完成统计，将两项统计整合成的复式统计表拓展到三项统计，实现了知识的延伸。让学生对复式统计表的认识从朦胧走向清晰，从片面走向全面，从肤浅走向深刻。

3. 分析推断复式统计表的数据

【教学片段 8】

师：观察这三年的视力情况统计表，大家有什么想说的？

生 1：我发现正常视力的人数，随着年级变化越来越少了。可能四年级就更少了。

生 2：我发现二年级有 2 个中度近视的，为什么三年级反而只有 1 个了呢？

生 3：可能是有一位同学特别注意保护视力，他的度数降低了。

生 4：总的来看，年级越高视力情况越差，不过如果注意保护视力，也有可能会变好的。

【实践简析】

学生根据数据趋势，进行推断，在分析、对比中，既巩固了对复式统计表结构的认识，同时也提升了数据解读的能力。课堂上，学生分析数据时，逐渐从对单个数据的关注转向对多个数据的对比，从对静态数据的对比走向对数据动态变化趋势的分析，对数据的感悟不断深入，数据分析意识逐渐形成，数据分析的能力也不断提升，同时学生对统计推断结论非必然性的感悟、数据的随机思想由此萌芽。

五、测评题的命制和说明

《"课程标准"（2022 年版）》指出，"数据意识"是小学阶段学生核心素养的主要表现之一。随着科技迅速发展和大数据时代的到来，从小培养学生的数据意识显得尤为重要。结合对本节内容的解读、学生情况前测分析以及教学过程的实践与思考，在命制与"复式统计表"相关的测评题时，我们需要依据学习目标来设计，突出三个方面的目标要求。

目标一：对复式统计表形成过程有经历与体验，了解复式统计表的基本结构要素。

目标二：能够准确把握复式统计表的结构特点，读懂表中的相关数据，并能应用数据分析解释或解决相关问题。

目标三：能够利用复式统计表的数据整理与表达的功能，能根据需要对生活中较复杂信息进行数据整理，并能结合表中数据分析、解释一些简单的生活问题，形成初步的数据意识。

以下呈现一些典型习题，并作相应的简析。

目标一：是否了解复式统计表的结构和特点

例题 1：三年级 3 个班的视力情况统计表如下，表（ ）和表（ ）可以合成一张复式统计表。

三（1）班学生视力情况统计表（表1）

视力	5.3~5.2	5.1~4.9	4.8~4.7	4.6~4.5	4.4及以下
人数	9	8	11	3	1

三（2）班学生视力情况统计表（表2）

视力	5.3	5.2~5.0	4.9~4.7	4.6~4.4	4.3~4.1
人数	12	15	6	2	0

三（3）班学生视力情况统计表（表3）

视力	5.3~5.2	5.1~4.9	4.8~4.7	4.6~4.5	4.4及以下
人数	15	11	6	0	1

【意图说明】

学生对给出数据、填写复式统计表的练习并不感到困难。因此对常规题型进行了改编，直接设计成"对几张单式统计表已有的数据进行观察分析，并从中选择可以合并成复式统计表的数据"的测评题。虽然是以填空题的形式测评，却也是一道考查学生对复式统计表结构理解水平的测评题。在实际解答时，学生会有以下两种情况：

情况一：选择中包括表 2 的，对于复式统计表的组成和结构认识不清。

情况二：选择表 1 和表 3 的，能够正确判断合并成复式统计表的基本数据构成要求。

以上两种情况，反映了学生对复式统计表基本认识的掌握情况。情况一，表明学生对于复式统计表的认识还很模糊，对其基本构成要素也不清楚，但这部分学生应该是少数；情况二，表明学生已经能够基本掌握复式统计表的构成要素，认识到复式统计表的意义。理解复式统计表是由单式统计表合并而成的，但这种合并不仅仅是几张单式统计表的简单叠加，而是有结构性的优化。

目标二：是否掌握复式统计表的数据解读和分析能力

例题 2（此题改编自教材）：下面是育才小学三（1）班学生的体育成绩记录单。

男生体育成绩记录单

学号	成绩	学号	成绩
1	良	6	及格
2	优	7	优
3	及格	8	良
4	良	9	及格
5	及格	10	良

女生体育成绩记录单

学号	成绩	学号	成绩
11	良	16	及格
12	及格	17	良
13	优	18	及格
14	良	19	优
15	及格		

①请把这些数据整理在下表中。

人数　　成绩 性别	优	良	及格	待合格
男生				
女生				

②男生一共（　）人，女生一共（　）人，男、女生（　）成绩和（　）成绩的人数同样多。

③你认为这个班的体育成绩怎么样？说明理由。

【意图说明】

这是一道考查学生对复式统计表数据解读和分析能力的测评题。统计教学的目标不应局限于对统计表的认识，让学生经历数据的收集、整理、描述、分析和推断的过程尤为重要。其中第①问旨在考查学生收集数据、整理数据、完成复式统计表的能力。第②问聚焦对数据的描述和运算水平，能够从数据中获得一些信息，或者通过对数据的再处理和运算得到数据所蕴含的信息。第③问主要是通过对数据的分析和推断，解决实际问题，体验复式统计表的形成过程和应用价值。

在解决第③问时，学生一般会有以下三种情况。

情况一：能够根据直观得到的数据进行分析判断。比如：男生跟女生体育成绩差不多，因为优秀的人数是一样的。

情况二：能够对已知的数据进行运算，得到新增信息并做出分析判断。比如：这个班体育成绩及格的人数将近一半，所以认为这个班的体育成绩不太好。

情况三：能够利用整理得到的数据，结合实际情境进行思考判断。比如：我不确定这个班的体育成绩好不好，因为还需要和其他班级进行比较才能得到结果。

以上三种情况，反映了学生对复式统计表数据解读和分析推断能力的掌握情况。情况一，表明学生对于复式统计表数据已经从单个数据的关注转向对多个数据的对比，但仍停留在固有的数据分析层面；情况二，学生已经能够对收集而来的数据进行再处理和运算，得到新增的数据信息；情况三，这一类学生的数据意识已经非常优秀，能够在分析问题的过程中进行深度思考，感悟统计的严谨、细致。

例题3：某小学开展"文明上网，健康成长"活动。学校对三年级3个班的同学上网情况进行统计。三（1）班上网课的人数比三（2）班上网课的人数少2人，三（2）班上网查阅资料的人数是网上聊天的2倍，三（3）班上网查阅资料的人数比玩网络游戏的人数的2倍多1人，和上网课人数相同。（此题改编自"行然数学工作室"）

①根据上面的条件完成复式统计表。

班级 \ 人数 \ 类型	查阅学习资料	玩网络游戏	网上聊天	看电影、动画片	上网课
三（1）班	14	8	6	7	
三（2）班	12	6		9	12
三（3）班		7	4	8	

②（　　）班上网课的人数最多，（　　）班网上聊天的人数最少。

③三（1）班有（　　）人，三（2）班比三（3）班少（　　）人。

④网络给我们带来了很多方便，但如果运用不当，它将会给我们的生活和学习带来不良影响。你能给同学们提出一些上网建议吗？请写下来。

【意图说明】

趣味的虚拟统计情境往往能吸引学生，但偏离了统计的价值取向，因此本题采用学生感兴趣的"网络"背景，真正驱动学生情感参与，使学生能主动进行分析、判断、推断、质疑、决策等活动，在活动中提升数据读取和甄别能力、统计推理和演绎推理能力，体会大数据的现实意义，感悟数据意识。

在解决第④问时，学生一般会有以下三种情况。

情况一：脱离真实统计数据，只关注题干中的信息提出建议。比如：多上网是不好的，我们要少玩电脑。

情况二：能够结合统计数据，做出相应的建议。比如：参加调查的同学，有21人玩网络游戏，会耽误学习，应该制止；或参加调查的同学，大部分都是在进行查阅资料、上网课等学习活动，因此网络给我们带来的便利更多。

情况三：能够根据数据并结合现实情况，提出想法和建议。比如：现在社会科技迅速发展，网络确实给我们带来很多便利。我们可以再做一个上网时间安排的调查。

以上三种情况，反映了学生利用复式统计表的数据解决生活中实际问题的应用能力。情况一，这类学生容易陷入思维定式，脱离真实数据给出形式化的解答；情况二，学生能够根据统计数据，结合现实情况给出合理决策；情况三，这部分学生能够从对静态数据的对比走向对数据动态变化趋势的分析，对数据的感悟不断深入，数据分析意识逐渐形成，数据分析的能力也不断提升，同时学生对统计推断结论非必然性的感悟、数据的随机思想在此萌芽。

目标三：是否学会应用"复式统计表"进行知识创作与表达

例题 4：学校需要调查了解三年级各班男女生完成家庭作业所用时间的情况。请你设计一份统计表，为最后整理与表达收集到的数据提供帮助。

统计表名称：

设计的统计表：

得出的结论：

【意图说明】

此题为综合实践性质的习题（也可称为典型的表现性评测题），考查学生对任务要求是否有清晰的理解。即对数据收集中的几个项目的明确：一是对象的明确，即三年级、各班、男生、女生；二是要素的明确，即完成家庭作业的时间，这里有个调查时的时间段的划分问题，比如半小时为一段，也可一小时为一段，当然还可以采用其他时长的划分方式。

第三章

统计图

从课标来看，相对于"统计表"，描述"统计图"的文字多一些。

【"课标"表达】

在学习统计图表时，进一步认识数据的分类，从中感悟对事物共性的抽象过程。用统计图表表达数据，在学习过程中，让学生初步感受现实生活中存在大量数据，其中蕴含着有价值的信息，利用统计图表，可以呈现和刻画这些信息，形成初步的数据意识。

【内容要求】

第二学段，认识条形统计图，会用条形统计图合理表示和分析数据；能读懂报纸、电视、互联网等媒体中的简单统计图表。

第三学段，认识折线统计图、扇形统计图；会用条形统计图、折线统计图呈现相关数据，解释所表达的意义；能从各种媒体中获得所需要的数据，读懂其中的简单统计图表。

【学业要求】

第二学段，能用条形统计图合理表示数据，说明数据的现实意义。

第三学段，能根据问题的需要，从报纸、杂志、电视、互联网等媒体上获取数据，或者通过其他合适的方式获取数据，能把数据整理成条形统计图、折线统计图，知道条形统计图、折线统计图和扇形统计图的功能，会解释统计图表达的意义，能根据结果作出简单的判断和预测。

【课例实践】

"条形统计图"教学研究

"复式条形统计图"教学研究

"折线统计图"教学研究

"扇形统计图"教学研究

课例四："条形统计图"教学研究*

一、内容解读

《"课程标准"（2022 年版）》着重强调了学生"数据意识"的培养，并提出了"知道现实生活中，有许多问题应当先做调查研究，收集数据，感悟数据蕴含的信息"，通过"统计与概率"内容的学习，形成数据意识，逐步养成用数据说话的习惯。统计图便是其中重要的学习内容。统计图就是把调查收集的数

---

* 本课例由上海尚阳外国语学校桐乡实验学校陈海峰老师执教实践课，并作研究材料的整理。

据，利用几何图形或形象事物，表示各种数量间关系的统计工具。它具有直观、形象、生动、具体等特点。条形统计图是小学阶段学生需要学习的统计图之一。它是用一定单位长度表示相应数量，并根据数量的多少，画成长短相应成比例的直条，按一定顺序排列起来的统计图。

国内使用较广的两套课程标准实验教材，"人教版"教材和"北师大版"教材，均从第二学段开始安排统计图的学习，条形统计图的内容结构与数据表达相对简单，所以成为第一个学习的统计图。当然，条形统计图的学习内容并不仅仅是"图的认识"，还有对数据的解读、信息间关系的厘清等。学生在学习这部分内容之前已经会进行简单的数据分类与整理、用统计表整理与表达数据的经验。另外，学生前期还有"象形统计图"的感知与操作。这些都是学生学习"条形统计图"的基础。

现以"人教版"教材为例（图2.4.1），看其对"条形统计图"内容的编排情况，并作思考与解读。

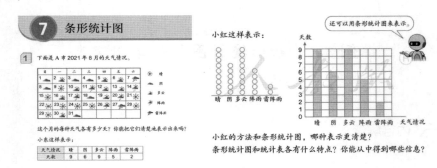

图 2.4.1 "人教版"教材"条形统计图"例题图

针对教材编排的内容，我们有以下思考——

思考一：为什么要统计8月份每种天气的天数？选择这个材料，统计的需求如何凸显？

思考二：A市以及这些天气情况是真实的数据吗？是否可用最近一个月的天气，既具真实感，还更与学生亲近。

思考三：在"如何清楚地表示出每种天气各有多少天"的活动中，预设学生会用统计表、象形图的方法后，通过"还可以用条形图表示"，引出了条形统计图的学习，这似乎只是多了一种表示方法？以条形统计图来表达数据，只是多一种表达形式吗？如果不是，那么又该如何引导学生深刻体验用条形统计图来表达数据的意义呢？

思考四：最后让学生思考从统计表和条形统计图中能得到哪些信息？学生用这样的方式观察到的信息往往是浅表的，如何才能真正增强学生数据分析的意识？

带着上述思考我们进行了初次的教学尝试：为了凸显统计源于真实问题的需求，在课堂导入阶段，设置了"在春夏秋冬中选一个季节过一次集体生日，要怎么选？"的情境。意图很明确，即为了凸显学生收集数据的全过程，引导学生完整经历"定收集标准、想收集方法、数季节人数"的过程。同时，也为了凸显条形统计图自然形成的过程，又组织学生拿着事先准备好的正方形卡片在黑板上从下往上板贴（如图 2.4.2）。实施后，这样的教学设计引发了听课老师的一些质疑。

质疑一：情境虽然能有效激发学生的积极性，但存在不严谨和伪需求的问题，即按春夏秋冬对月份的划分是绝对正确的吗？选一个季节过生日这件事情真的会去落实吗？

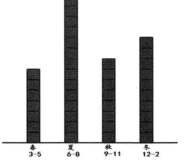

图 2.4.2 生日在不同季节的学生人数统计图

质疑二：学生在之前统计内容的学习中已经经历过数据收集的完整过程，条形统计图的教学是否也要从头开始？条形统计图的学习重点与教学着力点到底在哪里？

质疑三：在看似热闹、自主地板贴正方形卡片形成条形统计图的过程中，暴露的是教师"主导"的组织过程，忽视了学生不同的学习经验。如果让学生自主整理数据，学生能想到用条形统计图来表示吗？若不会，那么又会用怎样的方式来表示呢？如果有不一样的表示方式，这些材料又会有怎样的学习价值？

这些问题一是针对统计意义的思考，二是涉及学生的知识基础与已有经验的判断，三是针对学生学习过程中的自我体验与自我感悟，均值得我们深入思考。

二、学情前测与分析

关于本节内容的前测，我们想在以下几个方面作些了解：

一是学生面对一组原始数据时，能否以"类"的意识进行归类整理，即学生有没有相应的数据分类、整理的意识？

二是学生整理一组数据时，一般会采用怎样的方式？是不是因为有了前期统计表的学习经验后，他们只会想到用统计表进行整理呢？

三是学生是否有用图的形式进行数据整理与表达的前经验？

本次前测并没有放在课前进行，而是在课堂的引入部分，设计一个任务，由学生自主完成。具体是在两次课堂实践中进行。

老师呈现桐乡 2022 年 11 月的天气情况的原始数据表后，提出尝试任务：用画图的方式整理桐乡 2022 年 11 月的天气情况（图 2.4.3）。

日	一	二	三	四	五	六
		1 雾	2 雾	3 多云	4 多云	5 多云
6 多云	7 多云	8 雾	9 多云	10 多云	11 雨	12 雾
13 雨	14 雾	15 雾	16 雨	17 雨	18 雨	19 雨
20 多云	21 多云	22 雾	23 雾	24 多云	25 多云	26 多云
27 雾	28 雨	29 雨	30 雪			

图 2.4.3 桐乡 2022 年 11 月天气情况

对学生自主整理的情况进行归类之后发现，学生主要有"题意不清""画象形图""画条形图"这三种情况，具体结果统计如下表（表 2.4.1）。

表 2.4.1 学生自主整理情况统计表

班级 \ 表现	题意不清		画象形图		画条形图	
	人数	百分比	人数	百分比	人数	百分比
403	13 人	34.2%	9 人	23.7%	16 人	42.1%
406	16 人	43.3%	7 人	18.9%	14 人	37.8%

从表中数据我们可以发现，两个班的人数分布具有极大的相近性，也验证了之前老师们思辨的合理性：在自主整理的前提下，学生会想到不同的方法，即使没有正式学过条形统计图，也可能会有学生想到用条形图进行数据的整理。接下来对具体结果进行解读与分析。

情况一："题意不清"的解读与分析

图 2.4.4   图 2.4.5

"题意不清"这一类情况中，除去个别完全无从下手的学生外，其余基本是将"画图"理解成将统计表中的天气名称改成图画的形式，而不是将统计表中的数据图形化（如图 2.4.4）。还有学生则是试图将每一天的天气情况改成图画的形式（如图 2.4.5）。此类情况的产生，可能有两种原因：一是对问题指向的理解不清，学生理解的用图表示，其实还是统计表中的项目栏中"用图表示"，如果是这个原因，那么我们需要调整问题的"问法"，来观察学生的作答情况；二是学生因为没有用统计图整理描述数据的经验，所以无从下手。

情况二："画象形图"表示的解读与分析

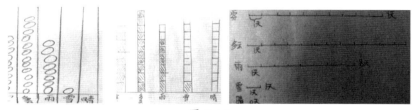

图 2.4.6

在"画象形图"这一类情况中，学生理解任务的要求、画图的形式多样且大部分学生能够把数量画对，甚至有学生在画图后还标上了天数。这样的素材不仅可以让学生一下子明白任务的要求，也因其每次都要数一数的局限性而成为和条形统计图对比的绝佳材料。

情况三："画条形图"表示的解读与分析

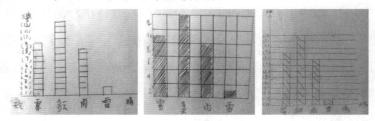

图 2.4.7

在"画条形图"这一类情况中，虽然大部分学生画得不是很规范，但是能用横轴和纵轴来刻画数据，甚至有学生想到了以 1 当 2、5、10。这表明有近40% 的学生已经有条形统计图的感知。当然，还有一些问题，比如纵轴普遍不标"0 刻度"，需要在课堂学习中加以重点关注。而"以一当几"的情况，是一种更为抽象的表达方式，是一种很好的学习资源，可在课上适当地利用。

以上前测数据表明，学生对于数据整理，经验还是比较丰富。且能够应用图表的形式加以整理与表达。对于"条形统计图"的认知，并不是零起点，有近40% 的学生已经具有条形统计图的感知经验，并能够画出简易的条形图。而这些都是误堂教学中，教师可以利用的学习资源。

三、目标定位与教学思路

基于以上对"人教版"教材的思考，并结合课堂实践中学生作业的分析，我们认为"条形统计图"一课的教学需要处理好几个问题：一是条形统计图的学习还需不需要让学生经历收集、整理、分析数据的全过程？二是情景选择要不要考虑学生的统计需求？三是如何在学习过程中有效落实学生数据分析能力的培养？我们给出的回答是：

首先，"条形统计图"一课的学习重心应该放在数据的整理和分析上，至于数据的收集可以根据实际情境的需要适当取舍。

其次，选取一个能激发学生统计需求的情境仍然是重要的。但需要考虑情境的合理性、真实性与科学性。比如像"在春夏秋冬中选一个季节过一次集体生日，要怎么选"这样的情境问题，虽然能让学生亲身参与，但不够严谨且难以落实，更像个"假问题"。相反，像"分类统计天气状况"的情境，虽然一开始学生兴趣可能不是很浓，但能保证数据的科学性、真实性，并且随着教学的推进，学生更能感受到统计的价值，对数据产生好感。故而，后者这样的情境更适合于课堂教学。

最后，"条形统计图"作为一种知识，当然需要学生认识与理解，并能解读图中的数据。但我们认为认识条形统计图、画条形统计图的过程中，蕴含着的数据分析能力的培养更为重要，在对条形统计图的进一步观察、应用的过程中，学生的数据分析能力的培养更是数据意识培养的重要内容。

因此，"条形统计图"第一课时的教学目标，从知识技能目标与能力素养目标两方面来定位，可以表述如下：

1.认识条形统计图（重点理解纵轴的数据要从 0 开始、以一当几）及其多种表现形式，会根据统计表的数据画条形图，感悟条形图的直观性。这是本节课的知识与技能目标。

2.结合条形统计图的产生与完善过程，解读分析图中信息的意思，帮助学生读懂统计图表中的相关数据，并能应用数据分析一些简单的问题，从而发展学生数据分析的意识和能力。这是本节课的能力与素养目标。

基于上述关键问题的思考与学习目标的定位，本节课的总体设计思路是：通过创设真实情境引导学生经历条形统计图的形成过程，并且结合解读分析的过程，提升学生的数据意识。具体则以"二次整理，感悟特征""补图练习，巩固技能""多维对比，提升能力""情境延展，体会信息"的学习路径，引导学生感悟条形统计图的特征与画法，提升数据分析的意识和能力。

"二次整理，感悟特征"是指通过呈现本地 2022 年 11 月的天气情况，在集体讨论的过程中先后用表和图对数据进行整理，并在表和图的对比中感悟各自的优点，凸显图的直观性。"补图练习，巩固技能"是指通过呈现 2022 年 10 月的天气统计表和不完整的统计图，引导学生在补充条形图的过程中观察数据的特征，自然突破"以一当几"的重点，掌握条形图的画法。"多维对比，提升能力"则是在对比 11 月和 10 月的天气过程中，学会全面看图；通过对比 11 月、10 月、9 月的天气，猜想全年的天气；通过对比全年每种天气的天数，想象条形图的样子，感受条形图的多样形式。"情境延展，体会信息"即拓展部分，通过有序呈现 2022 年卡塔尔世界杯的相关数据，引导学生感悟数据背后的信息。

四、过程设计与实践简析

（一）二次整理，感悟特征

条形统计图教学的关键是在数据的整理过程中发展学生的数据分析能力，因此课的开始淡化了收集，着重在天气数据的整理。由于统计表是学生已有的知识经验，所以从统计表的复习引出条形统计图的学习也比较自然，并且学生在经历集体整理、独立整理后，在对比观察中进一步感受表和图各自的优点，凸显条形统计图的直观性。

1. 集体整理，形成统计表

师：你们觉得海宁最近的天气怎么样？

生：雨天和阴天很多。

生：晴天很少。

日	一	二	三	四	五	六
		1 雾	2 多云	3 雾	4 多云	5 雾
6 雾	7 雾	8 雾	9 雾	10 多云	11 雾	12 雾
13 多云	14 雾	15 雾	16 雨	17 雨	18 雨	19 雨
20 雾	21 多云	22 雾	23 雾	24 雾	25 多云	26 多云
27 雾	28 雨	29 雨	30 雪			

图 2.4.8 海宁市 2022 年 11 月天气情况

师：这里有海宁 2022 年 11 月的天气情况，看完之后，你有什么感觉？

生：一眼看上去雾很多。

生：没有一个晴天。

生：有一天下雪了。

师：其实小朋友们都在想每种天气到底有几天。我们想个办法来整理一下，可以用学过的什么办法来整理？

生：画图。

生：用表格。

师：接下去我们先用表格一起来整理一下吧。（生数，师记录）

天气	雾	多云	雨	雪	晴
天数	16	7	6	1	0

师：我们统计得对吗，怎么检验？

生：可以加起来看看是不是刚好 30 天。

【实践简析】

学生想到了用画图和列表两种方式对数据进行整理。但考虑到统计表是已学内容，且统计表是绘制统计图的基础，因此引导学生先用统计表的方式来整理比较合适。

2. 独立整理，认识条形图

师：刚刚有小朋友说还可以用画图的方法来整理。请同学们完成学习单上的活动一：请你用画图的办法来整理海宁市 2022 年 11 月的天气情况。

师：老师挑了几位小朋友的作品，我们来欣赏一下。他画的你看得懂吗？

生：他画的一格代表一天。

生：有几天就画几格。

师：还有画得不一样的，你看得懂吗？

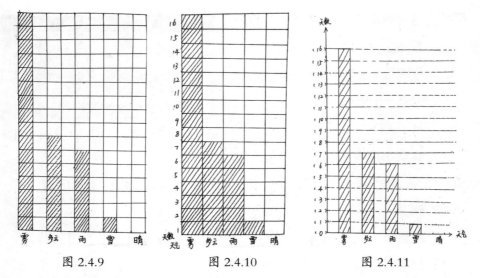

图 2.4.9　　　　　　图 2.4.10　　　　　　图 2.4.11

生：我觉得跟前面一张（图2.4.9）差不多，但是更清楚，因为还标注了数字，让我们一看就知道有几天。

师：比如雾有几天？

生：16天。

师：多云呢？

生：7天。

师：还有一位小朋友，他竟然是这样画的（图2.4.11），有什么不一样的地方？

生：现在格子没了。

生：前面都挤在一起，现在是隔开画的。

生：现在是从0开始标的，前面是从1开始标的。

师：你同意谁的？大胆说说你的想法。

生：我同意从0开始。因为如果从1开始的话，那晴天是0天怎么表示呢？

生：晴天是0天，但如果最底下标的是1就没办法表示晴天了。

师：那从这张图上你们是怎么看出每种天气有几天的？

生：看横线，往左边对过去看边上的数，很快就知道有几天了。

师：像这样的图我们叫作条形统计图，左边这条标了数量的线叫纵轴，表示？

生：天数。

师：那底下横着的这条线叫？

生：横轴，表示天气。

【实践简析】

通过前测我们了解到学生自主画条形图的水平大致分为"象形式""无0式""完整式"这三个层次。因此，教学中应依次呈现这三种水平的画法，学生在渐进的观察中感受到标数据可以方便看出多少，数据要从0开始标才合理，最后结合教师的介绍对条形统计图有一个初步的了解。

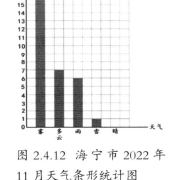

图 2.4.12 海宁市 2022 年 11 月天气条形统计图

3. 对比观察，感悟直观性

师：老师课件上也画了一幅条形图，和黑板上的统计表比较一下，它有什么特点？

生：条形图要一个一个画出来，表格一眼就能看出来。

师：她觉得表格看起来要方便，有不同想法吗？

生：条形统计图能让我们更直观地感受天数的多少。

师：什么叫直观？

生：一下子就能看出。

生：条形统计图更容易对比，比如16明显就比7高很多，很容易说明雾天比多云的天数多很多。

师：能很直观看出来，而且容易对比。（板书特点）

【实践简析】

统计表和条形统计图各有优点，不能绝对地说孰优孰劣。通过对比观察以及思维碰撞，学生能自然地感受到条形统计图"直观"的特点。

（二）补图练习，巩固技能

"用条形统计图合理表示数据"作为重要的知识技能也需要落实，但是常规的把统计表中的数据转化成用条形统计图表示，往往让学生变成了操作工而缺少了思考。因此，我们在实践中创新了"表示"的方式，让学生将不完整的条形图补充完整，学生在表示前需要结合数据和条形进行分析，然后自然突破以一当几以及不够整格怎么办这两个"表示"的难点。

师：10 月的天气我们也来看一下，你发现了什么问题？

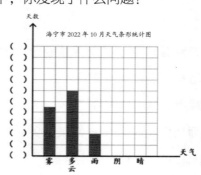

图 2.4.13

生：没有竖轴数据，阴天和晴天也没有画好。

师：你们能不能帮忙补充完整？请你独立完成学习单上的活动二。

师：有个小朋友是这样画的（图 2.4.14），你同意吗？

生：他这样画雾天只有 4 天半了，现在用一格表示一天不合适了。

师：那应该怎么表示呀？

生：一格表示 2 天。

生：一格表示 5 天。

师：谁再来展示一下自己的作品？

师：他画的你们同意吗（图 2.4.15）？

生：同意。

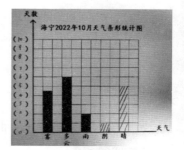

图 2.4.14 学生作品一

师：掌声送给他！而且我们发现这个阴天只画了？

生：半格。

师：晴天呢？

生：两格半。

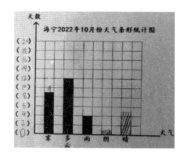

图 2.4.15 学生作品二

【实践简析】

学生在补充条形图的过程中，聚焦"怎么确定纵轴数据""不到整格的怎么办"这两个问题，这两个问题的解决需要对相应的数据进行分析，而这也正是用条形图表示数据的难点。课堂上，学生碰到的问题（以一当一来表示），也是激发思考的重要资源。

（三）多维对比，提升能力

让学生亲近数据的策略有两种：一种是为了解决与学生当下密切相关的某些问题，另一种是引导学生发现自然、生产生活中的一些现象或规律，而本课采用了后者。本环节通过三次渐进式的对比，引导学生全面看图、联想猜测、想象分析，从而不断提升学生的数据分析能力。

1. 初次对比，全面看图

师：刚才我们了解了海宁市 2022 年 11 月和 10 月的天气，接下来我们看着这两幅图一起来比一比。

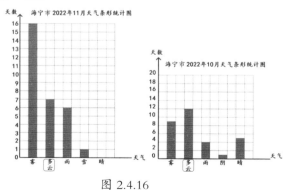

图 2.4.16

师：哪个月雾天多？

生：11月。

师：哪个月多云多？

生：10月、11月。

师：有不同的声音，到底是哪个月多？谁来说说。

生：应该是10月多，因为10月每格代表两天，有12天，11月只有7天。

生：虽然11月的条形更长，但是我们不能只看条形，还要注意一格代表多少。

【实践简析】

受到条形图直观性特点的迁移，在对比观察不同条形图的时候，学生有可能只关注条形的高低而忽视数据的多少。因此，通过对比两个月每种天气谁多这一活动，引导学生感悟"有时不仅要看条形的高低，更要看以一当几"，从而发展学生更全面地分析数据的能力，这也为后续复式条形图的学习打下基础。

2.二次对比，联想猜测

师：下面继续看一下9月份的天气，看到这三幅图，你觉得最近海宁市的天气怎么样？

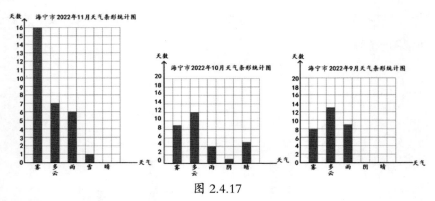

图 2.4.17

生：晴天很少，几乎没有。

生：阴天也很少。

生：9月、10月多云天气最多，11月多云天气少一点。

生：其他月份的天气会不会也是这样的情况？

师：你们想了解吗？

生：想。

师：我们一起来看下海宁市2022年1–11月的天气情况。（图2.4.18从上至下缓缓呈现）

师：哪个月没有？

生：12月。

师：为什么12月没有？是老师忘记了吗？

生：因为12月还没过完。

师：因为还没过完，不方便统计。那你看完这将近一年的天气统计表，有什么感觉？

生：多云的天数基本都是两位数。

生：多云天数最多。

师：你还有什么问题吗？

生：海宁市其他年份的天气情况也是这样吗？

生：其他地区的天气情况呢？

海宁市2022年1-11月天气情况统计表

月份＼天数天气	雾	多云	雨	阴	晴	雪
11月	16	7	6	0	0	1
10月	9	12	4	1	5	0
9月	8	13	9	0	0	0
8月	4	20	1	0	6	0
7月	0	15	5	3	8	0
6月	0	17	5	5	3	0
5月	0	17	3	6	5	0
4月	0	16	3	5	6	0
3月	0	15	6	3	7	0
2月	3	12	9	3	0	1
1月	0	10	4	7	8	2

图2.4.18

【实践简析】

通过呈现海宁市近3个月的天气情况，学生在观察中会发现每种天气的情况具有极大的相似性，引发了学生数据分析后的猜测，激发他们想要了解其他月份、其他年份天气情况的学习需求，这也是数据分析的魅力。在呈现近一年的天气情况统计表后，学生惊讶于几乎每个月都是多云天数最多，在潜移默化中也培养了他们亲近数据、用数据说话的意识和习惯。

3. 三次对比，想象分析

师：如果现在要把这近一年的每种天气的天数画成一个条形图，首先要干什么？

　　生：把这 11 个月每种天气的天数都加起来。

　　师：老师已经帮你们加好了。看到这张表（图 2.4.19），你觉得这个条形图是怎样的？

　　生：我觉得条形图会特别长。

　　生：多云天数有三位数了，我觉得条形图要画到 200 才能展示出多云的天数。

海宁市2022年1-11月天气情况汇总表

天气	雾	多云	雨	阴	晴	雪
天数	40	154	55	33	48	4

图 2.4.19

　　师：这两位小朋友想的是一样的，有不同想法吗？

　　生：也可能不是特别长，只要竖轴上每 5 天记录一次。

　　生：每 10 天一格。

　　师：再大胆一点。

　　生：每 50 天一格。

　　师：那我们现场来制作一下，大概多少天一格？

　　生：20 天。

　　师：这个软件很厉害，还可以做成立体的。还可以做成这样的，这个条形图有什么不一样？

　　生：这是横着的。

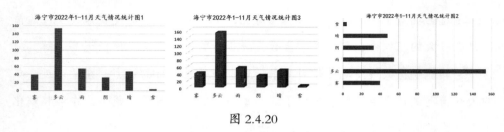

图 2.4.20

【实践简析】

　　通过将海宁市近一年的天气情况汇总成统计表并讨论条形图样子这一活动，

学生通过数据的对比、想象，在脑海中绘制条形图，同时也反映出了学生不同的思维层次。最后，通过现场绘制 Excel，进一步丰富了学生对条形图各种形式的了解，提高了学习的兴趣。

（四）情境延展，体会信息

数据分析能力可以分为"解读数据本身的信息""解读数据之间的信息"和"解读数据背后的信息"这三个层次。[①] 通过天气的研究，学生已经达到前两个水平，而本环节跳出天气情境看世界杯的相关数据，意在进一步发展学生的解读数据背后信息的能力。

师：我们一直在研究海宁的天气，你觉得生活中哪些地方也会用到条形统计图？

生：家里每个月用的水。

师：来点掌声！还有吗？

生：最近几次数学考试的分数。

师：你自己可以统计一下，画个图看看考得怎么样。

生：身高。

师：还有很多很多。其实最近正在火热进行中的卡塔尔世界杯，一些平台也做了很多的数据收集和整理，想不想看？

生：想！

师：这个条形图是什么意思？（图2.4.21）谁看懂了？

生：看世界杯的人喜欢吃什么的前十名，喜欢吃火锅的人最多。

师：看来最近火锅店的生意？

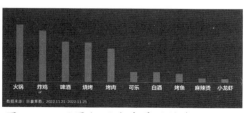

图 2.4.21 世界杯用户喜爱的美食 TOP10

---

① 秦碧芳，宋煜阳. 创设统计现实情境，提升数据分析意识——《条形统计图》素养进阶习题展评与教学建议 [J]. 小学教学设计（下旬刊），2022(11)：38-39.

生：比较好！

师：这是什么意思？（图2.4.22）

生：搜索量前十的球队，巴西队和阿根廷队搜索量最多。

生：其他球队搜索量和他俩差很多。

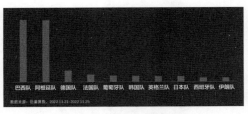

图 2.4.22 世界杯球队搜索量 TOP10

师：看来这两个队最受关注，他们最近表现怎么样？

生：还可以。

师：最后还有一张图（图2.4.23），你看得懂吗？

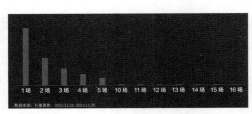

图 2.4.23 用户观看世界杯比赛场次分布

生：看世界杯的人数逐渐下降了。

师：有不同说法吗？

生：看世界杯的人看的次数越来越少。

师：看一场的人数？

生：最多，看两场的人数减了一大半。

师：那说明大家？

生：都比较忙！

师：是的，太忙了没那么多时间看球赛。

【实践简析】

无论何种形式的统计，对统计数据背后原因的分析是数据分析能力培养的关键。因此，本环节首先让学生说说条形图在生活中的应用，然后切入卡塔尔世界杯某平台的统计数据：第一幅图，学生从中感受到某种美食喜欢的人越多，可能相应店的生意就越好；第二幅图，学生从中感受到之所以巴西队和阿根廷队的搜索量高，是因为喜欢、关注他们的球迷多；第三幅图，学生从中感受到因为大家都比较忙，所以场次越多相应看的人数就越少。通过对以上情境数据背后原因的分析，体会数据中蕴含着的信息。

五、测评题命制与说明

关于统计图的学习，《"课程标准"（2022年版）》在第二学段的"学业标准"中提出："能用条形统计图合理表示数据，说明数据的现实意义。"这表明，对于条形统计图的学习，学生需要在两个层面有所体现：一是针对一组适合用条形统计图的方式来整理的数据，能够用条形统计图加以整理表达；二是能够读懂条形统计图中的相关数据所表达的含义，并能结合图中数据解释相应的生活事件。具体则表现为："读取数据本身""读取数据之间的关系""读取数据背后的信息"这样三个层次。因此，有关条形图的相关测评题可以围绕以上水平层次进行命制，具体的表现形式可以有制图题、读图题和实践题。

形式一：制图题

将数据以条形统计图的形式整理表达出来。

例题1：2021年，力度空前的"双减"政策在全国实行，中小学生的课余生活更加丰富。下面是某校四年级学生最喜欢的周末活动情况统计，请你把统计表和统计图补充完整。①

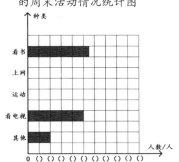

某校四年级学生最喜欢的周末活动情况统计图

某校四年级学生最喜欢的周末活动情况统计表

种类	看书	上网	运动	看电视	其他
人数／人	55	80	75		20

① 秦碧芳，宋煜阳.创设统计现实情境，提升数据分析意识——《条形统计图》素养进阶习题展评与教学建议 [J]. 小学教学设计（下旬刊），2022(11):38-39.

本题主要考查学生能否切换统计表和统计图的数据信息并推算确定单元格数据，正确补充相关数据。预设学生在解题时会表现出以下水平层次。

水平一：没有关联统计表和统计图的数据信息，比如只看统计表的信息按以一当五来考虑。

水平二：基本能关联统计表和统计图的数据信息，但是表和图中某个数据错位或者画错、算错。

水平三：能关联统计表和统计图的数据信息，完全一致且没有错误。

形式二：读图题

即能读懂统计图中的相关数据信息，又能解释或解答相关问题。

例题 2：为了迎接杭州亚运会，浙江省全省上下都非常重视城市面貌和空气质量，以打造"最美浙江"给来自亚洲各地的朋友们留下最美印象。右图是浙江省各地区 2021 年 12 月 24 日当天空气质量实时统计图及空气质量标准。从这一天的统计图来看，你认为浙江省空气质量的总体情况怎么样？为什么？①

浙江省各地区 2021 年 12 月 24 日空气质量实时统计图

【意图说明】

本题主要考查学生能否整体分析浙江省的空气质量，从而作出分析与推断。预设学生在解题时会出现以下水平层次。

水平一：只见树木不见森林，认为空气质量不好，因为有几个地区空气质量指数偏高。

---

① 秦碧芳，宋煜阳. 创设统计现实情境，提升数据分析意识——《条形统计图》素养进阶习题展评与教学建议 [J]. 小学教学设计（下旬刊），2022(11):38-39.

水平二：能直观地感受到整体空气质量良好，但理由是举例某个空气质量好的地区。

水平三：能根据数据之间的关联进行整体分析，比如理由是除金华外其他地区都是优、良。

水平四：不仅能作出整体分析，而且还对某些数据提出了疑问，比如为什么这一天金华的空气质量最差？舟山的空气质量最好？

形式三：实践题

即通过实践活动的形式，表现出对相关知识内容的理解与掌握程度。

例题3：选择一件你喜欢且有意义的事情进行调查，绘制一幅条形统计图，并根据统计结果作出分析。

【意图说明】

本题主要考查学生能否发现身边的问题，收集相关的数据，绘制成相应的统计图，并进行合理的分析与推断，会用统计的方法解决问题。预设学生会出现以下水平层次。

水平一：直接照搬一些统计图表，并未进行实践活动。

水平二：选择了某项并不适合用条形统计图来统计的事件，但能收集相关数据并绘制成条形统计图；能结合数据对事件作出一些简单的判断。

水平三：选择了一项适合用条形统计图来统计的事件，能将收集到的数据绘制成条形统计图，只是统计图的数据、要素不太完整；能对数据间的关系作一些简单的分析。

水平四：选择了一项适合用条形统计图来统计的事件，能将收集到的数据绘制成条形统计图，且数据、要素比较完整；还能对数据作整体分析，并对数据背后的信息作出一些简要的推断。

课例五："复式条形统计图"教学研究 *

一、内容解读

前面在"统计表"内容的学习中，我们曾经谈到，从"单式"到"复式"，因为研究对象的扩展，其学习意义也就从"一对一"的关系研究基础上，进展到了"一对二""一对多"的关系研究，其间还会涉及对象间的比较与综合分析研究。现在，条形统计图的内容也从"单式"扩展到"复式"，它同样承载着相应的学习价值。

复式条形统计图，首先属于条形统计图，也会有数据的分类、收集整理的过程性知识，而且数据更为复杂，整理与表达过程也更为复杂。当然，因为学生有了前期的数据分类、数据收集与整理的经验，有了会用统计表与单式条形统计图描述数据的经验，因而复式条形统计图的学习重点需要落在通过"复式"的方式整理与表达数据上，并能根据多个对象的数据分析、解释或解答一些问题。

小学阶段"统计与概率"领域的内容，"不管是统计表还是统计图的学习，都是让学生置身一定的统计情境，经历统计过程，习得统计技能，积累统计活动经验，养成数据意识。"[①] 教材内容编排时，也会体现这样的编写特点。我们来看看"人教版"教材关于这节内容的编排情况。

---

* 本课例由浙江省嘉兴市上海外国语大学秀洲外国语学校沈丽燕老师执教了实践课，并整理研究材料。

① 许卫兵. 小学数学整体建构教学 [M]. 上海教育出版社，2021:202.

复式条形统计图

3 下面是某地区城乡人口数统计表（单位：万人）。

年份	1980	1990	2000	2010	2020
城镇人口数	21	27	35	46	55
农村人口数	58	54	49	43	38

完成下面两幅统计图。

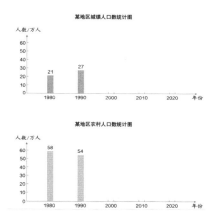

有时为了便于比较，往往把两幅统计图合成一幅，请你把下面的统计图补充完整。

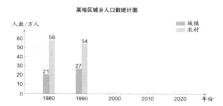

这是复式条形统计图，看看它与单式条形统计图有什么区别，然后回答下面的问题。

（4）你还能得到哪些信息？

复式条形统计图还可以像下面这样画，请你把它补充完整。

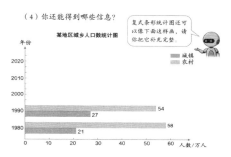

图 2.5.1 "人教版"教材原图

"人教版"教材在这节内容的编排上是这样设计的：复式统计表—单式条形统计图—复式条形统计图—统计图的不同形式。这样的编排逻辑，有着以下三个方面的设计意图。

1. 结合实际问题的描述，体会复式条形统计图产生的必要性

教材先给出某地区城乡人口的复式统计表，根据复式统计表分别描绘出两幅单式条形统计图，并请学生观察。在对比时感受到两组数据分别出现在不同的统计图中解读比较麻烦，从而产生新的认知需求——合并统计图。

2. 呈现两图合一的过程，理解复式条形统计图的结构特点

基于学生已经有"把两张单式统计表合并成一张复式统计表"的经验，教材给出了相应的要求，引导学生将两图中的数据合并在一张统计图上。再引导学生观察，发现一些互相关联的项目并将其整合后合理呈现，让静态的材料动起来，实现图形的合并。

3. 重视数据解读与应用，体验复式条形统计图的意义和价值

请学生在观察统计图的基础上，先通过回答问题深度解读信息，再请学生根据统计图提出问题，从而引导学生经历数据解读与分析的过程，体会复式条形统计图更便于表达和直观比较不同类别事物的数量，感受到相比于单式条形统计图来说，复式条形图蕴含的信息更丰富，解释或解答的问题也更宽泛。

当然，最后教材还给出了"横向"的复式条形统计图，从形式上呈现得更为完整。对教材内容作整体解读后，我们认为依托现实背景引导学生经历自主描述和数据表达，经历复式条形统计图的产生和逐步优化的过程是教学的基本思路，也是需要学生通过本节内容的学习有所获得的。

二、学情前测与分析

四年级的学生已经初步掌握了简单统计图表的知识，充分体验过数据的收集、整理、描述和分析的过程。在日常生活中学生也可能已经见过复式条形统计图，而且在三年级下册学生也经历了将多张单式统计表合并成复式统计表的过程，所以说学生已经具有一定的"合并"经验。

那么四年级学生的识图能力、数据分析意识的水平如何？当面对新需求时，学生是否能调动已有的知识经验解决新问题？对于复式条形统计图，学生的困难点又在哪里呢？为了能准确定位学生的学习起点和困惑点，找到教学突破点，精准把握教学，我们针对所教的四年级 87 名学生做了一次前测调查。

（一）前测内容及说明

前测题 1：我会看。

图 2.5.2 是一幅单式条形统计图，根据图中信息完成以下两个问题。

（1）从条形统计图中你能获得哪些数学信息？

148

（2）你能提出什么数学问题？

测评意图： 无论是直接问"获得哪些信息"，还是问"能提出什么数学问题"，均在了解学生解读条形统计图中信息的能力水平。只不过，第（1）题的要求更直接些，第（2）题则需要进行信息的处理。

前测题2：我会画。

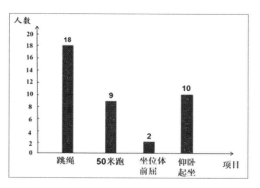

图2.5.2　402班男生体育项目测试优秀人数统计图

下面是一份402班男生、女生体育项目测试优秀人数的统计表。你能看懂吗？请你试着把表中的信息用统计图表示出来。

测评意图： 这是一个从"表"到"图"的转换过程。请学生试着把表中的信息用统计图表示，意在了解学生面对两组数据时能否调动统计表从单式到复式时"数据合并"的经验，从而尝试"创造"出复式条形统计图。这其实是一种学习力的调查。

表2.5.1　402班男生、女生体育项目测试优秀人数统计表

人数　项目 性别	跳绳	50米跑	坐位体前屈	仰卧起坐
男生	18	9	2	10
女生	20	4	12	8

（二）前测结果分析

1. 前测题1的结果分析

从前测结果可以看出，四年级的学生能基本读懂单式条形统计图表达的数据，并作出简要的数据分析，这表明他们具备一定的读图能力。

问题（1）：从条形统计图中你能获得哪些数学信息？

能够准确表达的学生共有73人，占被测学生数的83.9%。这其中有32人呈现的是对数据直观读取的结果，占准确读出数据人数的43.8%。如：我从统计图中知道了跳绳优秀18人，50米跑优秀9人，坐位体前屈优秀2人，仰卧

起坐优秀 10 人。有 41 人将读取到的数据进行适当的处理后再作描述，占准确读出数据人数的 56.2%。如：我知道了男生跳绳优秀人数最多，坐位体前屈优秀人数最少；402 班男生跳绳优秀的比 50 米跑优秀的多 9 人。表明学生已经有了针对直观数据作出一些简单分析的能力。

还有 14 人对图中信息解读不太准确，占总人数的 16.1%。如：从统计图中我知道 402 班男生体育测试优秀人数一共有 39 人。得出这个结果的原因，是学生对图中数据的含义不理解。事实上，单项优秀是可以重复的，某人可以有多个项目是"优秀"，简单相加的结果，不是代表优秀总人数。

问题（2）：你能提出什么数学问题？

能准确提出与数据相关联问题的学生有 52 人，占总人数的 59.8%。如：男生跳绳优秀的人数是 50 米跑优秀人数的几倍？这是结合项目间优秀人数的关系提出的问题。

还有 35 人提出类似"402 班男生一共有多少人"这样的"求和"的问题，占比 40.2%。此类问题属于无意义问题。这仍然与学生对本统计图数据表达的含义理解不当有关。

可见学生对数据本身的简单读取没有问题，但对数据之间关系的读取和超越数据本身的分析能力比较弱，学生呈现出的更多是对数据的机械性分析。如何让数据分析由"浅"入"深"，由"表"及"里"，是我们要努力的。

2. 前测题 2 的结果分析

表 2.5.2　前测题 2 结果分析表

表示法			人数	占比
用两张图（男生 1 张，女生 1 张）			22	25.3%
合并	基本正确	男女生分两边画	10	11.5%
		用文字区分男生、女生	12	13.8%
		用涂色区分，并标图例	29	33.3%
		直条没说明	3	3.4%

表示法		人数	占比
不会	男女生相加后画	7	8.0%
	没画	4	4.6%

由上表数据可以看出：学生基础知识掌握较为扎实，面对数据时能调动起已有经验，对单式条形统计图的绘制方法掌握较好。从作品中可以看出，学生对这两种数据的表示有合并的需求，当面对两组数据时，大部分学生都在寻找一种既清晰直观又简洁合理的表示数据的方式。同时，学生具有把几张单式统计表合并成一张复式统计表的学习经历，知道如何将一些互相关联的项目进行整合。基于这样的经验，有超过 60% 的学生（占总人数的 62.1%）能主动将两组数据放在一张图上表示，有用一张图呈现多组数据的想法，甚至还有一半的学生将同一项目的两个数据尽可能地靠在一起表示。

综合前测数据，我们可以发现，学生对单式条形统计图的认知经验较为丰富，能够结合条形统计图读取数据，直观数据读取能力较强，对关联性信息分析能力则相对较弱。学生对绘制条形统计图有一定的经验，且对两组数据的描述有一定的想法，具备将两组数据通过一张图来描述表达的愿望。

三、目标定位与教学思路

关于知识技能的习得，学生虽然可以通过"形式模仿"，经历多次"依样画葫芦式"的技能提取之后，也能够记住复式条形统计图的"形"。但这样的学习不利于学生体验复式条形统计图产生的"必要性"，以及主动认知统计图的"结构特点"，同时对发展学生的数据意识也不利。有了前面教材内容的解读与学情分析，我们希望学生通过本节课的学习，能在以下三个方面有所收获。

一是通过自主探究、合作交流的方式体验复式条形统计图产生的必要性，并且能够借助统计表中"从单式到复式"的学习经验，经历复式条形统计图产生的过程。

二是能在对复式条形统计图的认识基础上，根据图中数据信息解释或解答一些简单的问题，还能够结合数据信息提出一些有价值的数学问题，在解读数据与借助数据分析的过程中，发展良好的数据意识。

三是联系生活实际，感受数据蕴含的信息，体验复式条形统计图的应用价值。

针对以上学习目标，本节课试图设计从"表"到"图"、合"二"为"一"的学习路径。

第一步：从"表"到"图"，激活数据整理的经验。

为了让学生更好地体会复式条形统计图的特征和优点，教师让学生独立尝试从复式统计表转化到复式条形统计图的过程。面对表中的两组数据，学生会用怎样的统计图来表示呢？此时的"绘图"既能帮助学生激活原有对条形统计图的结构认知和绘制经验，又能激发对数据描述时的"表"与"图"两种方式的进一步联系与沟通，激活学生的创新意识和数据意识。

第二步：合"二"为"一"，经历复式统计图的形成过程。

《"课程标准"（2011 年版）》[1] 曾指出："教学中注重结合具体的学习内容，设计有效的数学探究活动，使学生经历数学的发生发展过程，是学生积累数学活动经验的重要途径。"让学生独立将复式统计表中的数据用统计图的形式表达的过程，其实是将"绘图"从"知识技能"转向了"数学思考"，同时，也为后续讨论提供了学习资源。课堂上，教师对这些材料的合理利用和逐步优化就是引导学生经历复式条形统计图的产生过程，也是引导学生理解"怎么画，为什么这么画"的探究过程，是加深对复式条形统计图特征及其意义的感悟过程。

第三步：由"浅"入"深"，读懂数据蕴含的信息。

史宁中教授指出：人们在实际生活和各行业中面对的数据越来越多，必须

---

[1]　中华人民共和国教育部制定 . 义务教育数学课程标准（2011 年版）[Z]. 北京：北京师范大学出版社，2012:47.

树立用数据的意识，掌握一些分析数据的方法和模型。教师通过提出"你能得到哪些信息？""你有什么新的发现吗？""你觉得我们班的体育水平怎么样？"等问题，引导学生去思考，从而培养学生的识图能力、数据分析能力，使学生认识到统计图读取的三个层次：一是直接提取数据信息；二是关联式的数据读取；三是读懂隐藏信息，感受数据蕴含着的信息。[①]让学生能听懂复式条形统计图中数据"说"的"话"，提升学生解决问题的能力，发展数据意识。

四、过程设计与实践简析

（一）任务驱动：激活数据整理经验

我们知道，数学知识之间紧密联系，螺旋上升。选用学生比较熟悉的体育测试成绩作为统计背景，以 402 班学生体育测试优秀人数为素材，并用复式统计表的形式逐步呈现男、女生的优秀人数。然后要求学生将复式统计表中的数据用统计图来表示，在真实的任务中激活学生数据整理的经验和意识。

【教学片断1】

1.以学生熟悉的事件引入，激活已有绘图经验

导入：课件出示一份班级男生体育项目测试优秀人数的统计表。

表 2.5.3 402 班男生体育项目测试优秀人数统计表

人数　　项目　　性别	跳绳	50 米跑	坐位体前屈	仰卧起坐
男生	18	9	2	10

简单的数据读取后，提出问题：这些数据除了可以用统计表呈现，还可以用什么方式表示？

---

① 马云鹏，吴正宪等编著.《义务教育数学课程标准（2022 年版）》案例式解读（小学）[M]. 上海：华东师范大学出版社，2022:248.

此时学生能很快想到"条形统计图",通过学生的回忆,教师逐步呈现条形统计图。激活学生对条形统计图的表象经验后,请学生对比"表"和"图",说说条形统计图的优点。教师适时板书:清晰直观。

2. 增加统计表中信息,比较中尝试解决问题

表 2.5.4　402 班男生、女生体育项目测试优秀人数统计表

人数　　项目 性别	跳绳	50 米跑	坐位体前屈	仰卧起坐
男生	18	9	2	10
女生	20	4	12	8

呈现第二张统计表,请学生观察和刚才那张表有什么不同。

任务布置:这是一张同时记录了男生、女生两组数据的复式统计表,你能把表中的这些数据也用条形统计图清晰直观地表示出来吗?

学生试着在学习单上呈现自己的想法。

【实践简析】

导入环节以"我们班的体育水平如何?"引发学生对数据的关注,并借助单式统计表与单式条形统计图之间的转换经验,唤起"表"与"图"之间关系的认识经验,然后从单式表推进到复式表。学生因为有了前一问题的讨论交流,对于从"表"到"图"的转换要求不觉突兀,且愿意尝试探索,也让复式条形统计图的生成变得自然。

(二)逐层优化:把握数据整理方法

教学过程不提倡"一步到位",而是放慢节奏,根据学生的学习状况,在学生认知发展关键节点处给予适时适度的引导,从而帮助学生实现对知识的良好建构。[①]四年级学生已有从单式到复式统计表的合并经验,此时独立尝试用统计

---

① 费岭峰.聚焦课堂教学——一位小学数学特级教师的研课手记 [M].上海:华东师范大学出版社,2022:201.

图来呈现男生、女生的体育测试优秀人数，不但能在"怎么画""为什么这么画"中帮助学生建立复式条形统计图的表象，还能通过数学活动经验的累积发展数据意识。

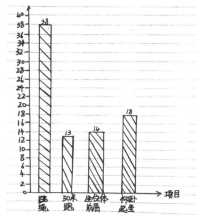

图 2.5.3 学生作品

【教学片断2】

教师在巡视过程中收集学生的作品进行展示。首先呈现不够清晰直观，但有自己想法的作品。（图 2.5.3）

请创作者先介绍自己的想法，再请其余学生发表看法：他的图能看出每个项目的优秀总人数，但是不能分别看出男生有几人，女生有几人。在学生的交流中明确这个作品还需要改进。

接着呈现能清晰直观表达男生、女生两组数据的作品。过程中又分为三个水平层次来交流。

水平一：画成"两张"单式条形统计图。

情况一：纵轴标准统一的两张单式条形统计图（图 2.5.4）。

师：你知道他的想法吗？

生：他用两张条形统计图分别表示男、女生体育各项目的优秀人数。

在学生的交流中明确用

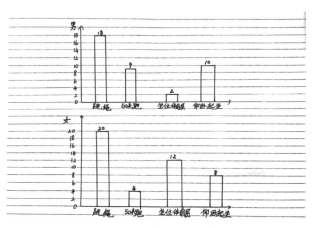

图 2.5.4 学习记录单

两张条形统计图能清晰直观地表示出两组数据。

情况二：纵轴标准不统一的两张单式条形统计图（图 2.5.5）。

师：这位同学也画了两张统计图，仔细观察，你有什么发现？

学生质疑：女生跳绳优秀人数比男生多，这里女生的直条怎

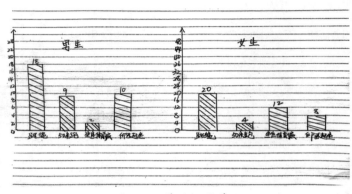

图 2.5.5 学习记录单

么反而比男生的矮？引导学生发现：男生用一格表示 2 人，而女生用一格表示 4 人。

通过质疑，学生感受到虽然用两幅图可以分别表示出男、女生各项目的优秀人数，但有时候会因为纵轴的标准不一样而造成不便于直接看图比较，引发学生产生探索新知的需求。

水平二：男、女生分别画在一张条形统计图上。

呈现作品（图 2.5.6），引导学生观察：这位同学的想法有什么不同？

图 2.5.6 学习记录单

讨论中明确优点：画在一张图上确保统一了纵轴的标准，而且只要画一条纵轴就可以，很方便。

此时也会有学生提出自己的想法，顺着学生的修改建议继续呈现。

水平三：趋于完整的复式条形统计图。

情况一：并列画，却没有标清楚（图 2.5.7）。

师：这位同学的想法你看明白了吗？

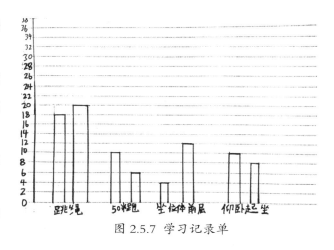

学生表示他把同一项目的男、女生的直条画在一起。这样看起来更清楚，但是如果只看图，我们不知道哪个直条表示男生，哪个直条表示女生，需要标明男或女。

图 2.5.7 学习记录单

情况二和情况三：同一项目并列或并靠在一起的。

在学生的疑问中，同时呈现下面两位学生的作品（图 2.5.8、图 2.5.9）。

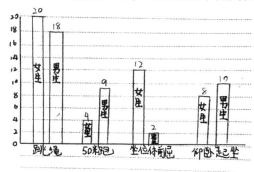

图 2.5.8 学习记录单

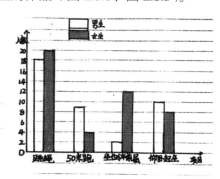

图 2.5.9 学习记录单

师：这两幅作品你能看明白吗？你更喜欢谁的表示方法？

学生讨论后认为这样画还是比较清楚的，而且还便于比较。

当学生充分感知到复式条形统计图的基本表达方式后，顺势小结：老师发现你们在设计统计图的时候不仅考虑到了"清晰直观"，还在考虑怎么画更"合理简洁"。确实，我们用一幅图就可以表示男生、女生两组数据。

再作小结整理（配之以媒体演示）：为了更好区分，我们可以在右上角用图例来说明，用蓝色表示男生，红色表示女生。同一项目的两个直条可以并在一起，这样更清楚。借助课件的演示，让学生清晰地看到复式条形统计图的绘制过程，了解其各部分的名称和作用，建立清晰的表象。

揭题：只表示一组数据的条形统计图，叫作单式条形统计图，像这样可以表示两组或两组以上数据的叫复式条形统计图。（随机出示课题）

请学生对比观察两张单式条形统计图和一张复式条形统计图的作品，思考：如果你是体育老师，你更喜欢哪一幅？为什么？此时学生已经能感受到复式条形统计图更便于比较同一项目男生、女生的优秀人数。

【实践简析】

本环节是这节课的重点环节，围绕核心问题：怎样画才能清晰直观地表示出这两组数据？先由学生独立尝试，然后在教师引导下经历复式条形统计图的形成过程。过程中，学生的成果也许不规范、不完美，但无论哪种思维水平层次的作品都是其原有认知水平的呈现，也是讨论交流时不可缺少的资源。围绕"为什么这么画？这样画是不是清晰了？是不是合理简洁？"等问题的讨论，可以引导学生完善认知，习得技能。

（三）识图析数：培养数据分析能力

史宁中教授说："统计的核心词就是数据分析，统计是处理数据的一门科学和艺术。"数据分析是在数据整理的基础上，通过分析获取数据中蕴含着的有价值的信息，为后续的某项工作或学习做出合理的决策。[①]确实，在如今的大数据时代，数据意识显得尤为重要，培养学生的数据意识既能加强学生对信息的综合分析能力，也能让学生深刻体会数学与生活的紧密联系。

【教学片断3】

1. 纵向复式条形统计图的数据解读与分析

课件逐步呈现以下三个问题：

---

① 白雷. 增强数据分析意识，培养数据分析能力 [J]. 教学月刊. 小学版（数学），2018（6）:46-49.

50 米跑中男生优秀人数比女生多（　　　）人；

女生（　　　）优秀的人数最多；

男生和女生优秀人数相差最多的是（　　　）。

教师请反应速度快的学生来分享自己是如何快速看图解决问题的，引导学生在交流分享中体会复式条形统计图便于数据比较的优点。

三个基本问题之后，教师引导学生再观察：从统计图中你还能发现哪些新的信息？看着这些统计结果，你有什么想说的？

此时学生会结合数据做出自己的判断，重点是让学生在识图析数中看见数据背后的现象，发现班级同学在体育中的强、弱项，针对这些发现提出自己的建议。

2. 横向复式条形统计图的数据解读与分析

导语：每位学生的体育水平如何，需要综合各项目的整体水平来评价。

出示横向复式条形统计图（图 2.5.10），引导学生观察，你能看懂这张统计图吗？学生表示能看懂后出示问题：

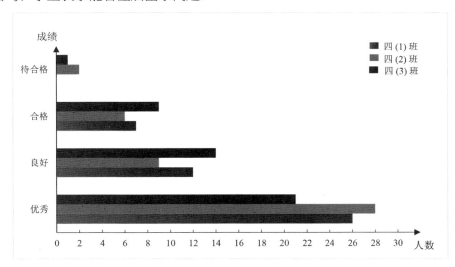

图 2.5.10 四年级 3 个班体质测试综合成绩

四（1）班体质测试优秀人数有（　　　）人。四年级 3 个班体质测试合格人数共有（　　　）人。

此时呈现的是一张横向复式条形统计图，结合问题的解答，意在引导学生借助统计图的各部分结构找到需要的数据，学会如何看懂统计图。

当学生能清楚表达自己的读图过程后，再引导学生思考：从图中你还有什么发现？再次引导学生对统计图数据进行细致解读和深入思考。

3. 比较中掌握识图方法

对比出示两张复式统计图（图2.5.11）。

思考：这两张复式条形统计图有什么不同？

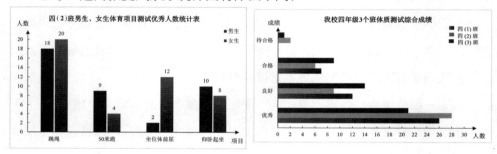

图 2.5.11

结合学生的交流，教师顺势小结：结合标题、图例、横轴、纵轴，我们就能看懂不同统计图表示的意思。

【实践简析】

统计是为了借助数据的分析，发现数据背后的规律。在对复式条形统计图的识图析数过程中，不只有简单的绘图和计算，教师应尽可能鼓励学生根据统计图的形式和问题背景选择合适的解决方法，并能结合数据提取有用的信息。引导学生对数据进行分析，一方面可以凸显复式条形统计图便于比较的优点，另一方面能提升学生的数据分析能力。学生在对数据"由浅入深"的分析解读过程中，可以感悟数据的意义，体会统计的价值。

（四）延伸拓展：丰富复式结构表象

【教学片断4】

结合课件（图2.5.12）和学生的作品，引导学生回顾学习过程：这节课我们一起把统计表变成了统计图，大家还想到了用复式条形统计图来表示多组数据。

复式统计表 ➡ **复式条形统计图**

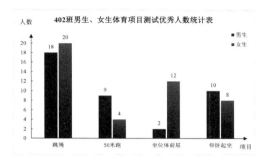

图 2.5.12

最后，教师出示生活中的各式统计图（图 2.5.13），让学生感受到生活中处处有统计。

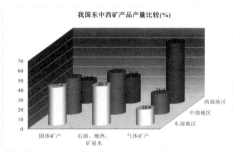

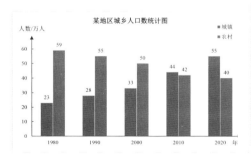

图 2.5.13

【实践简析】

本环节既能让学生对学习过程进行有序的整理和回顾，也能让学生进一步感受复式条形统计图呈现方式的多样性，丰富对复式条形统计图的感知经验。在欣赏中教师选取其中一张统计图，让学生说说自己的发现，再次体会借助统计图可以发现很多数据背后隐藏的意义。

五、测评题命制与说明

"复式条形统计图"内容的知识技能目标更多指向完善与补充。一是条形统计图知识的完善，即横轴与纵轴的内容相关性理解，条形的高低与单位长度间的关系，还有就是数据的读取等；二是数据表达层面的补充，即从一组数据表达到多组数据的表达，再到组与组之间的比较分析等。对于学生来说，这些都是有经验的，前者有单式条形统计图的学习作基础；后者则是单式统计表到复式统计表的学习经验作支持。故而本节内容在测评中，需要从这几个方面来定位学生的学习质量。

定位一：看学生能否解读复式条形统计图中的数据，并能分析比较。

定位二：看学生能否结合相关数据在图中表示出相应的数量。

定位三：看学生能否结合图中的数据信息，对事件做出恰当的判断或者推断。

接下来我们结合一些典型习题，作一些深度分析。

典型题 1：辨一辨，选择合适的统计图。

下面是"好美味食府"A、B 两款套餐在 3—6 月份的外卖订单数。

A款套餐3—6月份外卖订单数 B款套餐3—6月份外卖订单数

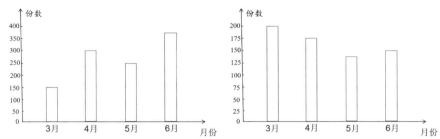

销售经理为了能更好地分析市场需求，将以上数据进行了整理，你觉得下面哪幅图比较合理？（　　　）

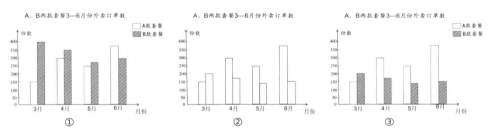

【意图说明】

通过观察和辨析，引导学生有层次性地整体读图，充分激发学生读图辨图的主动性，避免单一地读图、机械地画图。在对比辨析中，不仅再次加深了学生对复式条形统计图结构特征的认识，同时也在现实情境的数据分析中发展学生的应用意识和数据意识。

在实际的答题情况中，大部分学生能快速排除②号选项。此选项缺少图例，是无法区分两组数据的复式条形统计图。通过对②号选项的辨析可以帮助学生巩固不同数据条形的区分方法，体会图例的价值和重要性。此题，学生的错误选项主要集中在①号，这是由于学生对统计图的读取只关注条形的高度，而非整体性解读。面对 A、B 两款套餐的订单数统计图，学生需要关注到这两幅单式条形统计图纵轴的单位长度是不同的，此时直条的高低会产生一种视觉上的"迷惑"。因此，我们需要像③号选项一样统一纵轴的单位长度。如此，才能直接比较，准确比较。

典型题 2：根据表中数据，完善统计图，并回答问题。

下表是某商店 A、B 两款服装销售情况统计图。

数量/件　　　季度 款式	第一季度	第二季度	第三季度	第四季度
A 款服装	350	100	50	225
B 款服装	25	175	395	100

（1）请将统计图补充完整。

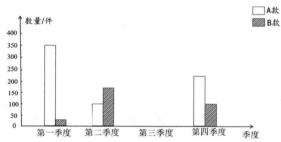

（2）第（　）季度，B 款服装的销售量最少。

（3）第（　）季度，A、B 两款服装的销售量相差最大。

（4）B 款服装可能是羽绒服□ T 恤衫□ 不能确定□（请在你认为的□里画√）

【意图说明】

此题主要考查学生画图、读图的能力。将复式条形统计图补充完整，需要学生结合统计表进行数据的读取，借助图例准确完成统计图的绘制，并能利用统计图分析一些简单的问题。此过程能加深学生对复式条形统计图结构的认识，加深对各个部分意义的理解，体会复式条形统计图便于比较的优势。

在实际的答题情况中，学生一般会出现以下三种错误情况。

错误情况一：画图错误，第三季度 B 款服装的销售量是最多的，但是由于学生对数据的读取有误，导致直条偏低。也有学生因为解读不到位，导致两款服装的直条表示方式错误。

错误情况二：由于画图错误，所以学生对"第（　）季度，A、B两款服装的销售量相差最大"这个问题出现了判断错误。

错误情况三：学生在答题的时候无法结合生活经验和依据数据特点，对 B 款服装的类型进行准确判断。

从本题的答题情况我们可以看出学生在审题、作图上的细节方面还需要加强练习，对于数据背后的现象，需要学生调动丰富的生活经验，结合数据进行分析，作出判断。

典型题 3：读数据，作判断。

下面是李军和赵亮一周的跳绳训练情况。如果要推荐一位同学参加校级跳绳比赛，你会推荐谁？请说明理由。

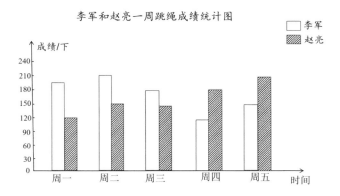

【意图说明】

让学生结合统计图分析两位同学跳绳水平高低，设置推荐一位同学参加校级跳绳比赛的任务。该题主要考查学生正确描述数据、解读数据的能力，训练学生结合数据分析进行说理和决策的能力，体会统计在现实生活中的意义和作用。

在实际的答题情况中，学生一般会出现以下两种推荐理由。

推荐理由一：我推荐李军参加比赛，因为他每天跳绳的平均个数比赵亮多。

推荐理由二：我推荐赵亮参加比赛，因为他的跳绳成绩在逐渐上升，而李军的成绩不太稳定。

在本题的解答过程中，学生能结合一定的方法对数据进行分析。小部分学生受到平均数知识经验的影响，通过比较两位同学每天跳绳的平均个数作为推荐理由，在这里不太合理。大部分学生从整体的角度、发展的眼光来分析两位同学的跳绳成绩变化情况，做出准确判断。可见学生已经逐步具有运用丰富的数学知识和生活经验来进行数据分析的能力。

典型题 4：读图、补图，结合数据分析作判断。

下面两张是某商场 6—9 月份两款品牌空调的销售情况统计图。

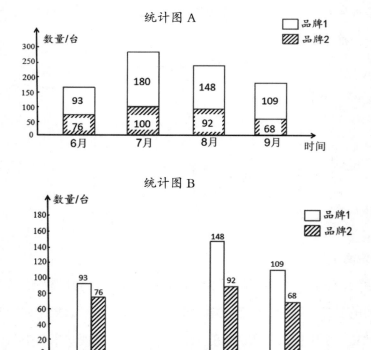

（1）根据统计图 A，把统计图 B 补充完整。

（2）请你合理选择统计图，回答以下问题。

①两款品牌空调销量相差最小的是在（　　）月。

②（　　）月两款品牌空调销量最好，共销售（　　）台。

③如果你是商场经理，你能从上面的统计图中得到哪些信息？这些信息对你有什么帮助？

【意图说明】

本题需要调动学生对统计知识的综合运用能力，一来可以测查学生的读图能力，二来还能测查学生按要求从统计图中找到需要的数据信息进行问题解答的能力。其中最后一个问题主要考查学生的数据分析能力，一般会出现以下三种情况。

情况一：我知道7月份空调卖得最好，6月份卖得最少。

情况二：7月份空调的销量最好，我觉得7月份商店开放时间可以长一些，空调货物可以准备充分一些。

情况三：我发现每个月品牌1空调的销量都比品牌2空调的销量好，说明顾客比较喜欢品牌1，进货的时候品牌1可以多进一些。

学生有针对个别数据的观察，也有基于数据整体的分析，以上三种情况都反映了学生数据读取和分析的能力。数据的分析可以是多角度的，结合数据的分析我们能做出不同的思考和判断。

一、内容解读

折线统计图是以点线组合，通过线的上升或下降来表示统计量"增减变化"的统计图。因为在折线统计图中，有点、有线，因此，通过折线统计图，既能表示出数量的多少，还能表示出数量的增减变化情况。

那么，有了条形统计图，为什么还要有折线统计图呢？回答这个问题，需要结合两种图的不同特点，从两个维度来考虑。

一是表示的对象。条形统计图一般用来表示围绕某个事件的多个对象的独立数据统计。比如，需要统计小明、小红、小花、小钢、小军5人的每分钟跳绳个数。这个事件中，统计时，只要把他们5人的跳绳个数表示在图中即可，用条形统计图表示比较适合。折线统计图一般表示的是某个事件中的某个特定对象的连续性数据的统计。比如，同样以每分钟跳绳个数的统计这个事件为例，想表达小明一个人在一个星期内每天早上同一个时间里每分钟跳绳个数的统计，这里用折线统计图表示比较适合。

二是表达的意义。如上所述，同样是统计每分钟跳绳的个数，5个人的数量适合用条形统计图表示，一个人7次的数量适合用折线统计图表示。为什么呢？我们可以这样来理解，虽然都想表达每分钟跳绳的个数，但在分析时意义是不一样的。统计小明等5位小朋友的这组数据，目的更多是在于"比比多少，

---

* 本课例由浙江省嘉兴市洪兴实验学校曹英平老师执教实践课，并整理研究材料。

排排名次"，作为独立个体，这组数据反映的是每个个体的水平间的差异。此一目标，通过条形统计图中直条的高低比较，便可以达到。而在统计小明一个人7次跳绳的数量时，当然也会有每次数量的多少比较，但还有一个更重要的意义在于，因为这是一个个体连续数据的表达，从中还能看到个体在这个时间段里的水平的变化状态。也就是说，在折线统计图中的数量多少的比较，更多指向于个体状态的变化。

由此，我们思考，生活中除了需要表示多个对象在同一事件上的表现水平的数据之外，还有许多事件不仅需要表示出数量的多少，更需要看到某个对象在一个时期内的水平变化状况。如大家熟知的某支股票的涨跌，某位学生的考试成绩，某个人的体重变化等。这样一分析，我们便清楚了，条形统计图要学习，折线统计图的学习也是很重要的。

接下来，我们再从教材的编排来作一些解读与分析。《"课程标准"（2022版）》将折线统计图安排在了第三学段，一般教材都编排在五年级出现。学生在学习折线统计图的内容前，关于数据分类、整理及统计图表，已经有了以下的学习。

表2.6.1　已学数据分类、整理及统计图表内容

学段	内容	类别
第一学段	分类与整理	数据收集
	数据收集与整理（单式统计表）	数据整理与表达
第二学段	复式统计表	统计表
	条形统计图（单式与复式）	统计图

这表明，作为一种新的数据表达形式，折线统计图的学习并不是零起点。通过以上内容的学习，学生经历了一系列数据收集、整理与分析的过程，积累了一定的统计经验，对于统计表与统计图也有了一定的认知经验。折线统计图是在这些内容基础上学习的，其新的增长点应该更多地放在：如何借助条形统

计图的学习经验来学习折线统计图？着重理解怎样的数据表达需要用到折线统计图？当以折线统计图来表征数据时，学生能从中读到怎样的信息？这些信息能够为我们提供怎样的服务？教材编排上，也同样遵循了以上的内容特点。

以下截取"人教版"教材稍加解读。

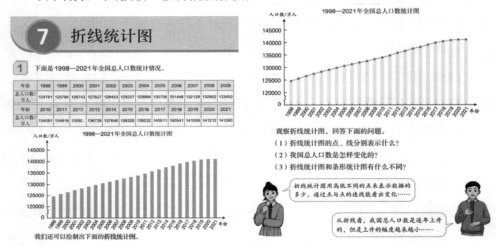

图 2.6.1 "人教版"相关教材图

教材选择了"1998—2021 年全国总人口数统计"的数据，首先用表呈现，接着是条形统计图，然后用"我们还可以绘制出下面的折线统计图"引出新课内容。当有了折线统计图后，又引导学生观察，结合折线统计图中的数据，回答问题。这几个问题中，一个指向折线统计图的基本要素的理解（点、线的意思），一个指向折线统计图的意义理解（能够看出数量的变化），一个指向与条形统计图的比较。事实上，这几个问题与前面在统计图表的认识中所提示的问题有所区别。几个问题淡化了数据的认读，更加注重"图"的特征、意义及价值的认识与理解，即更加关注图的本质内涵，从更深层次上关注学生数据意识的培养。

看来，教材已经对"统计图"的学习内容作出了调整，接下来教师要做的就是，实现以上的目标，那么我们需要选择怎样的学习方式或学习路径呢？

二、学情前测与分析

前面在解读教材时，我们对学生的学习基础有所了解。在学习本节内容前，学生已经经历过一些简单的收集、整理、描述和分析数据的过程，也认识了统计表，经历了从表到图的学习过程，积累了用条形统计图整理与表达一组数据的经验。现为了解学生对数据收集、整理等已学知识的掌握程度，对"折线统计图"是否有相应的经验，我们进行了前测。

前测内容设计如下：

例题1：班里将组织户外实践活动，城南公园、南湖、秀湖、月河四个地方只能选一个，你觉得应该怎样选择才能让同学尽可能满意？并分析理由。

例题2：乐乐今年12岁了，下面是乐乐的身高记录情况。

年龄	出生	2岁	4岁	6岁	8岁	10岁
身高/cm	50	85	110	120	130	140

请预测乐乐14岁时的身高会是多少厘米？并写出你的理由。

例题3：你知道折线统计图吗？能写出折线统计图和条形统计图之间的异同点吗？

【意图说明】

例题1是为了了解学生是否具备一定的数据意识，即这个事件本就是个统计问题，不能仅仅依据自己的喜好来定。例题2则为了了解学生对于一组连续性数据的理解经验，看学生是否具备连续性数据的认知经验，同时能否结合连续性数据的解读进行数据的推断。例题3则是一道知识性的问题，更多在于了解学生对折线统计图的直观经验。

本次前测对象为某小学五年级两个班的学生，测试卷共发放96份，回收96份，其中有效93份，有效率为96.9%。具体测试结果分析如下：

例题 1 结果的分析：直接选具体地点的有 23 人，占有效测试人数的 24.7%；提到统计数据的有 70 人，占有效测试人数的 75.3%；能够提出收集整理数据方案的没有。从 75.3% 的学生能够说到需要用统计数据，表明有四分之三的学生能够区别"统计问题"与"一般问题"，体现了这部分学生的数据意识较强。当然，没有学生能够有意识地设计出包括调查对象和调查方法的完整调查方案。这也是后续学习中需要进一步加强的。

例题 2 结果的分析：数据反映，直接说出身高的有 35 人，占有效测试人数的 37.6%；提到乐乐身高数据上升特点的有 51 人，占有效测试人数的 54.8%；能够将数据分析和生活实际相结合的有 7 人，占有效测试人数的 7.5%。这说明，超过 90% 的学生是能够结合生活实际并根据表中数据做出推断的。在表达时，部分学生是根据数据特点，给出一个具体结果；有部分学生则是凭经验知道乐乐身高"上升"的趋势，这两种情况稍有区别。当然，能够将分析数据与生活实际相结合，更完整地去考量结果而做出推断的孩子，他们的分析思维更为缜密，对数据的解读更为理性。

例题 3 结果的分析：数据反映，知道折线统计图的学生有 65 人，占有效测试人数的 69.9%；能够说出折线统计图特点的有 11 人，占有效测试人数的 11.8%。数据表明，大多数学生在生活中见过折线统计图。有 11.8% 的学生能将折线统计图的特点清楚地阐释出来。数据清楚地表达了，学生对于折线统计图的学习不是零基础，而是有着相当丰富的认知经验。教学中更重要的是帮助学生进一步认识到折线统计图在数据表征中的意义及其在数据应用中的价值。

总之，从前测结果可以看出，第三学段的学生在对生活问题的认识与理解方面有了比前两个学段学生较大的提升，对于"统计问题"的敏感性显著增强。同时，对于新的统计知识的生活经验更加丰富，比如关于折线统计图的认知经验，虽然尚显粗浅但并不陌生。这些都是学生后续学习新知识内容可以充分利用的学习基础。

三、目标定位与教学思路

由教材内容的解读与前测数据分析，我们来看学生通过"折线统计图"一课的学习，需要在哪些方面有所收获？

目标一：认识折线统计图，知道折线统计图表示数据的特点，体会折线统计图的统计意义。

目标二：能够对条形统计图和折线统计图的不同点有比较清晰的理解，并能根据折线统计图对数据进行简单的分析，体会折线统计图表征的数据本身所具有的特点，且能利用数据特点，做出相应的统计分析。

目标三：结合对折线统计图在生活中广泛应用的了解，并能结合数据解读感受折线统计图的应用价值，体会数学与生活实际的联系，发展数据意识。

教师在教学中帮助学生达成以上学习目标，需要对三个层次的问题作进一步思考。

问题一：学生已有的经验如何用？如何关注新旧知识间的联系？

问题二：折线统计图的特点如何体验？选择怎样的材料，才能有效引导学生深度体验折线统计图的特点？

问题三：如何引导学生对折线统计图的意义与价值有更深的感悟？

针对这些问题，结合学生的学情，我们设计了"数据解读，引发需求——多样表征，比较理解——读图体验，内化素养"这样的学习路径，以帮助学生在充分体验的基础上，学习"折线统计图"的相关内容。

重点一：数据解读，引发需求。

表、图间数据的解读与转换，是统计相关知识的主要内容与载体，也是学生唤起经验与引发需求的基础。在本节课的学习中，教师应充分利用学生已有的知识经验，以知识迁移的方式，建立新旧知识之间的联系。在对统计表与统计图原有的认识基础上，激发学生统计分析的意识。于是，选择合适的材料引导学生读数据，想表达方式，是很重要的一环。课中，我们可以用一个学生相对熟悉的例子，请学生解读数据，然后请学生将表中数据用图描述出来。于是便有了条形统计图或折线统计图最初的样子。当然，这一环节的关键是做好三点：一是在将表中数据用图表示出来前，需要学生对相关数据的感知相对深入，能够体验到这是一组连续数据；二是当学生用图来表征时，需要把握图中的细节要素，比如有点的出现，甚至会有线的出现，这些要素都是后续深度解读与研究时用得到的，是需要放大的；三是要进一步引发学生思考，面对这个情境问题是不是"只看出数量的多少"就可以了，还是不仅要看出数量的多少，还要看到数量在连续发生着的变化？

重点二：多样表征，比较理解。

有了第一环节中学生自主探究后生成的学习材料，接下来教师便可以重点引导学生比较不同表征间的差异。这也是本节课中最有意义的活动。一般来说，学生的生成材料体现为三个水平层次：

层次一：能够直接用条形统计图来表征。这主要是因为学生受条形统计图学习经验的影响。

层次二：能够先在图中描出相关数量的点，再画上条形。这主要是由于学习材料造成的，因为学习材料是以线作为背景呈现的。

层次三：能够根据数量的多少描上点，并能将点连起来。这表明学生对这组数据的特点有了充分的理解。

以上三个层次的学习，也正是学生逐渐理解折线统计图的基本特点及其统计意义的过程。过程中，需要教师做好两个方面的引导：一是把握学习材料"用"的顺序；二是关注学生解读过程中的比较意识。这里的"用的顺序"即为材料背后体现出来的学生对数据理解的层次：几乎是条形统计图的经验；有了结合材料的处理经验；最后是对数据本身具有的特点的理解经验。如果学生有了第三个层次的经验，那么表明学生已经具备了折线统计图的相关知识。这也应该是本节内容需要学生整体达到的层次。而"比较"的意识，即学生学习过程中发现差异的过程，同时也是数据特质理解与把握的过程。这既是方法，也是知识。也正是通过"比较"，学生认识到了折线统计图的基本要素：点表示数量的多少，线表示数量的变化情况。

重点三：读图体验，内化素养。

到了读图进一步体验环节，也说明整节课的核心内容的学习基本完成。这个时候需要将刚习得的知识与经验运用到更多的实际问题的解决之中。我们知道，统计活动的过程不仅包括收集整理和描述数据，还包括分层读图、对数据进行分析，以及根据分析的结果作出简单的判断和推测。所以在学习中，教师一方面要注意突出折线统计图的特点，引导学生进行思考；另一方面还应该注重启发学生，根据自身的生活经验，结合有关的复式折线统计图，谈体会，说感受，提建议，让学生在分析和交流中，进一步加深对折线统计图的认识，逐步提高识图和用图的能力，进一步提升统计意识。

学习中，教师结合教学内容和生活中的素材，引导学生继续思考，提出丰富的数学问题，并尝试解决。随着一个个问题的解决，学生的数学知识和能力都得到了丰富和提高。期望在这节课的后半段，学生能利用数学知识，主动解释、解决一些生活中的现象和问题。而这些任务的完成，也标志着学生的知识技能得到巩固，学习素养获得发展。

四、过程设计与实践简析

（一）情景问题引入，解读数据引发需求

从前面的分析可以知道，学生对数据解读是有经验的，对表中数据转换成条形统计图也有经验，在对数据特征的深度理解上经验尚显不足。给学生提供

一个熟悉的生活情景，引导学生首先理解数据的特点，然后提出新的任务要求，可能性较大。

【教学片断1】

读懂表中数据。

呈现材料：这是今年嘉兴市11月8日的气温变化情况。（出示统计表，表2.6.2）

表 2.6.2　嘉兴市 2022 年 11 月 8 日气温变化情况

时间 / 时	2	4	6	8	10	12
温度 /℃	15	14	14	18	20	21

问题1：从表中你知道了什么？

总结：通过这张统计表，我们可以知道：上面这一栏表示的是时间，下面这一栏表示的是温度。

问题2：11月8日，2时到12时的气温是怎么变化的？

【实践简析】

导入环节呈现一份关于嘉兴市2022年11月8日气温变化的统计表，一方面是为了唤醒学生的数据解读经验，另一方面意在引导学生感知：类似于"气温变化"的数据，是一组连续性数据的特质。

（二）比较式解读，体会数据特征，寻求合适的表达方式

解读表中数据重在感知数据的特点，接下来用图表征数据才是本节课的重点。任务布置下去后，教师需要给足学生时间，教师巡视发现典型材料，然后结合典型材料引导学生比较、探究，体会折线统计图与条形统计图的关系，并体验统计图的形成过程。

教师提出新任务：你能用一张图更清楚地表达出2时到12时气温的变化情况吗？

学生探索后反馈交流。

反馈材料一：条形统计图。重点讨论：有没有正确表示出相关的数量？即解读横轴与纵轴的内容，解读刻度与单位。然后读懂数据。

反馈材料二：条形加点的统计图。重点讨论：是先画点，还是先画条？你是怎么想到画出这个点的？这个点表示什么？

反馈材料三：点加折线的统计图。重点讨论：你画的线表示什么意思？

重点交流三个层次。

层次一：借助学生的作品讨论"点"的意思及画法。

问：你还能读出这个图（图2.6.2）的信息吗？

问：说说这个点（指一个点）表示什么？

问：没有条形，这个点是怎么画出来的？

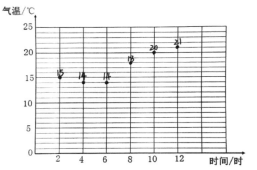

图 2.6.2 嘉兴市 11 月 8 日的气温变化情况

总结：通过横线和纵线的交叉描出点，用点也可以清楚地表示出数量的多少。

层次二：借助学生的作品讨论"线"的意义及画法。

出示图 2.6.3，提问：你还加了一条线，是怎么想的？

引导小结：画了这条线，可以看出气温变化情况。

问：从这个图上你能看出温度是怎么变化的吗？

总结：通过点和线不但能看出数量的多少，还能更直观地看出数量的增减变化，这就是我们这节课要学习的折线统计图。

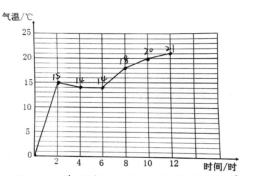

图 2.6.3 嘉兴市 11 月 8 日的气温变化情况

层次三：讨论小结，进一步认识折线统计图。

再次观察折线统计图，并小结：原来开头的这张表，我们还可以用折线统计图表示出来，从图上不但能看出数量的多少，还能看出数量的增减变化。

引导学生进行对比：学到这里我们回顾一下，刚才对于气温的变化情况我们用了两种不同的统计图来表示（出示两幅图），它们一样吗？

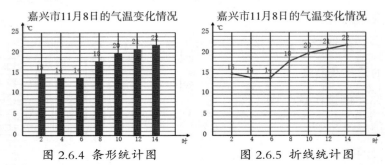

图 2.6.4 条形统计图　　　　图 2.6.5 折线统计图

生 1：条形统计图用条形的长短来表示数量的多少，折线统计图用点来表示数量的多少。

生 2：折线统计图用线把变化的情况表示得很清楚。

总结：其实在条形统计图上，我们也可以看出数量的变化情况，只是在折线统计图中，因为有线的存在，它能够更加明显和强烈地把这种变化情况表达出来。

【实践简析】

把条形统计图和折线统计图整合着推进，有意识地引导学生经验迁移。"点"可以表示数量的多少，"线"可以表示数量的增减变化情况。知道"点"和"线"的意义，是读懂折线统计图的基础。此环节给学生充分自主学习的空间和时间，学生通过自主探究、合作交流，在师生互动和生生互动中体会折线统计图的特点，对折线统计图的构成要素和特点理解得更加深刻。

（三）逐层讨论，完善认识，发展数据意识

关于一天中气温的统计，是一件比较典型的可以用折线统计图来表达的事件。因此，当学生对折线统计图有了一定的认识之后，完全可以继续借助这份材料往下探究。一天中气温的变化先上升到顶峰，再渐渐地往下降，这种动态变化的过程，能够让学生充分感受到折线统计图表达数据时的特点。

层次一：初读图——推测，操作。

（1）推测

问题一：同学们，根据2时到12时的气温变化情况，猜猜14时的气温会是多少？

（猜3个左右，寻找接近21℃的，问学生猜的理由是什么？）

师：好像都有道理哦，其实，这里还有个科学小常识，一天中的最低气温是出现在太阳升起前，最高气温是出现在14时左右。

问题二：现在你再来猜猜14时的气温是多少摄氏度？

预设：多种猜想，教师在出现23℃、22℃的答案时介入。

师：哇！你猜得很接近了，那天测量的具体温度是22°。你为什么这么猜？

总结：看来需要将统计图的变化趋势和科学实际结合起来进行判断。

（2)画图

14时的温度是22℃也画在图中，你能找到这个点吗？

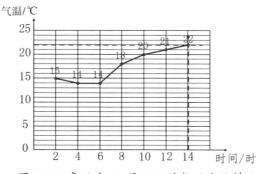

图 2.6.6 嘉兴市 11 月 8 日的气温变化情况

层次二：再读图——想象，操作。

（1）读图

问题一：那接下来气温又可能是怎样的呢？

生1：可能还会上升一点点。

生2：可能会下降。

经过测量（出示 16 ~ 20 时气温，21℃、18℃、17℃），和你想的差不多吗？

总结：看来，根据前面数据的走势再结合生活实际就可以推测事情的发展趋势。

（2）画图

问：你能把这三个时刻的气温画到上面这张折线统计图上面吗？在你的练习单上画一画。

活动：画图，教师巡视，收集需要补充的例子，并展示。

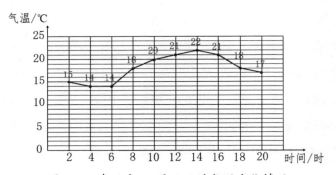

图 2.6.7 嘉兴市 11 月 8 日的气温变化情况

层次三：三读图——从图中分析问题。

问题一：现在这幅图更加完整了，说说 2 时到 20 时的温度变化是怎样的。

交流：最高温度，最低温度，上升最快时间，下降最快时间，上升，下降，推测后面气温的变化趋势。

总结：折线统计图中"点"可以看出数量的多少，"线"可以看出事情的发展变化趋势，对折线统计图的数据分析能帮助我们解决一些问题。

【实践简析】

在理解了折线统计图"点"和"线"的意义后，教师应引导学生从整体上观察读数，一方面培养学生的读图能力，另一方面培养学生的推断能力。推断数据要求学生能够根据客观数据和问题背景做出预测。其间，学生还需要考虑事件的发生具有随机性，因此预测的结果也带有一定的随机现象分析的特点。分析问题的时候还需要结合实际情况，进行推测，同时，还需要关注科学性。

（四）拓展应用，强化数据分析能力

统计图表在生活中应用极为广泛，而且同一类图在应用时形式上也会有所不同。故而引导学生结合生活中的折线统计图，进一步认识图的特点，体会统计图表的应用价值，进一步体验数学与生活的联系，具体可分为四种不同的层次。

练习环节就涉及了统计图的数据分析问题，具体可分为四种不同的层次。

层次一：选择图形。

小明又碰到了这样一个问题，他早上起来感觉不舒服，妈妈给他量了体温是 37.5℃，这时候，小明发热了，妈妈需要给小明记录他的体温变化，来判断他的情况。小明妈妈最好选择怎样的统计图来记录？

层次二：结合数据分析。

这是妈妈的记录情况。

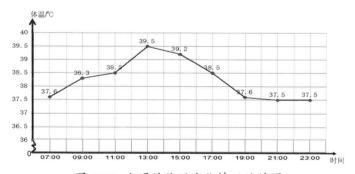

图 2.6.8 小明的体温变化情况统计图

这幅折线统计图表示什么？看图回答问题（出示题目），在练习单上做一做。

学生完成后反馈交流。

请学生推测小明的病情。

总结：看来折线统计图的应用范围还是很广泛的。

层次三：分析无数据的统计图。

根据图 2.6.9 中的数据做出判断：这幅统计图可能表示什么？

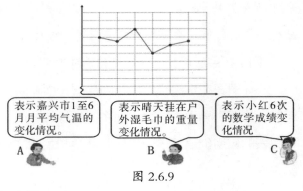

表示嘉兴市1至6月月平均气温的变化情况。A

表示晴天挂在户外湿毛巾的重量变化情况。B

表示小红6次的数学成绩变化情况 C

图 2.6.9

层次四：根据统计图进行推测。

问题：你觉得小红的成绩怎么样？

细分为三个小题。

题1没有数据的统计图推测；题2加入数据的统计图推测；题3再加入一组对比数据的复式统计图的推测。

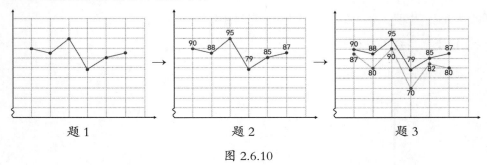

题1 → 题2 → 题3

图 2.6.10

【实践简析】

选取与实际生活相关的生活素材，让学生充分感受到统计与生活的紧密联系，提高学生学习统计知识的热情。引导学生观察、猜想，通过解读完整和不完整的图像，培养学生辨别、分析、识图的能力，提高学生的数据分析能力。通过对三个不同层次的统计图的推测，学生能够更深入地体会到随着搜集数据的增多，对事物的推测会越来越精确。

（五）回顾小结，构建统计知识结构

1.回顾：学习了什么？

2. 总结：面对同样的信息，用不同的方式去整理，是为了更好地分析。

五、测评题命制与说明

关于"折线统计图"相关知识的学业测评，《"课程标准"（2022 年版）》同样也有相应的要求：能从实际情景中收集、整理数据，并能够用折线统计图表达适用的数据。知道折线统计图的功能，会解释意义，会根据数据作出推断，等等。具体我们可以从三个层面上进行测评题的命制。

水平层次一：考查图形特点的测评题

数学基础知识经验是学生学习数学的主线，也是学生继续学习的根基，而与条形统计图的对比学习无疑是本节课学习经验激活的重点，因此测评题也可结合条形统计图进行设计。

例题 1：下面两组数据选用什么统计图比较合适？ A 条形统计图;B 折线统计图

第一小组 6 位同学的身高情况统计表

姓名	小红	小明	小丽	小云	小军	小强
身高 / 厘米	135	150	137	155	132	149

选择＿＿＿＿＿＿＿＿＿＿＿＿＿理由＿＿＿＿＿＿＿＿＿＿＿＿＿

小明 0~10 岁的身高情况统计表

年龄 / 岁	0	2	4	6	8	10
身高 / 厘米	50	85	101	115	130	141

选择＿＿＿＿＿＿＿＿＿＿＿＿＿理由＿＿＿＿＿＿＿＿＿＿＿＿＿

【意图说明】

此题通过结合数据特点，请学生选择合适的统计图进行练习，考查的是学生对折线统计图特点的理解水平。同时结合说理，深度了解学生的理解水平，引导学生由原来的被动学习转变为主动学习，进一步培养学生识图与辨析的能力。

水平层次二：统整数据意识的测评题

对学生数学知识的掌握情况的评价标准，在于衡量学生是否能把抽象的结论转化为自己的知识经验。因此，评价数学知识的掌握情况，应由重记忆转向重理解应用。

例题2：欢欢给一杯水加热时，水温变化情况的统计图如下图：

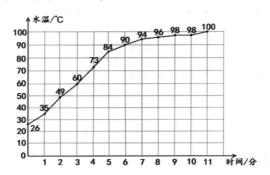

（1）加热前，水的温度是（　）℃。

（2）加热过程中，欢欢每隔（　）分钟记录一次水温。

（3）水温从26℃上升到90℃，用了（　）分钟，水温从90℃上升到100℃，用了（　）分钟，你发现了什么？

（4）如果继续加热3分钟，估计水的温度是（　）℃。

【意图说明】

此题蕴含着丰富的数学信息，学生只要对折线统计图相关知识有较为充分的理解，就能看懂图意，找出相关信息并能准确回答上述数学问题。同时在解读数据的过程中，学生需要结合事物本身的属性特点进行思考。特别是最后一问，是需要结合多学科的知识来分析思考的。

水平层次三：关联数据分析的测评题

培养学生的综合能力，是让学生通过学科内各知识点之间的综合运用，也包括学科与学科之间的知识的综合运用，来解决实际问题，真正体现数学的应用价值。

例题 3：强强家中的一个水龙头关不严会滴水。爸爸为了防止浪费水，用了一个长 8 厘米、宽 5 厘米的长方体容器在水龙头下面接水。强强观测了这个一直滴水的龙头，把容器中水面的高度与时间的关系制成了如下的统计图。

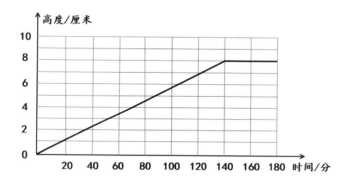

（1）在强强开始观测后第（　　）分，这个容器中的水刚好滴满。

（2）这个长方体容器的容积为（　　）毫升。

（3）按此观测结果推算，这个滴水的龙头每天能滴掉（　　）升的水。

【意图说明】

此题把统计知识与几何图形有机融为一体，考查学生的读图能力、分析相关数据的能力、计算能力和推理能力等，培养学生的综合素养，同时还树立了节约水资源的意识。

以上三个水平层次的测试，既有对与条形统计图相关联的知识理解与否的考查，也有对数据阅读与分析的考查，还有对数据推断与问题解决的考查。较清晰地引导学生摸着知识的脉络，充分体验统计的意义，对其数据意识的发展起到了促进作用。

课例七："扇形统计图"教学研究 *

一、内容解读

扇形统计图作为小学阶段"统计图"内容之一，与前面学习的条形统计图、折线统计图相比，在表达形式上有着较大的差异，这与它们各自表达的数据特点有关。我们知道，条形统计图、折线统计图表达的是量的多少（折线统计图还可以表示量的变化趋势），在图中呈现的数据一般是一个具体的量，而扇形统计图则是表达部分量与总量之间关系的统计图。

我们来了解一下扇形统计图的形成过程。"扇形统计图"是通过将整个圆表示总数（单位"1"），用圆内以圆心 O 点为顶点的各个扇形的大小表示各部分量占总量的百分之几。简单来说，就是通过以圆心为顶点的扇形面积与整个圆的面积比来表示部分量与总量之间的关系。从这个点上来看，扇形统计图与百分数有着密切的关联性。从教材编排来看，也是在学生学习了百分数之后才学习"扇形统计图"的相关内容的。《"课程标准"（2022 年版）》在"课程内容"第三学段的"教学提示"中指出："百分数教学要引导学生知道百分数是两个数量倍数关系的表达，……，同时，引导学生了解扇形统计图可以更好地表达和理解百分数，体会百分数中部分与整体的关系。"这个"提示语"更多地意在引导教师组织教学"扇形统计图"时，需要将进一步理解百分数的意义作为一个学习目标，贯穿在教学之中。

扇形统计图属于"统计"范畴的内容，是一种表达数据的方式，整个学习

---

* 本课例由浙江省平湖市全塘中心小学陶燕老师执教实践课，并作研究材料的整理。

过程中，同样会涉及数据的收集、整理、描述和分析解读等内容。现以"人教版"教材为例，对这一内容稍作解读。

六（1）班同学最喜欢的运动项目的人数情况如下表。你能算出每种运动最喜欢的人数各占全班人数的百分之多少吗？

项目	乒乓球	足球	跳绳	踢毽子	其他
人数	12	8	5	6	9
百分比					

12+8+5+6+9=40（人）

12÷40=0.3=30%

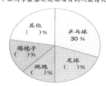

最喜欢乒乓球的人数占全班人数的30%。

我们可以用扇形统计图来表示各部分数量与总量之间的关系。

六（1）班同学最喜欢运动项目的人数情况统计图

其他（　）%
乒乓球 30%
踢毽子（　）%
跳绳（　）%
足球（　）%

上图中的整个圆表示什么？用这样的统计图有什么好处？

各个扇形的大小与什么有关系？

你还能提出什么数学问题？

图 2.7.1 "扇形统计图"例 1

图 2.7.1 是教材编排的例 1，主要是想通过一个实例：即"求解六（1）班喜欢不同运动项目人数占全班人数的百分之几"这一问题，通过将各占百分之几的结果按比例表示在同一个圆内，这个圆就是一个扇形统计图。例题显然选择了一个适合用扇形统计图表达的事件。完成后，学生也能够直观感知到，喜欢不同运动项目的人数占全班总人数的百分比的大小，表现在图中也就是相应扇形面积占整个圆的百分比大小。

教材紧接着编排的例 2，有助于更好地体现数据特征、表达意愿与统计图选择间的关系理解（如图 2.7.2 ）。

从教材两个例题的编排顺序可以看出，例 1 是对扇形统计图的认识，例 2 是三类

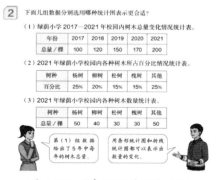

2 下面几组数据分别选用哪种统计图表示更合适？

（1）绿荫小学 2017～2021 年校园内树木总量变化情况统计表。

年份	2017	2018	2019	2020	2021
总量／棵	100	120	150	170	200

（2）2021 年绿荫小学校园内各种树木所占百分比情况统计表。

树种	杨树	柳树	松树	槐树	其他
百分比	25%	20%	15%	15%	25%

（3）2021 年绿荫小学校园内各种树木数量统计表。

树种	杨树	柳树	松树	槐树	其他
总量／棵	50	40	30	30	50

第（1）组数据给出了 5 年中每年的树木总量。

用条形统计图和折线统计图都可以表示出数量的变化。

图 2.7.2 "扇形统计图"例 2

统计图功能的辨析比较。从逻辑上来说，也是比较符合"教"的逻辑的。但这样的编排，从学的逻辑上需要我们思考：想要将所有的喜欢不同运动项目的人数占总量的百分之几这个结果，用统计图表示出来，学生会有怎样的表示方法？他们能不能想到表示在一个圆里？为什么类似于这样的各部分量占总量的百分之几的

结果用扇形统计图来表示比较合适？是否可以用条形统计图、折线统计图呢？

再则，还可以这样分析，当学生发现用条形统计图或折线统计图来表示"各部分量占总量的百分之几"并不合适，那么是否有必要去探索一种新的统计图来表示呢？这从学习心理的角度也是属于激发学生思考的问题，即"产生了认知冲突，需要其深入探究"。

二、学情前测与分析

带着以上问题，对学生进行了前测。测试对象是一所农村学校六年级一个班的 40 位学生。这些学生已经学习了第五单元"圆"中的"圆的认识""圆的周长"和"圆的面积"第一课时，尚未学习"扇形的认识"（图形是否认识对于制作有影响，对认识与感受关系影响不大），但已经完整学习了第六单元"百分数"，可以说，这部分学生已经基本具备"扇形统计图"的先前经验。前测内容定位三个维度：维度一，对数据调查意识的了解；维度二，对数据表达方式与表达能力的了解；维度三，对扇形统计图的了解程度的调查。

具体调查任务及其分析如下：

任务一：学校决定拨款 10000 元购置奖品，包括"学习用品类""益智玩具类""课外读物类"和"体育用品类"。你想怎样向学校反映同学们对这四类奖品的需求？

任务二：同学们最喜欢的奖品调查情况如下表。你能算出每种奖品最喜欢的人数各占被调查人数的百分之几吗？

表 2.7.1　学生最喜欢的奖品调查情况统计表

奖品	学习用品类	益智玩具类	课外读物类	体育用品类
人数	36	27	7	30
百分比				

请你用认为合适的方法表示出上述调查结果。

任务三：我们可以用右面这样的统计图来表示各部分数量与总量之间的关系。

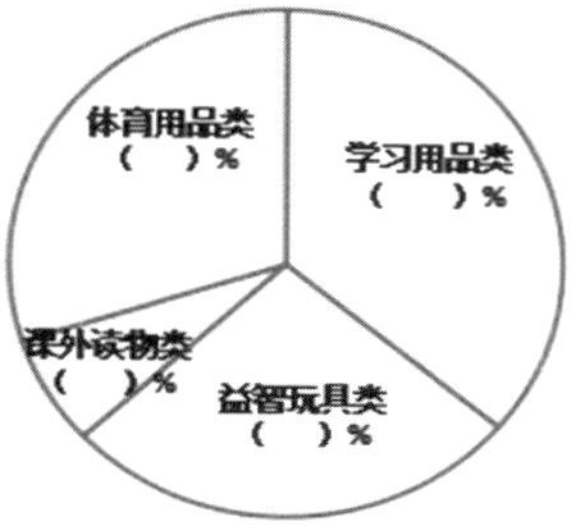

图 2.7.3 学生最喜欢的奖品的人数情况统计图

（1）根据任务二调查表中的信息，请把右面的统计图补充完整。

（2）右图中的整个圆表示什么？

（3）右图中各个扇形的大小与什么有关系？

（4）用这样的统计图有什么好处？

（5）根据上述调查情况，你能提出什么数学问题并解答？

【意图说明】

任务一意在了解学生对于"统计问题"是否能够通过统计的思维来解决。即是否有调查意识、数据收集与整理的意识，以及基于数据给出结论的意识；任务二意在了解学生能否想到使用合适的表达方式来表达量与量之间的关系，能否想到用扇形统计图或者类扇形统计图的方式来表达；任务三则是一个直接针对扇形统计图的认识水平的调查，了解学生对扇形统计图相关要素的感知水平。

以下就前测结果作些整理与分析。

任务一的前测数据解读与分析：调查结果显示，关于任务一的回答，40 位学生中，37 位学生都是在根据每类奖品的用途或个人喜好等提出个人建议，占被调查学生总数的 92.5%。如有学生答：益智玩具可以使同学们更聪明，可以打发时间且能动脑筋；体育用品类可以使同学们的身体更健康，体育成绩会更好等。只有 3 位学生想到了"可以用投票等方式"统计全校同学喜欢的奖品类别，根据投票结果决定每类奖品的购买情况。他们是这样说的：每班投票后，再把每班的票数统计起来；用投票的方法统计 3~6 年级同学们喜欢的奖品种类，并根据投票结果来购买。从此题的调查结果可以看出，学生对于"统计问题"需要通过"统计的方式"来解决的意识还是比较薄弱的，需要在后续学习中进一步加强。

任务二的前测数据解读与分析：调查结果如下表。

表 2.7.2　前测二调查结果统计表

类别		占比	示例
不会描述		25%	
文字描述		10%	
图表描述	数量条形统计图	27.5%	
	百分比条形统计图	7.5%	
	方格比例图	5%	
	扇形统计图	25%	

由上表数据可知，在调查的 40 位学生中，有 10% 的学生用文字描述调查

结果（喜欢学习用品类的学生最多，喜欢课外读物类的学生最少）。有 65% 的学生想到可以用统计图的形式来表达数据结果，说明这部分学生已经具备了用统计图来表达数据的意识。其中，有 27.5% 的学生根据调查表中的"喜欢各种奖品"的人数这一"数量"绘制成了"数量条形统计图"，有 5% 的学生则根据表中的"喜欢各种奖品"的人数所占百分数绘制了"百分比条形统计图"，说明上述学生十分明确可以借助条形统计图来直观表示数据的多少。

有 30% 的学生想到了将百分数作为统计量直接绘制成相应的统计图，且能够表示出部分与总量的关系，其中 25% 的学生绘制了类似的"扇形统计图"。通过访谈了解到，学生是在"书上看到过"或"在生活中碰到过"，继续问及怎么知道每个扇形的大小，有人说"不知道怎么确定每个扇形的大小"，有人说"百分数大的画大点，小的画小点"，有人说"最好能把圆平均分成 100 份，但我不会分"。如此看来，扇形统计图的雏形已经存在于这些学生的脑海中，只是对于其特点、作用以及每个扇形的含义等，学生还不是很清楚。

还有 5% 的学生绘制了"方格比例图"（把一个大正方形平均分成 100 份，分别用相应的份数表示各类奖品的占比情况），对这两位学生进行访谈，问及是怎么想到的，学生回答"在作业中做过这样的题目"，原来是联想到了"分数（百分数）的意义"。虽然这两位学生是受到作业的启发，但至少想到了这些部分量与总量"1"之间存在着关系。这种统计图，虽然不是扇形，但同样具有扇形的意义，是一种极具讨论价值的学习材料。

此外，还有 25% 的学生不能采用合适的方法表达数据，或者认为上述统计表已经很清楚，不需要再用其他方式进行呈现。事实上，在没有学习扇形统计图之前，学生想不到相应统计图的表达方式，实属正常。

任务三的前测数据解读与分析：教材并没有要求学生绘制"扇形统计图"，只需要了解其特点与作用，能读懂并获取与分析相关的信息即可，于是我们进行了任务三的调查。

表2.7.3　前测三调查情况分析表

题目	第1题	第2题	第3题	第4题	第5题		
					提问正确，解答正确	提问正确，解答错误	提问错误，解答错误
正确率	100%	37.5%	7.5%	2.5%	60%	30%	10%

如表2.7.3所示，第1题的正确率为100%。通过访谈了解到所有学生均用每类奖品的人数除以总人数得到结果，说明学生清楚地知道扇形统计图中每个扇形表示的意义，即"部分占总数的百分之几"，并会准确计算。

第2题的正确率为37.5%，其中有1位学生认为"整个圆"表示"单位1"，其他学生认为表示"参加调查的总人数"。第3题，7.5%的学生认为各个扇形的大小与"喜欢每类奖品的人数分别占总人数的百分之几"有关，67.5%的学生则认为是与"每类奖品喜欢的人数"有关。由此发现学生已经能够初步理解和感知扇形统计图及其各部分的含义，但教师还需在课堂上加强引导，帮助学生深入理解与辨析。

第4题的正确率为2.5%，仅有1人认为扇形统计图"可以轻易看出百分数和占的大小数值"，而50%的学生都觉得可以看出每类奖品喜欢人数的多少。这说明学生并不清楚扇形统计图的特点、优势和作用，这将是本节课的教学重难点之一。

第5题的正确率为60%，提问与解答均正确的大部分数学问题都是"一个数是另一个数的百分之几（几分之几）"，而提问正确解答错误的学生全部都是提问"一个量比另一个量多（少）百分之几"，其错误解答均是直接用两个百分数相减，因此，对于"单位1"的变化，以及"一个量比另一个量多（少）百分之几"与"一个量比另一个量多（少）占总量的百分之几"这两类问题还需要在后续的课堂与练习中进行对比研究。

总体来看前测结果，学生对于"统计问题"的感知与理解，还需通过学习进一步体会与理解；当以百分数呈现数据需要转换成统计图表达时，有超过一半的学生能够做一定的尝试，并且有将近三分之一的学生想到了"百分数"的意义是表示关系的，所以能够采用一种表达关系的"图"进行表征。当然，学生若有一个直观的图作支撑的话，那么其数据解读的状况会变得更好一些。这些发现，对后续作出相应的目标定位与实施教学均有很重要的价值。

三、目标定位与教学思路

基于以上教材内容的解读与学生情况的前测了解，在本节课学习之前，相对于条形统计图、折线统计图，学生对"扇形统计图"的经验较少，有些学生甚至毫无经验。但从前测结果又可以看出，大部分学生已经具备统计、分数、百分数等相关知识的学习经验，所以，直观认识扇形统计图显得并不困难。因此，本节内容的学习目标定位如下。

目标1：经历扇形统计图产生的过程，体会条形统计图、折线统计图与扇形统计图等各自表达数据的特点以及适用性，认识扇形统计图。

目标2：基于百分数知识的学习，结合生活实际问题，体会扇形统计图的结构特点及其应用价值，并在此过程中进一步深化理解百分数。

目标3：结合扇形统计图的完善过程，理解扇形统计图中相关数据的意义，并结合图中数据解决一些实际问题，在发展学生问题解决能力的过程中，进一步发展数据意识。

基于以上"扇形统计图"一节课的学习目标定位，拟采用"策略比对—价值比较—延展应用—内化建构"的学习路径，引导学生经历知识习得与经验建构的课堂学习过程。

环节一：策略比对。即在解决"家庭每月消费支出情况统计"这一真实问题时，引导学生对尝试解决后产生的方法策略进行比对，辨别在问题解答或过程解释中选取哪种表征方式更合适。

环节二：价值比较。课堂中，引导学生经历扇形统计图的生成过程，体会扇形统计图是在数据表达需求下应运而生的一种统计图，是一个重要的学习目标。过程中，需要理解各类统计方法的价值意义，同时更需要引导学生感受扇形统计图产生的必要性，体会扇形统计图在反映各部分数量与总量之间关系的优越性，从而结合真实问题的解决，认识扇形统计图的特点和作用。

环节三：延展应用。经历数据表达的直观过程，体会统计表、条形统计图和扇形统计图在数据表达之间的内在联系与区别，即以感受扇形统计图在数据表征上的优越性为线索，以数据分析为主要的手段，引导学生从统计图表中获取必要的信息，体会统计在现实生活中的作用。

环节四：内化建构。借助问题解决过程，建构扇形统计图，体会扇形统计图的特点，强化对百分数意义的理解，沟通扇形统计图与百分数之间的联系。

四、过程设计与实践简析

活动一：矛盾辨析，感受用"百分比"比较的必要性

学习扇形统计图之前，距离学生在五年级上学期学习"折线统计图"，已经过去了整整一年的时间，因此本节课伊始，教师既要有效创设情境引入扇形统计图，又要帮助学生在互动交流中回忆统计的相关知识。

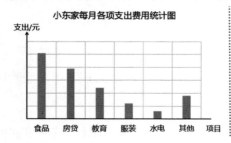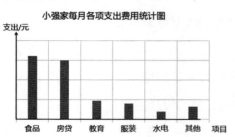

图 2.7.4 小东家、小强家每月各项支出费用统计图

课堂以"家庭每月费用支出情况"的话题引入，课件出示"小东家和小强家每月各项支出费用的条形统计图（缺少数据）"（如图2.7.4）。请学生观察这两幅条形统计图，发表自己的看法。在学生的回答中，顺势复习条形统计图相关的知识点，帮助学生回忆统计相关知识。

在学生的对比需求中，课件呈现数据完善的条形统计图（如图2.7.5），学生体会两张（或多张）条形统计图需要有"数据"的支撑才能进行对比分析。

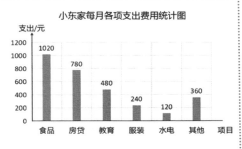 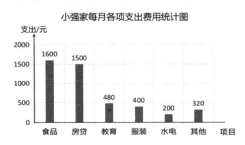

图 2.7.5 小东家、小强家每月各项支出费用统计图

请学生继续观察两张统计图，说说有哪些新的信息？学生发现两家每月的教育支出都是480元，教师顺势启发学生思考：你们看到了吗？小东家和小强家每月的教育支出都是480元，那他们两家对教育的投入是一样的吗？

生：一样的呀，因为都是480元。

生：可能不一样的，因为不知道他们参加了什么教育活动，要是参加的培训班不一样，那就不一样了。

师：哦，你是从他们教育支出的实际项目内容上考虑的，还有其他的想法吗？

生：我算了一下，他们两家每月支出的总数不同，要算出教育支出占总支出的百分比才能比较。

师：听得懂他的意思吗？

生：他的意思是要算出小东家和小强家每月各项费用支出的总数，再用480元除以这个数，看看谁大谁小。

生：我算了一下，小东家每月各项费用支出总共是3000元，小强家每月各项费用支出总共是 4500 元，所以，小东家在教育上的投入更多。

师：哦，原来我们要想比较谁家在教育上的投入更多，不是去比较教育具体支出了多少钱，而是要去比较教育占总支出的百分比。

在学生的矛盾辨析中，顺应需求，课件出示小东家每月各项支出费用情况统计表（如表 2.7.4），并请学生小组合作，分工计算各项支出占比情况。

表 2.7.4　小东家每月各项支出费用统计表

项目	食品	房贷	教育	服装	水电	其他	合计
支出 / 元	1020	780	480	240	120	360	3000
百分比							——

【实践简析】

在这一环节中，借助两家每月各项支出费用情况，帮助学生回忆统计、条形统计图、统计表等相关的知识，并通过两家教育支出均为 480 元这一信息，引发学生讨论两家对教育的投入情况。在矛盾辨析中，启发学生发现用百分数比较的必要性，也为后续扇形统计图的出现做好铺垫。

活动二：对比分析，感受"扇形统计图"的优越性

根据前测二结果显示，学生对于相关的数据能用自己的方式进行表达与呈现，而且"扇形统计图"的雏形已存在于大部分学生的脑海中。于是，直接请学生借助已有经验，想办法用统计图呈现各项支出在总支出中所占的百分比。学生独立尝试后，主要出现以下两种情况（如图 2.7.6）。

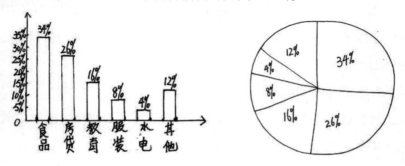

图 2.7.6　学生作品

请学生上台介绍自己绘制的统计图，教师相机引导"在统计学中，通常用扇形统计图表示各部分与整体之间的关系"，并借助电脑绘制扇形统计图（如图2.7.7）。请学生观察电脑生成的这张扇形统计图和我们同学绘制的有什么相同与不同的地方。结合学生的回答，逐步引导学生认识扇形统计图，了解其各部分的含义。

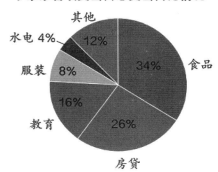

图 2.7.7 电脑绘制的扇形统计图

接着，课件出示"小东家每月各项支出占比情况"条形统计图（如图2.7.8左），引导学生思考哪张统计图表示各项支出占总支出的百分比情况更合适，请学生发表自己的看法。教师顺势在课件中隐去两张统计图中的数据（如图2.7.8右），再请学生说说自己的想法。

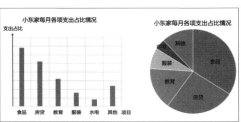

图 2.7.8 小东家每月各项支出占比情况条形和扇形统计图

此处借助对比分析条形统计图和扇形统计图，通过数据从有到无，学生深刻体会扇形统计图"不仅可以直接看出各个部分之间的关系，还能清楚看出各个部分与整体之间的关系""哪个扇形的面积越大，说明哪项支出占总支出的百分比就越大""扇形面积大小由对应的圆心角决定"。

此时，学生对扇形统计图已建立初步感知，课件再出示小强家各项支出费用统计表（如图2.7.9），请学生根据表中的信息完善扇形统计图。

之后隐去统计表，请学生观察扇形统计图，说说得到了哪些信息，又能提出什么数学问题。在学生的回答中，重点对比解决"求一个量比另一个量多（少）百分之几"和"求一个量比另一个量多（少）占总量的百分之几"这两个数学问题。

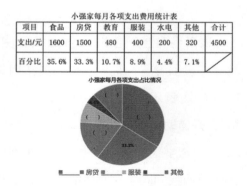

小强家每月各项支出费用统计表

项目	食品	房贷	教育	服装	水电	其他	合计
支出/元	1600	1500	480	400	200	320	4500
百分比	35.6%	33.3%	10.7%	8.9%	4.4%	7.1%	

图 2.7.9 小强家每月各项支出费用统计表

课件出示小东家和小强家每月各项支出占比情况统计图，请学生对比小东家和小强家的这两幅扇形统计图（如图 2.7.10 上面两幅），说说从中发现的信息或对扇形统计图的认识。在学生的表达中，顺势隐去其中的数据（图 2.7.10 下面两幅），请学生发表自己的想法，再次感受扇形统计图在表示各部分量与总量的关系的优越性。

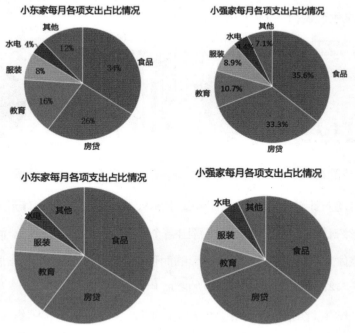

图 2.7.10 小东家、小强家每月各项支出占比情况扇形统计图

最后，聚焦两个家庭"教育"支出情况分别在统计表、条形统计图、扇形统计图中的呈现，学生发现在统计表中可以看出两家的教育支出都是480元，需要计算出总支出才能比较他们对教育的投入程度；在条形统计图中，也是一样的，而且一旦条形统计图中缺少数据，二者就不能进行对比；而在扇形统计图中，能够清楚地看出教育占总支出的百分比情况，也就能直接比较，如果知道了两家的总支出费用，还能计算出具体支出的费用等。由此，学生深刻体会不同统计图表的特点和作用，并明确需要根据不同的调查情况或数据形式，选择不同的统计图表进行表示。

【实践简析】

在这一活动中，借助四次对比，帮助学生了解不同的统计图表在表达数据时的联系与区别，深刻感受扇形统计图在表示"部分与整体之间的关系"时的优越性，体会扇形统计图的特点与作用。

活动三：实例解析，感受"扇形统计图"的广泛应用

统计在生活中广泛应用，扇形统计图亦是如此。教师引导学生思考，我们用扇形统计图表示了家庭各项支出占比情况，想一想生活中还有哪些统计也适合用扇形统计图来表示呢？请学生发表自己的看法。

练习1：空气主要成分的体积所占百分比情况如右图（图2.7.11）。

（1）100L空气中含有多少升氧气？

（2）估计一下，教室内大约有多少升氧气？

提示：在不通风的室内或汽车里待的时间长了会头晕甚至窒息，要注意通风换气哟！

练习2：我国陆地领土面积约960万平方米，各种地形所占百分比如右图（图2.7.12）。

（1）计算出各种地形的面积，填入下表。

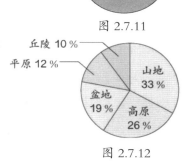

图 2.7.11

图 2.7.12

199

地形	山地	高原	盆地	平原	丘陵
面积 / 万平方千米					

（2）根据这些信息，你能提出什么数学问题，试着解答一下。

【实践简析】

通过两道练习，帮助学生巩固对扇形统计图的认识，引导学生在扇形统计图中提取信息，并解决问题。教师通过课件出示"空气主要成分的体积所占百分比统计图"，给学生以强烈刺激，使之感受扇形统计图优越性的同时，了解通风换气的科学常识。再介绍"我国各种地形所占百分比统计图"，让学生了解我国国情，渗透地理知识，并引导学生提出问题、解决问题，提高学生的问题解决能力。

五、测评题命制与说明

关于扇形统计图的学习，有着"统计图"的特定内容的要求，比如说数据收集、整理与表达等，还有一个重要的点则是与统计量"百分数"之间的关联性学习。因此，在这块内容的测评中，需要融合这些内容进行评测，了解学生对这个知识内容的学习水平。有研究者认为，"扇形统计图"的学习定位，可以分为"知识技能""数学思考"和"问题解决"三个水平要求，其中，"知识水平"要求学生认识扇形统计图，理解扇形统计图表达数据的方式和方法，理解扇形统计图中每个百分数的意义，掌握扇形统计图的特点；"技能水平"要求学生能正确地解读和表达扇形统计图中的信息，能列式计算相关的数据；"思维与方法水平"要求学生能根据扇形统计图中的信息作出判断，进行描述、联想或推测，能根据信息提出问题；"综合应用水平"要求学生能根据扇形统计图中的信息，灵活运用分数、百分数等知识解决有关实际问题，能应用扇形统计图或数据得出结论或表达观点。[①]

借鉴上述思考，我们从"数据"出发，设计"描述数据""表征数据""解析数据"三个水平层次的测评题，以检验学生数据分析能力。

水平一：描述数据，即能够读懂扇形统计图，准确提取信息。

例题1：我国各类地形占国土陆地总面积的百分比如下图。

（1）这是（ ）统计图，用整个圆表示（   ），用圆内的各个（   ）的大小来表示各种地形占我国陆地领土面积的百分比。

（2）从统计图中可以看出，我国陆地地形中（   ）的面积最大，占（   ）%；（   ）的面积最小，占（   ）%。

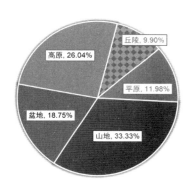

（3）跟其他学过的统计图相比，你认为这个统计图的优点是（   ）。

【意图说明】

这是一道基础题，目的是测查学生对扇形统计图的认识与理解水平。此题借助"我国各种地形所占百分比情况"统计图，帮助学生了解我国国情的同时，考查学生是否会判断这是什么统计图，理解扇形统计图的意义，能正确地读出图中百分数表示的含义。由于学生在四、五年级时，分别学习了条形统计图和折线统计图，所以第三小题设计要求学生回顾之前学过的统计图，回忆每个统计图的特点和作用，分析扇形统计图的优点，考查学生的综合分析能力。

水平二：表征数据，即能够将扇形统计图中的数据补充完整，能根据图表正确计算数值。

例题2：浙江省地质复杂，素有"七山一水二分田"的美称。

---

① . 平国强 . 小学数学教学研究与评价 [M]. 文汇出版社，第109页。

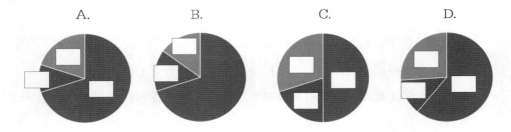

A.   B.   C.   D.

（1）上述四幅扇形统计图中，能正确反映浙江省地形地貌的是（ ）。

（2）在上述正确的扇形统计图中标出地形名称和百分比。

（3）如果浙江省的总面积为 10.55 万平方千米，那么浙江田地面积共有多少？

（4）你还能从此扇形统计图中得到哪些信息？

【意图说明】

此题考查学生是否明确扇形统计图中各个扇形的含义，会根据题意估计（或准确判断）每个扇形占整个圆的百分比情况。由于学生在此之前已经学习分数、百分数的解决问题，所以第三小题设计"求一个数的百分之几是多少"的问题，要求学生从扇形统计图中准确提取信息并解答。最后第四问请学生说说还能从扇形统计图中得到哪些信息，可能会出现以下三种不同的情况：

情况一：数据本身的读取，即直接从扇形统计图中读取数据，比如"浙江山地面积占70%""浙江水域面积占10%"等。

情况二：数据之间关系的读取，即从扇形统计图中选取两个数据后做比较，比如"浙江山地面积比水域面积多占总面积的60%""浙江水域面积比田地面积少50%"（少一半）等。

情况三：超越数据本身的读取，即通过扇形统计图中所反映的数据信息，作出推断预测，比如"浙江田地面积远远少于山地面积，要充分利用田地种植农作物"等。

水平三：解析数据，即能够根据扇形统计图中所提供的信息推断结论、得出结果。

例题3：对比下面两个扇形统计图，你有什么发现?

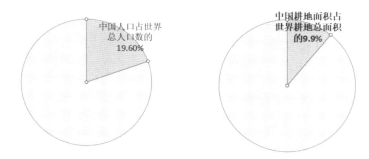

中国人口占世界
总人口数的
19.60%

中国耕地面积占
世界耕地总面积
的9.9%

【 意图说明 】

这是一道较为开放的习题，左边的扇形统计图是把世界人口总数看作单位"1"，平均分成100份，用较小的扇形表示中国的人口数占世界人口总数的19.6%；而右图是把世界耕地总面积看作单位"1"，平均分成100份，较小的扇形表示中国耕地面积占世界耕地总面积的9.9%。讨论交流时，学生可能简单地关注了这样的信息，单一地提取数据。

数据分析观念较强的学生则会对比两幅扇形统计图，发现我国人口众多，但耕地资源比较缺乏，用占世界总量9.9%的耕地解决了占世界人口总数19.6%的人口的吃饭问题，感叹这一了不起的成就之时也引发新的思考。

例题4：下面三张是王大伯家收入情况统计图。

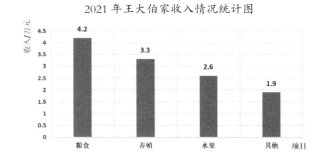

2021年王大伯家收入情况统计图

2021年王大伯家收入情况统计图

其他收入
16%
粮食收入
35%
水果收入
22%
养殖收入
27%

要求：根据下面的问题选择相应的统计图，并说明理由。

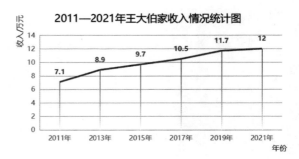

（1）2021年王大伯家的哪项收入最多，哪项收入最少？各占年收入的百分之几？

（2）2021年王大伯家的各项收入分别是多少万元？

（3）2011—2021年，哪两年间王大伯家的收入增长最多？

（4）2021年王大伯家的年收入比2011年增长了百分之几？

【意图说明】

这是一道将学生小学阶段学习的三种统计图（条形统计图、折线统计图、扇形统计图）整合在一起分析的习题，主要考查学生对这三种统计图的特点、作用及其之间关系的了解。学生在解决问题的过程中，需要仔细观察三种统计图，根据问题信息，选择合适的统计图进行分析与解答。

第四章

统计量

从"内容领域"来看，"统计量"与"统计表""统计图"的功能类似，均属于数据收集、整理与表达的一种方式。

【"课标"表达】

"数据的收集、整理与表达"，包括数据的收集，用统计图表、平均数、百分数表达数据。在学习过程中，让学生初步感受现实生活中存在大量数据，其中蕴含着有价值的信息，利用统计图表和统计量可以呈现和刻画这些信息，形成初步的数据意识。

【内容要求】

第二学段，探索平均数的意义，能解决有关的简单实际问题；能在简单的实际情境中，合理应用统计图表和平均数，形成初步的数据意识和应用意识。

第三学段，结合具体情境，探索百分数的意义，能解决与百分数有关的简单实际问题，感受百分数的统计意义；在简单的实际情境中，应用统计图表或百分数，形成数据意识和初步的应用意识。

【学业要求】

第二学段，知道用平均数可以刻画一组数据的集中趋势，知道平均数的统计意义；知道平均数是介于最大数和最小数之间的数，能描述平均数的含义；能用平均数解决有关的简单实际问题，形成初步的数据意识和应用意识。

第三学段，能在真实情境中理解百分数的统计意义，解决与百分数有关的简单问题。能在认识及应用统计图表和百分数的过程中，形成数据意识，发展应用意识。

【课例实践】

"平均数"教学研究

"百分数"教学研究

课例八："平均数"教学研究 *

一、内容解读

小学阶段"统计与概率"的学习，除了统计数据收集与整理、统计表和统计图之外，还有一项重要内容就是统计量。所谓统计量是指统计理论中用来对数据进行分析、检验的量，主要用于描述样本的某方面的概括性特征。而"平均数"就是小学段主要涉及的一个统计量。统计量的教学有两个内容：一是描述统计，二是推断统计。[①] 对平均数而言，在描述和推断中都有重要作用。平

---

　* 本课例由浙江省海宁市南苑小学于飞老师执教实践课，并作研究材料的整理。

　① 赵焕光，章勤琼，王迪. 真理相遇统计 [M]. 北京：科学出版社，2015:7-8.

均数在描述统计中的重要作用，就是以一个数据代表一个群体的数据，体现的是集中趋势的分析；推断作用，比如平均寿命也就是寿命预期，更多体现的是其推断预期的功能。由于推断统计相比较而言难度更大，因此小学阶段初次接触统计量主要应体现描述性功能更为恰当。统计量的描述性功能主要体现在"代表"上，即以一个数据描述一个群体的整体水平。而学生对平均数的理解，一般分为三个水平层次：算法水平、概念水平和统计水平。[①]

从《"课程标准"（2022 年版）》的内容编排来看，"平均数"内容的学习安排在第二学段。"人教版"教材和"北师大版"教材等国内两套使用面较广的课程标准实验教材，前期均把"平均数"的学习安排在第二学段的四年级下册，表明需要学生在"统计"知识的学习有了一定的经验基础后再来接触"统计量"的学习，较为合适。接下来，我们仍然以"人教版"教材为例，对"平均数"内容的编排进行解读与分析（教材图如下）。

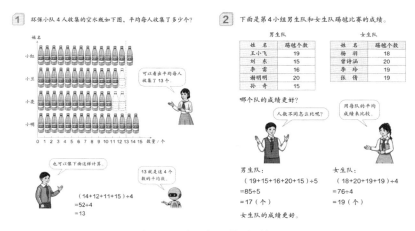

图 2.8.1 "人教版"教材图

1. 源于实际生活的素材

教材中选取的素材，无论是例题 1 的"收集空瓶"和例题 2 的"踢毽子比

---

① 刘加霞 . "平均数"的本质及小学生理解水平解析 [J]. 湖北教育 ,2021(2):36-38.

赛"，还是练习中的一周气温、一周 5 天的上学用时等，均选取贴近学生生活实际的素材，有利于学生在解决问题的过程中，感受平均数的统计意义。

2. 重视算法水平的教学

平均数的算法主要有"移多补少"和"总数除以份数"两种方法。例题 1 的编排首先利用坐标轴呈现数据，并且利用虚线，引导学生通过"移多补少"的方法，获得平均数是多少，再出示完整的求平均数的计算方法。而例题 2 关于平均数的得数则是呈现了完整的计算方法。表明"人教版"教材特别注重平均数算法的教学，通过图例、完整的算式呈现平均数得出的过程。

3. 关注平均数的代表性

教材在编排例题 2 时，通过讨论评价的标准，发现当两队人数不同时，仍旧采用总数进行评价，缺乏合理性，改用平均数则可以客观反映出这两组数据各自的整体水平，也就可以进行成绩的比较了。与例题 1 的提问"平均是多少个"相比，例题 2 采用"代表"的概念，更接近统计量的意义，也更利于学生体验统计量的统计意义。

通过上述关于"平均数"这一统计量的内容解读，我们认为"平均数"的教学可以创设真实情境，引导学生经历简单的数据收集和整理、分析和评价过程，用数学的语言表达数据蕴含的信息，初步体会平均数的统计意义，形成初步的数据意识。

二、学情前测与分析

学生在学习平均数之前，关于统计的内容，已经在第一学段学习了"分类与整理"和"数据收集整理"，第二学段学习"复式统计表"和"（单式）条形统计图"，并且已经积累了大量的"总数除以份数"这一除法运算的运算经验。那么，学生学习平均数，难点在哪里呢？我们进行了前测。

前测内容设计如下。

例题 1：阳光小队的 4 位少先队员收集矿泉水瓶。小红收集了 14 个瓶子，小兰收集了 12 个，小亮收集了 11 个，小明收集了 15 个。这 4 个人平均每人收集了（　）个瓶子。

注：你是如何得出答案的？把你的方法（想法）写下来。

此题测试目的在于了解：（1）学生是否已经会用"总数除以份数"来求出一组数据的平均数？即第一课时教学是否可以弱化计算？（2）求出一组数据的平均数，除了计算外，是否能想到"移多补少"？

例题 2：一次踢毽子比赛中，以下是男生队和女生队的成绩。

<table>
<tr><td colspan="2" align="center">男生队</td></tr>
<tr><td align="center">姓　名</td><td align="center">踢毽子个数</td></tr>
<tr><td align="center">王小飞</td><td align="center">19</td></tr>
<tr><td align="center">刘　东</td><td align="center">15</td></tr>
<tr><td align="center">李　雷</td><td align="center">16</td></tr>
<tr><td align="center">谢明明</td><td align="center">20</td></tr>
<tr><td align="center">孙　奇</td><td align="center">15</td></tr>
</table>

<table>
<tr><td colspan="2" align="center">女生队</td></tr>
<tr><td align="center">姓　名</td><td align="center">踢毽子个数</td></tr>
<tr><td align="center">杨　羽</td><td align="center">18</td></tr>
<tr><td align="center">曾诗涵</td><td align="center">20</td></tr>
<tr><td align="center">李　玲</td><td align="center">19</td></tr>
<tr><td align="center">张　倩</td><td align="center">19</td></tr>
</table>

问题：两个队伍的成绩可以进行比较吗？

若可以比较，则哪个队成绩好？说明理由。

若不能比较，也请说明不能比较的理由。

此题测试目的是：了解学生是否理解平均数的代表性和必要性。虽然两队比较的人数不同，但根据平均数代表一组数据的整体水平的特点，就可以利用平均数进行成绩比较。

前测结果分析——

结论一：学生的算法水平基础强。

我们针对本校还未学习平均数的 1—4 班，共 186 位学生，做了前测题 1 的调查。测试结果如下表（表 2.8.1）：

表 2.8.1　前测题 1 结果统计表

	方法正确	结果正确
正确率	95.7%（移多补少占 13.4%）	90.3%

结果显示，学生虽然没有系统学习平均数，但已经有超过 90% 的学生能正确计算得到平均数，并且绝大部分学生采用的方法是"总数除以份数"的方法，这表明学生关于平均数的算法水平已经有较强的基础和能力了。而采用"移多补少"方法的学生人数仅占 13.4%。我们访谈了部分学生，他们有想到"移多补少"，但不知道用文字如何清楚表述。"总数除以份数"的方法结构简单，最容易想到，所以更多的学生喜欢用计算的方法。另外，"移多补少"又因为数据之间需要相互关联，有一定局限性，所以采用的学生少。

通过前测数据可知，平均数的教学可以适当弱化计算技能，对于"移多补少"甚至可以不专门作为计算平均数方法进行介绍和教学，而是将其作为理解平均数意义的直观演示手段，从而使学生能更好地理解平均数的意义和统计意义。

结论二：学生对平均数的必要性和代表性的理解比较弱。

虽然学生已经有较强的计算能力，且在生活中已经接触过有关平均数的知识，但这是否表示学生会主动用平均数来代表一组数据的整体水平，能理解平均数的代表性了呢？带着这样的思考，我们对本校 5–8 班，共 185 位学生进行了前测，前测题是例题 2 的内容（对问题稍作改编）。测试结果如下表（表 2.8.2）：

表 2.8.2　前测题 2 结果统计表

	不能比较成绩	能比较成绩
比例	74%	26%
说明	因为人数不同，女生人数少，总成绩肯定要差。	其中的 15% 认为能比较，是比较总成绩，男生大于女生（不合理）。只有 11% 的学生认为能比较，是采用平均数作为标准比较，女生成绩好。

结果显示，当两个队伍人数不同时，有高达 74% 的学生认为成绩不能比较，因为人数不同，总个数也不同；也有 15% 的学生认为可以比较，是总个数多的男生队成绩好。从以上数据可以看出，学生对平均数的"代表性"意义感受不强，即平均数可以代表一组数据的整体水平，用这个"整体水平"就可以进行互相比较，学生对此并不清楚。若想对平均数的意义的理解达到统计水平，需要理解平均数的"代表性"意义的两个方面：平均数与某个数据（可以是原始数据中的某一个）对比，感受其合理性；知道什么时候用平均数做判断、做预测的结论更"好"。[①] 显然，从前测可知，学生对平均数统计意义的理解是薄弱的。

通过前测数据可知，什么情形下可以用平均数代表一组数据的整体水平，学生体验感受不强。这也成为本节课的教学重点，教学中可以引导学生在熟悉的情景中理解平均数所具有的代表性。

三、目标定位与教学思路

基于以上教材和学情分析，希望学生通过本节课的学习，在以下三个方面有所收获：

一是基于真实情境和数据，让学生充分经历数据搜集、整理、分析、评价等过程，深刻体会和理解平均数产生的意义和代表性，感受平均数的统计意义。

二是理解平均数可以代表一组数据的整体水平，它所反映的是一组数据的集中趋势，理解平均数虚拟性、敏感性、随机性等特点，理解平均数的意义。

三是能对生活中的统计数据进行简单分析，感受数据蕴含的信息，初步培养学生的统计意识和数据分析意识。

本课教学中将采用三个主要环节，实现平均数概念、统计意义和数据意识

---

① 刘加霞 . "平均数"的本质及小学生理解水平解析 [J]. 湖北教育 ,2021(2):36−38.

的培养目标。

环节一：感受引入平均数的必要性，经历统计过程。引入环节采用真实的贴近学生实际的生活情境——评价一名同龄学生身高的高矮。引导学生充分交流，明晰可以将其与一个班级的平均身高或者是年级平均身高，甚至是全国同龄人的平均身高比一比，这样可以客观合理地评价一个人身高的高矮。在此过程中，学生会经历数据的产生、收集、整理、分析、评价过程，进一步感受平均数的统计意义。

环节二：整体把握平均数教学，感受平均数特点。感受平均数的必要性、代表性、趋中性、虚拟性、敏感性、随机性等特点，是学生理解平均数的重要学习内容。教学时，可借鉴教材例题 2 的题目类型，在 5 位男生与 4 位女生比较身高的情境中，明晰平均数的代表性，再通过增加 1 位女生，判断两队成绩，进而理解平均数的虚拟性、敏感性、随机性等特点。

环节三：联系生活实际，形成初步的数据意识。为引导学生更好地感悟数据的意义，教学时所采用的情境和数据都是应该真实的。因为教材中的收集空水瓶和踢毽子，情境与现在的学生有一定的距离感。因此本课教学可引用班级男女生的身高数据，且出示学生姓名，课前由教师实际测量，数据源于学生自己，然后学生通过数据的整理、分析、评价，感受平均数的统计意义，进而形成数据意识。练习环节，呈现的主持人大赛评分等情境数据，都是源于真实的生活情境，统计过程是为解决真实问题服务，而不是自己编造的"假统计"。无疑，这样教学"平均数"才更符合统计的本质，也更有价值。

四、过程设计与实践简析

（一）真实情境引入，感受平均数的必要性

平均数虽然在生活中广泛运用，学生也会时常接触到，但对什么情况下可以用平均数作为标准，来"代表"这组数据的整体水平，或者说作为一个更合理客观的描述标准，学生是陌生的。所以平均数的教学，首先需要建立起"代表"的意识，理解平均数是描述数据整体集中水平的良好代表量。[①] 培养学生主动运用平均数，解决实际问题，感受引入平均数的必要性。

【教学片断1】

师：最近四年级男生聪聪很烦恼（出示图2.8.2），因为有人说他长得高，有人说他长得矮，他到底是高还是矮？你认为呢？

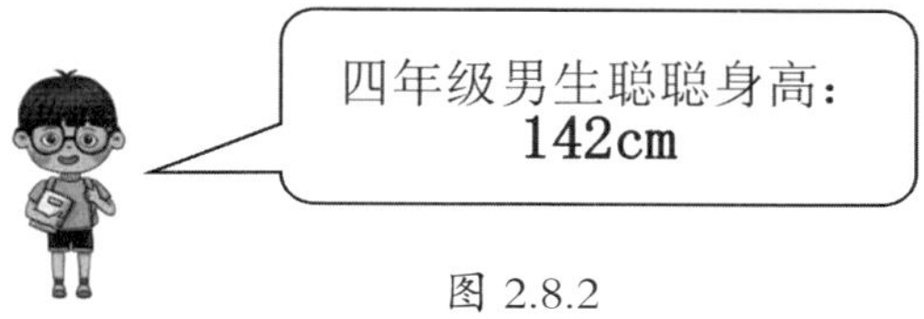

四年级男生聪聪身高：
142cm

图 2.8.2

生：我觉得聪聪是矮的，因为我有146cm。

生：聪聪跟我们班高的同学比，他肯定是矮，但他跟矮的同学比，又是高的。

……

师：同学们的方法都是将聪聪跟自己比，或者跟班里最高的或最矮的比，你们觉得合理吗？

生：不合理，不能只和一个人比，如果跟最高的比，聪聪肯定算矮的，应该要和班里所有同学比。

师：跟班里所有同学比一比，来评价聪聪高矮，很有想法。这一评价标准，谁能清晰地说给大家听一听？

生：我认为聪聪应该跟班里男生的平均身高比，然后评价他高矮，是最合理的标准。

师：能听明白他的意思吗？

生：他的意思是不能和一个人比，聪聪要跟我们班男生的平均身高比，才是合理的。

---

① 章勤琼. 计算平均成绩是否合适——小学阶段统计量教学的一些思考 [J]. 教学月刊，2020(1-2)95-97.

【实践简析】

知道什么时候可以用平均数做判断，做出的预测结论更"好"，这是判断学生理解平均数统计意义的重要标准。因此，以评价聪聪身高高矮情境导入新课。从学生的回答看，确实有很多学生将聪聪的身高与一个学生的身高比较来评价高矮。也就是确实很有必要引领学生感受平均数的必要性和代表性。

（二）经历统计过程，理解平均数的统计意义

统计意义的感受、理解，需要学生充分经历数据的产生、收集、整理、分析、评价等过程。过程中的所有数据，都是源于教学班级中的真实数据，学生有统计的驱动力，而不是为了"配合"教学，经历"假统计"。

1. 经历数据收集过程

【教学片断2】

师：采用与平均身高比较的方法，我们要做哪些事？

生：先要知道我们班每个人的身高。

师：收集数据是首要任务。男生都知道自己的身高吗？

生：我是138cm、147cm、140cm……

师：前天，我向体育老师要来了本学期我们同学的身高数据。

教师出示全班男生身高（图2.8.3）

【实践简析】

平均数具有统计意义，那首先应该让学生经历数据的产生和收集过程，让学生体会

姓名	性别	身高 /cm
陆陈毅	男	143
黄哲浩	男	131
李若一	男	143
许毅辰	男	146
黄星易	男	143
郭胤与	男	140
蒋荣羽	男	132
吴晟诺	男	150
梁振宇	男	136
许王浩	男	149
褚浩洋	男	135
王臻轩	男	134
吴启硕	男	144
顾明义	男	141
宋佳俊	男	143
范丁一	男	148
袁弋阳	男	133
吴振宇	男	139
许昕怀	男	142
范子轩	男	146
丁传羽	男	140
顾静楷	男	139
解安迪	男	144
胡浩轩	男	134
虞君逸	男	148

图 2.8.3

到平均数的得出跟每个人都有关系。这一过程，往往被老师忽视，学生感受不

到数据的真实性，会质疑数据是老师人为设置的"假数据"。

2. 经历数据分析与评价过程

【教学片断 3】

师：有了数据后，怎么处理？

生：把男生的身高全部加起来，再除以男生人数，就是男生平均身高。

师：能理解这个方法吗？这么多数据，老师用计算器来帮忙，总数 3524cm ÷ 人数 25 人 =140.97cm。请问：140.97 代表什么意思？

生：代表了我们班男生的平均身高。

生：代表我们班男生身高的整体水平，可以用这个数据评价我们班一个男生的高矮。

师：说得太棒了，140.97cm 就是我们班男生身高的整体水平，以这个为标准评价我们班男生身高高矮更加合理。那聪聪 142cm，就是？

生：偏高。

师：聪聪在我们班是中等偏高一点。那是不是可以跟聪聪说：别担心，你身高还不错？

生：是不用担心，因为他比我们班平均身高要高。

生：我觉得虽然聪聪比我们班平均身高高，但和四年级其他班级比不一定就是高。

师：他的意思你们能听懂吗？

生：就是四年级 8 个班平均身高会不一样，有些班级要高，所以应该和整个四年级男生的平均身高比。

课件出示：四年级男生平均身高：141.75cm。

师：现在你们觉得聪聪的身高是？

生：中等水平，因为只比年级平均高了一点点，0.25cm。

师：现在你觉得可以客观评价聪聪的身高了吗？

生：聪聪在我们学校四年级男生里面身高还不错，但在别的学校就不知道了。

生：如果能和全国的四年级学生比一比，就更好了。

课件出示：全国青少年标准身高对照表。四年级（10 周岁），男生标准身高是 140.2cm，对照自己的身高，超过标准身高的请举手。

师：那聪聪呢？可以说他是：偏高。

师：看来要作出合理客观的评价，选取的比较标准很重要。你们知道全国平均身高这个数据，是怎么统计来的？

生：全国所有学校统计出来的。

生：我觉得是一个地方抽一所学校，比如海宁就派我们学校。

师：你们都很有想法，一个地方派一所学校的观点是最接近国家统计的方法，它就是各个省市区抽样，选取一部分学生，这样既减轻了工作量，也能较客观地反映全国四年级男生的平均身高。

【实践简析】

充分让学生解读平均数代表的含义，数据蕴含的信息，感受平均数的统计意义。特别是让学生感受随着样本数据的不断变大，从班级到年级，再到全国同龄人，评价更加客观合理。同时让学生猜测全国数据是如何采集的，培养学生的统计意识和数据意识。

（三）整体把握教学，认识平均数的特点

认识平均数的各个特点，需要在具体真实的情境中体验感受。教学中，让学生体验和知道平均数代表了一组数据的整体水平，这个数据处在最高值与最低值之间，它可以是一组数据中没有出现过的并不存在的数。并且平均数的高低，不能代表一组数中个体的高低，但一组数当中的每个数都影响着平均数的高低，体现了平均数的敏感性。

1. 认识虚拟性

【教学片断4】

师：知道了全班男生平均身高是140.97cm。老师选取了其中5位男生（出示下列数据），他们的平均身高也是140.97cm？

A:141cm　　B:136cm　　C:139cm　　D:140cm　　E:144cm

生：不大会，这五个人的平均身高是5个数相加除以5。

师：你们觉得平均身高有144cm吗？会是136cm吗？

生：不可能是144cm，因为五个人最高是144cm，平均数肯定比144cm小，但也肯定超过136cm，平均数肯定比最小的大。

师：你的意思是平均数是处于这组数据的最大值与最小值之间。求5个人的平均身高除了用总数除以5之外，观察这些数据，还有其他巧妙方法吗？

生：可以把高的给矮的，144cm给136cm4cm，都是140cm，141cm给139cm1cm，都是140cm了。

师：你们能听懂吗？

学生解释方法，课件呈现柱状直观图，演示移多补少的过程。

师：平均数是140，D同学也是140，这两个140一样吗？

生：不一样，D同学140cm只表示他自己的身高，而平均身高140cm表示这5个人的整体水平。

2. 感受代表性

【教学片断5】

师：知道了这5位男生的平均身高，现在派了班里4位女生跟这5位男生进行身高PK，两队的身高可以进行比较吗？说说你的理由。

课件出示：① 138cm ② 144cm ③ 140cm ④ 134cm

生：不可以，因为人数不同，对女生不公平。

生：比总数当然是不公平，但如果比他们的平均数，是可以比较的。

师：你们觉得人数不同时，可以用平均数作为标准进行比较吗？

生：可以比，不然难道两个班人数差1人，班级整体水平就比不了？

生：我认为可以，因为平均数可以代表他们队伍的整体水平，平均数越高，整体水平就越高。这4位女生的平均身高是139cm，所以整体水平比男生低1cm。

师：是不是就说明所有女生都比男生矮呢？

生：不是，女生最高有144cm，她就比4位男生都要高。

小结：平均数表示的是一组数据的整体水平，但整体水平高不代表每个个体都高。

【实践简析】

学生充分表达、理解平均数是介于最大值与最小值之间的数，这个数可以是数据中不存在的一个虚拟的数。即使与这组数据中的数大小相同，但是表达的意思是完全不同的，从而体会平均数的特点。再者，引入4位女生与5位男生比较身高，感受平均数的代表性作用。

3. 感受敏感性

【教学片断6】

师：4位女生PK输了，如果女生增加1人，对原来的平均身高产生影响吗？

生：可能增高，也可能变矮。

师：能说得更具体点吗？增加的女生，身高多少以上，平均数会增高？

生：只要超过139cm，平均身高就会增加。但如果比139cm低，那就会拉低平均身高。

师：那第5位女生身高超过多少，女生平均身高就超过男生了？

生：超过144cm，女生平均身高就超过140cm了。因为144cm拿出4cm给4位女生，那么原本的139cm就提高到140cm了。她只要再多一点，整体就超过140cm男生水平了。

218

课件动态演示，第 5 位女生的身高对女生队伍整体的影响。

小结：看来平均数的大小和这组数据中的每一个数都有关系。

【实践简析】

引入第 5 位女生，体会每个数据对平均数的影响，感受平均数的敏感性。如果加入的数据与平均数相差较大则对平均数的影响大，敏感性高。其中第 5 位女生身高超过多少，女生比男生队高，这一过程是对学生统计能力和数据意识的检验，数据意识强的学生能够很快利用移多补少的方法，得出结果。

（四）解读数据蕴含的意义，培养数据意识

解读数据背后蕴含的信息，形成数据意识，是平均数学习的难点。教学中，教师引用生活实例，让学生充分解读为什么有些比赛要去掉极端数据再比较平均分，这样会更加合理。这样的教学环节，更贴近实际，教师要充分给予学生表达的机会。

【教学片断 7】

师：同学们今天学习了平均数，生活中你有遇见过平均数吗？

生：比如单元练习我们班的平均分是多少，可以和别的班比一比。

生：比如我们国家城镇人口的人均收入，农村人口的人均收入。

生：房子的平均单价是多少。

……

师：平均数在生活中有着广泛运用。比如在一场 CCTV 央视主持人大赛中，评委的打分。（出示图 2.8.4）

师：你能看懂加粗标注的成绩吗？

生：99 是最高分，94.5 是最低分。

专业评审团评分								
文艺类 尹颂								
1	邵京京	97.0	7	王璐	95.0	13	俞虹	96.5
2	王文昌	96.5	8	丁勇	98.5	14	敬一丹	97.5
3	陈临春	99.0	9	秦新民	95.0	15	鲁健	96.0
4	赵赫	98.0	10	刘欣	95.5	16	李洪岩	98.0
5	许强	95.0	11	高博	97.0	17	王冠	94.5
6	王广令	98.5	12	朱迅	98.5			

图 2.8.4

师：但本次大赛的评分标准是——课件出示：去掉一个最高分，去掉一个最低分，计算 15 位评委的平均得分。你知道为什么要这样制定规则？

生：因为如果有一位评委打分特别低，那么这位选手的平均分会因为这一位评委而降低很多，这个分数就不太合理了。

师：那为什么要去掉最高分？

生：如果有人打分比另外评委都要高很多，那平均分就会因为这个评委而提高很多。

教师小结。

【实践简析】

让学生说一说生活中的平均数，引发学生对平均数适用场景的认识和理解。教学中引用主持人大赛，情境、数据和规则具有真实性，通过学生的讨论和交流，理解为什么要去掉最高分和最低分，从而理解平均数容易受极端数据影响的特点。这样的理解，就是对统计意义高水平的理解，能够读出数据蕴含的信息，有较强的数据意识。

五、测评题命制与说明

命制"平均数"学习内容的测评题时，我们需要重点思考三个问题。

问题 1：平均数的算法水平学生已经掌握到什么程度？

问题 2：平均数的各个特点，学生是否能理解和运用？

问题 3：学生是否能理解平均数蕴含的实际信息？是否能用平均数对事件作出合理的判断和分析？

带着这样的思考，我们命制了如下三个水平层次的测试题。

测试水平一：是否会正确得出一组数据的平均数。

例题 1：下表是小明一周（5 天）早上上学所花时间情况。

星期	一	二	三	四	五
时间 / 分	15	17	14	18	16

他平均每天上学要花（　　　　）时间。

【意图说明】

学生对求出一组数据的平均数算法的理解和掌握是最"熟悉"的，原因是学生之前做了大量的除法学习。上述测试题以填空题的形式呈现，让学生有了更多做题方法的选择。可以是"按部就班"用总数除以天数，求出平均数；也可以观察数据特点，采用移多补少的方法。在实际解答时，学生一般会有以下三种情况。

情况一：能运用总数除以天数的方法计算平均数，正确列式（15+17+14+18+16）÷5。但由于计算数据较多、量大，得数容易算错。

情况二：能运用总数除以天数的方法计算平均数，正确列式（15+17+14+18+16）÷5，正确计算出结果等于16。

情况三：结果正确但不是采用除法算式，而是利用移多补少。

以上三种情况，反映了学生对平均数算法水平的掌握情况。情况一，表明学生已知知道了平均数的计算方法，但当要计算的数据一多时，容易算错，这也是作业中容易出现的问题；情况二，表明学生不仅知道求平均数的方法，并且计算能力也较强；情况三，表明学生能根据数据的特点，灵活得出结果，运算能力和数据感强。

测试水平二：是否理解平均数的数据特征。

例题2：在体育课上，体育老师分4人小组进行仰卧起坐比赛，第11小组有4人，一共做了140个；第12小组只有3人，一共做了108个。这两组的成绩可以进行比较吗？请说明你的理由。

【意图说明】

什么情况下可以用平均数作出判断，能感受到平均数的必要性和代表性，是理解平均数统计意义的重要内容。学生会计算平均数，仅代表了算法意义，而概念水平和统计水平的理解是重点。上述测评题，联系生活实际，使学生感受到平均数的学习就是源于真实的统计情境和数据。当人数不同时，是否能理解和运用平均数的代表性和必要性，进行合理评价。实际解答时，学生一般会有以下三种情况。

情况一：两组不能比较，因为人数不同，总数也不同，比不来。

情况二：两组可以比较，因为第 11 小组总个数多，所以第 11 小组获胜。

情况三：两组可以比较，根据平均数的多少，求出第 11 小组平均每人 36 个，第 12 小组平均每人 35 个，所以第 12 小组的成绩好。

以上三种作答情况，反映了学生对平均数的数据特点理解的不同水平。情况一和二，因为大量的生活经验是比较总数，所以两个队伍人数不同，就没法比较成绩，或者是用总数来比较，这显然是不公平的方法；情况三，学生能分析数据特点，因为人数不同，所以不能把总数作为标准比较，而是利用平均数可以代表一组数据的整体水平的特点，进行比较并作出合理判断，这说明学生对平均数具有代表性等特点已经达到理解和会运用的水平。

测试水平三：是否掌握平均数的统计意义和数据意识。

例题 3：2010 年 12 月 1 日起，铁路部门对学前儿童购票是这样规定的：学前儿童实行免票乘车，即一名成年人可以携带一名身高不足 1.2m 的儿童免费乘车。据统计，目前北京市 6 周岁儿童的平均身高是 119.0cm。请根据上面的信息解释免票线确定的合理性。

【意图说明】

解读数据蕴含的实际信息，也就是会用数学的语言表达现实世界，是衡量学生数据意识的重要标准。上述测评题通过考查学生会不会根据问题实际，对平均数的代表性作出合理解释，是对平均数的综合运用，有一定挑战性。6 周岁的儿童平均身高已经达到 119cm，说明已经存在较多儿童的身高超过了

120cm，但按照年龄他们都属于学前儿童，却因为身高原因不能再免票了，所以这个平均数的标准已经不太合理了，不能覆盖所有学前儿童。学生要能解读出数据背后蕴含的信息，这是有难度的。在实际解答时，学生一般会有以下两种情况：

情况一：免票线的制定是合理的，因为实际平均身高是 119cm，比免票的 1.2m 低，说明很多儿童是可以免票，享受到优惠的。

情况二：免票线的制定不合理，虽然说学前儿童是免票的，但学前儿童的平均身高是 119cm，那肯定有一部分学前儿童身高超过了 120cm，就不能免票了，所以免票线身高制定得有点低。

以上两种作答，反映了学生在真实情境下，解读平均数蕴含的实际信息的能力。对于这道题，学生不仅要理解平均身高 119cm 确实是低于免票标准，但平均身高 119cm 也代表还有一部分儿童的身高已经超过了 120cm，那就不符合免票的要求，与题目中的信息又相违背了，需要学生综合分析作出判断。

以上三个水平层次的测试题表明，学生只达到会计算平均数的水平是远远不够的，理解平均数的意义和价值才是学习的重难点。

课例九："百分数"教学研究 *

一、内容解读

将"百分数"作为统计量，从"数与代数"领域调整到了"统计与概率"领域，始于《"课程标准"（2022 年版）》。我们先来对比下《"课程标准"（2022 年版）》与《"课程标准"（2011 年版）》关于"百分数"内容的定位。

表 2.9.1 《义务教育数学课程标准》两个版本关于"百分数"内容定位的对比[①]

版本	2011 年版	2022 年版
内容定位	1. 结合具体情境，理解百分数的意义； 2. 会进行小数、分数和百分数的转化； 3. 能解决百分数的简单实际问题。	1. 结合具体情境，探索百分数的意义； 2. 能解决与百分数有关的实际问题，感受百分数的统计意义； 3. 在简单的实际情境中，应用百分数，形成数据意识和初步的应用意识。

从上表可以看出，《"课程标准"（2011 年版）》将"百分数"的内容与小数、分数归为同一块内容，属于"数与代数"领域，其要求与小数、分数同时呈现。而《"课程标准"（2022 年版）》，则将"百分数"调整到了"统计与概率"领域，对于百分数的内容要求，则属于统计图表、平均数等"统计"的范畴。且《"课程标准"（2022 版）》在"教学提示"中，更是明确指出："百分数教学要引导

---

* 本课例由清华附中嘉兴实验学校李苗苗老师、浙江省嘉兴市南湖区范林海老师执教实践课，李苗苗老师作研究材料的整理。

① 付荣玲，李庆海. 正本清源 打通关联 系统构建——百分数的统计意义教学思辨 [J]. 教学月刊 - 小学版数学，2023（3）:42-45.

学生知道百分数是两个数量倍数关系的表达，既可以表达确定数据，如饮料中果汁的含量，税率、利息和折扣等，也可以表达随机数据，如某篮球运动员罚球命中率、某城市雾霾天数所占比例等。建议利用现实问题中的随机数据引入百分数的学习，帮助学生了解百分数的统计意义，了解利用百分数可以认识现实世界中的随机现象，作出判断、制定标准。"

从"标准"内容的定位来看，《"课程标准"（2011 年版）》中，更侧重于"将百分数作为一种特殊的分数"来认识，即表示两个量间的倍数关系（即作为分数的"数的意义"）。当然，原有教材并没有完全抛弃"百分数"作为随机数据的"率的意义"的感知，只是没有放大，只作结合问题的感悟，点到为止。

我们来看"人教版"配套《"课程标准"（2011 年版）》的教材内容编写。下图是"人教版"教材在"百分数"的概念教学部分的编写。百分数的引出更多在于认读与理解，且侧重量与量（有部分量与总量，也有独立量与独立量）之间的倍数关系的理解。

图 2.9.1 "人教版"教材原图

对于"百分数"作为一种随机数据的认识，体会百分数"率的意义"的统计意义，教材用了两种方式加以渗透处理。一是在"你知道吗？"二是在例 1 的情境中。

我们先来看"你知道吗？"（如图 2.9.2）引用"恩格尔系数"的知识，借用某个"标准"的由来，渗透"百分数"作为一个随机数据的特点。如同我们社会领域中所讲的居民消费价格指数（俗称 CPI），2021 年全年，全国居民消费价格比上年上涨 0.9% 等。

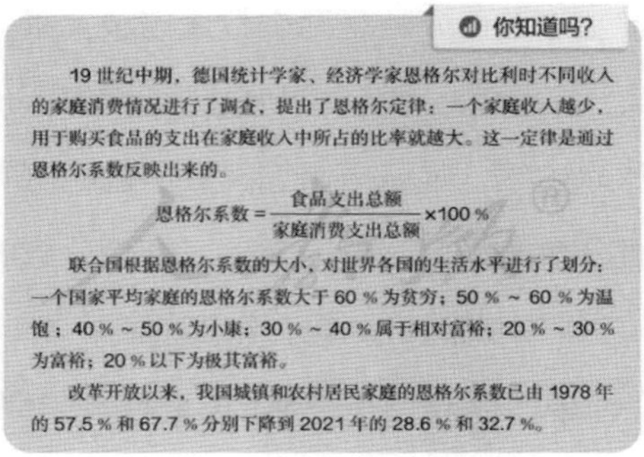
你知道吗?

19 世纪中期，德国统计学家、经济学家恩格尔对比利时不同收入的家庭消费情况进行了调查，提出了恩格尔定律：一个家庭收入越少，用于购买食品的支出在家庭收入中所占的比率就越大。这一定律是通过恩格尔系数反映出来的。

$$恩格尔系数=\frac{食品支出总额}{家庭消费支出总额}\times 100\%$$

联合国根据恩格尔系数的大小，对世界各国的生活水平进行了划分：一个国家平均家庭的恩格尔系数大于 60% 为贫穷；50% ~ 60% 为温饱；40% ~ 50% 为小康；30% ~ 40% 属于相对富裕；20% ~ 30% 为富裕；20% 以下为极其富裕。

改革开放以来，我国城镇和农村居民家庭的恩格尔系数已由 1978 年的 57.5% 和 67.7% 分别下降到 2021 年的 28.6% 和 32.7%。

图 2.9.2

再看例 1 的情境，教材设计了一个“王涛和李强比赛投篮”的情境，一人 5 中 3，一人 6 中 4，谁的命中率高？虽然计算“命中率”的方法用的是“命中个数 ÷ 投篮总个数”得到的，对于某次的投篮命中率也能得到一个确定的值，但从“命中率”本身的内涵来说，它是个随机数据，是属于统计意义上的数据，即只有样本达到一定数量时，求得的这个命中率才是有意义的。当然，教材中用“投篮比赛”的情境，只是作为学习理解“百分率”的特定情境而已，后续并没有展开。这也表明，教材并没有放大“百分数”的统计意义，只是点到为止。

因此，在《“课程标准”（2022 年版）》对“百分数”知识重新定位的要求下，如何既将“百分数”这节内容上出“统计味”，又能使学生深刻理解百分数的本质内涵，这是一个需要一线教师深度思考与研究的问题。

二、学情前测与分析

学生在学习“百分数”之前，关于统计的内容，已经在第一学段学习了“分类与整理”和“数据收集和整理”，在第二、三学段学习了统计图、统计表和平均数等内容，并且对表达确定数据的倍数关系也有经验。

为了更好地把握学情，我们在课前进行了相应的前测调查。前测问题有如下两个。

问题一：你知道什么是百分数吗？你在生活中见过百分数吗？可以举例说

明。

问题二：关于"百分数"你还有什么问题想问的？

测试对象是本校六年级还未学习百分数的学生，共 180 位。现结合问卷结果进行解读与分析。

现象一：形式清楚，意义一知半解。

	写出百分数	写出百分数含义
结果（正确率）	94%	23%

调查结果表明，超过 90% 的学生能写出一个或多个百分数。但知道百分数意思（写出含义）的学生仅占 23%。由此可见，学生对百分数的书写、百分数的表达形式等并不陌生，但是理解百分数的内涵及意义的占比并不高。我们来看看没有学习教材内容的前提下，学生眼中的"百分数"。

生1：知道百分数的表达形式，会书写，但对百分数的认识仅停留在形式层面。

生2：认为是把一个数平均分成 100 份的数，虽不知百分数含义，但会书写百分数。

生3：分母是 100 的分数叫作百分数。

现象二：问题聚焦，统计意义没感觉。

从随后对部分学生的访谈中，发现多数学生听说过百分数，问其对百分数还有什么问题想问，学生问的问题基本是：百分数是怎么来的？百分数有什么用？百分数与分数之间有什么关系？等等。调查结果表明，学生还没有经历百分数意义的建构过程，也没有经历"百分数"作为统计量的学习感知，很难对百分数的统计意义有所感知。

从前测的整体情况来看，学生对于百分数的认识经验，更多的是直观上对其表现形式的直接经验，在数的认识层面也有基础，比如会写，会说，会读。但学生对于百分数与分数关系的理解相对较弱，对于百分数统计意义的认知更是薄弱。前测数据表明，后续教学中，教师需要更多地引导学生充分体验与感受百分数的统计意义。教师应适时、适当地介入，从而帮助学生更好地理解百分数的意义和统计意义。

三、目标定位与教学思路

基于《"课程标准"（2022年版）》的定位、教材内容的分析与学情前测结果的数据解读，我们认为关于"百分数"的认识，需要实现三个层次的水平进阶。

层次一：经历百分数的产生，体会百分数产生的必要性。这也是数的产生的一种基本知识。因为需要，所以产生。从百分数产生的历史来看，作为"标准"是需要，无论是起初的商业活动中的"百分数"，还是作为统计量的"百分数"，其"对随机数据的刻画"，大数据背景下的数据分析等，均有基于标准剖析的意义体现。[①] 基于这一层次，我们可以有这样的学习目标定位：在事件分析中，体会百分数产生的必要性，感受百分数在数据分析中的意义。

层次二：理解百分数的本质内涵，体会百分数作为表示两个量之间倍数关系的含义。百分数首先表示的是"一个数是另一个数的百分之几"。这也是百分数作为"分数表示两量间关系"的含义的一种，即百分数源自分数的本质体现。这个层次，需要对百分数"表示倍数关系"的含义有准确的理解与把握，并能掌握"求得两个数倍数关系用百分数表示"的计算过程及其基本的表示方法。

---

① 付荣玲，李庆海. 正本清源 打通关联 系统构建——百分数的统计意义教学思辨 [J]. 教学月刊·小学版数学，2023（3）：42-45.

基于此，我们又可以有第二层次的学习目标定位：理解百分数是分数两个数量倍数关系的意义的特殊表达，并初步学会百分数的基本求法。

层次三：理解百分数作为"统计量"的意义，体会百分数的统计意义。这也是新版《"课程标准"（2022年版）》将百分数调整到"统计与概率"之后，需要引导学生作为重点领会与掌握的。换言之，也是《"课程标准"（2022年版）》下的百分数教学需要放大的内容定位。那么，学生具有怎样的表现，对百分数的认识才算是达到了这一层次呢？我们可以这样来定位：首先，学生能够在一组数据的分析比较中，体会到用百分数的表达可以更便捷地解决这个问题；其次，能够体会到这个数只对这一组数据样本负责，当数据样本发生变化时，百分数也会发生变化，即能感受到数据的随机性；最后，能够理解某个具体的"百分率"，其实是一个动态的标准，只有当数据足够多、样本足够大时，才具有一定的稳定性。当然，对于小学段学生来说，三种表现中，前两种表现是需要强化的，最后一种表现，只需有所感悟即可，无需放大。基于这个层次，本节内容的又一学习目标可定位为：能够在观察、比较、分析、综合、概括、推理的过程中，基于统计活动的直观感受，体会百分数表达确定数据和随机数据，从而发展数据意识。

基于以上三个层次的解读后，一线教师需要思考：在教学中，如何引导学生实现这三个层次的进阶，是线性推进呢，还是作为一个整体，在融合的状态下实现？可不可以整体推进？若可以，又该设计怎样的学习路径？我们尝试着作了些探究，并形成了"事件分析—含义理解—解读深悟—意义扩展"的整体学习路径。

事件分析——生疑。通过分析一个随机性事件，引导学生产生疑问，探究如何在解决问题的过程中引入百分数。比如：投篮比赛中"谁的投篮水平更好一些"。此时，会有多种的比较方法，比如投中个数、投中率等。那么，用哪种方法更合理？最终引导学生想到：要用统一的标准，才能比较。即比投中率，相对公平。

含义理解——勾联。重点是经历将"分母不同的分数"转化成"分母是100的分数"，然后转化成"百分数"形式的表达过程，体会不同表达方式之间的"同"与"不同"。"同"指的是均表示一个数是另一个数的几分之几，表示关系。"不同"指的是功能的差异，分母不同时，关系是表征出来了，但比较大小时仍然不直观，一下子解决不了问题；分母相同了，既表示出了关系，还能直观上解决相应的问题。

解读深悟——体会。基本内涵理解之后，体会统计意义。即在"率"的分析与比较中，体会样本数据的特定性与随机性。这实质上是借助"数的动态变化"来理解"率"的统计意义。比如，在特定样本数据下，命中率是某个百分数，当数据样本发生变化时，命中率的意义没变，但这个百分数发生变化了。这也体现了随机数据的特点。

意义扩展——丰富。结合现实中丰富的百分数的例子，体会百分数确定数据与随机数据的不同特点，丰富对百分数的认识。比如，饮料中果汁的含量，税率、利息等百分数，表达的是确定数据；而如产品的合格率、种子的发芽率，以及空气质量的优良率等，表达的是随机数据。

以上四个关键节点，突出了"百分数认识"这个内容的整体推进的学习特点：在真实情境中，经历百分数数据的产生、整理、分析、评价过程，感受百分数与分数的联系和区别，体会用百分数表达的优势；在多元关联中，感受百分数的必要性、随机性等特点；在决策辨析中，凸显百分数的统计意义，从而使学生对百分数意义内化建构，形成整体的结构化的"百分数"意义理解。

四、过程设计与实践简析

（一）在真实情境中，感受百分数的描述优势

百分数是两个数量之间倍数关系的表达。六年级学生对两个数量间的倍数关系并不陌生，它本质上与之前学过的倍、分数、比相一致。可以说，对两量之间倍数关系的认识，学生有着丰富的认识基础。教学伊始，创设投篮比赛的情境，以预测和判断为主线，驱动学生思考投中次数与投篮次数的数量关系，在引出用"百分数"表示的过程中，引导学生经历百分数在数据描述上天然的优势，体悟百分数的统计意义。

【教学片段1】

环节一：百分数是两个数量倍数关系的表达

师：近期学校要举行投篮比赛，五位同学在训练时投中次数如下，你觉得谁的投篮水平好，适合推荐去参加比赛？

选手编号	1号	2号	3号	4号	5号
投中次数	12	4	9	6	7

生：我觉得是1号，因为他投中的次数最多。

生：我认为没办法知道。因为不知道他投中的12次，是投了几次投中的。

生：我也认为没办法比较，因为不知道投篮的总次数。

师：你们的意思是只看投中次数这一个数据，没办法比较谁的投篮水平高，还要看投篮总次数。

（课件出示）

选手编号	1号	2号	3号	4号	5号
投中次数	12	4	9	6	7
投篮总数	25	7	20	10	14

师：现在你认为谁的投篮水平高？

生：2号。投中次数与投篮次数相差少。

生：4号。投中次数比投篮总次数的一半还要多。

师：你是在和一半作比较，你所说的一半是什么意思呢？

生：一半就是有50%的概率会投中，14是7的两倍。

师：你听懂他的意思了吗？

生：他在算投篮命中率，4号的投篮命中率超过了一半。

师：你们说的投篮命中率是什么？

生：就是投中次数是投篮次数的百分之几。

师：是的，同学们，今天这节课我们就来研究"百分数"。

师：请同桌合作，分别算一算、比一比谁的投篮水平高？

【实践简析】

在"投篮命中率"这一情境中，一开始呈现不完整的信息，引发学生思考，让学生经历从只比较投中次数，到要考虑投中次数和投篮总数之间的关系（即两位选手的投篮命中率），为引出百分数，理解"百分数是两个数量倍数关系的表达"的含义作准备。

环节二：体会百分数在数据表达上有优势。

师：通过算一算，大家认为推选哪位选手去参加比赛更合适？为什么？

生1：我算出他们的命中率分别是48%，57%，45%，60%，50%。

（课件出示）

选手编号	1号	2号	3号	4号	5号
投中次数	12	4	9	6	7
投篮总数	25	7	20	10	14
投篮命中率	48%	57%	45%	60%	50%

师：老师很好奇，大家为什么不用分数来表示呢？

生：我一开始是用分数来表示的，1号、3号、4号可以通分成分母是100

的分数比大小，但是 2 号和 5 号不行。

师：原来如此。那这个 60% 表示什么意思呢？

生 1：投中的次数是投篮总次数的 60%。

生 2：投中的次数是投篮总次数的 $\frac{60}{100}$。

师：完全正确，通过计算投中次数与投篮总次数的倍数关系，可以清楚地算出 4 号选手的投篮命中率是 60%。

【实践简析】

通过计算五位选手的投篮命中率，学生更加清晰"百分数是两个数量倍数关系的表达"。在这一环节，还与分数表示进行比较，让学生在多次试验中感悟用百分数表示的便利性，拉长了百分数的体验过程，也体会到百分数产生的必要性。

（二）在多元关联中，体会百分数表达随机数据

百分数还可以对随机数据的倍数关系进行刻画与预测，教师可以利用现实问题中的随机数据引入，引导学生利用百分数认识现实世界中的随机现象。为了让学生对这一目标有所感悟和体会，课堂上进行了如下设计。

【教学片段 2】

师：刚才大家一致推荐 4 号选手去参加篮球比赛。我们来看看他在接下来几次比赛中的成绩。（课件出示）

场次	第一场	第二场	第三场	第四场
投中次数	6	15	12	10
投篮总数	10	23	25	15
投篮命中率	60%	65%	48%	67%

师：看到 4 号选手四场的成绩，你觉得他的成绩如何？

生：他第四场的成绩最好，是 67%；第三场的成绩最差，只有 48%。

生：我觉得他总体上成绩比较好，有三场命中率是 60% 以上的。

生：4 号的成绩是一浪一浪的，起伏有变化的。

......

师：刚刚同学们发表了各自的看法，看来 4 号选手投篮命中率不是一直都是 60%，是有变化的。你猜猜看会是什么原因？

生：有可能到第三场他打累了，没有发挥好。

生：有可能第三场他发挥不利，加紧训练，第四场成绩又上去了。

生：有可能第三场他遇到了很厉害的对手。

生：我认为每个人都有可能发挥失常或者发挥更好，所以这些数据会发生变化。

师：那他投篮命中率的变化有规律吗？

生：没有规律，是根据他现场发挥的。

生：我也觉得没有规律，但多数是超过 60% 的。

师：确实是没有规律的，是随机的。现在请你猜测一下，4 号选手第五场的投篮命中率。

（学生猜测了各种数据，大部分学生猜测是 60% 左右。）

【实践简析】

这一环节的百分数的学习，主要是让学生从某一选手投篮命中率的变化中，感受到百分数作为统计量具有的随机性，体会到百分数可以表达随机数据，也可以对随机事件作出判断。根据数据制定标准，进一步感受百分数的统计意义，形成初步的数据意识。

（三）在丰富情境中，体悟百分数的双重含义

关于对百分数表达确定数据与随机数据的体会，需要通过丰富的情境加以体悟。教学中，需要选择不同的学习材料，引导学生进行感悟体会。

环节一：讨论生活中的两个百分数，体会百分数确定数据的含义。

师：今天我们认识了百分数，生活中你见过百分数吗？老师也收集了一些百分数。你能说说这里的百分数表示的意思吗？

目前电量75%

产品名称：橙汁饮料
产品配料：水、果葡糖浆、白砂糖、浓缩橙汁、食品添加剂等。
果汁含量：10%

师：你理解这些百分数吗？先想一想这些百分数表示什么？同桌间交流下。

学生交流后反馈。先交流第一个百分数——75%。

师：这里的 75% 表示什么意思？

生：剩余电量是总电量的 $\frac{75}{100}$。

生：总电量 100 份，剩余电量有 75 份。

师：你的意思是把总电量看作"1"，平均分成 100 份后，取 75 份就是 $\frac{75}{100}$，也就是 75%。

板书：75% 表示剩余电量是总电量的 $\frac{75}{100}$。

讨论第 2 个百分数——10%。

师：这里的 10% 表示什么？

生 1：10% 表示纯果汁质量是这瓶饮料总质量的 $\frac{10}{100}$。

讨论交流后板书：10% 表示果汁质量是这瓶饮料总质量的 $\frac{10}{100}$。

在第二幅图的后面加上一瓶同一品牌的果汁（大瓶装），放大标签，看到果汁含量同样为 10%。

师：老师在超市发现除了这种小瓶的，还有一种大瓶的，果汁含量也是 10%。这里的 10% 又表示什么意思呢？

生：这里的 10%，也表示果汁质量是这瓶饮料总质量的 $\frac{10}{100}$。

生：小瓶中的果汁质量是和小瓶总质量比，大瓶果汁质量是和大瓶总质量比，比出来的结果都是 10%。

师：老师把大瓶中的饮料倒在一个杯子里，这杯果汁饮料中的果汁含量会是多少呢？大家可以交流下后回答。

学生交流后认为：仍然是 10%。理由：倒出来的果汁就是原来的果汁，所以果汁含量是不变的。

【实践简析】

这一环节，引入两个学生较为熟悉的生活情境中的百分数，让学生在解释百分数的意义的过程中体会百分数表达确定数据的意义。

环节二：解读国家统计局网站上的统计数据，感受百分数随机数据的含义。

师：这是老师从国家统计局网站上找到的信息，上面有很多的百分数。请你选择其中一个，跟同桌交流一下它表示的意思。

生：87.5% 表示空气优良的天数占全年总天数的 87.5%。（板书）

教师出示提高的百分比。

师：从这些数据中，你又了解到了什么？

生：绿色发展态势良好。

师：表示同一个关系，不同时间里这个百分数是在发生变化的。真好！

教师引导学生小结百分数的意义。

师：我们已经认识了这么多的百分数，而且还用它来解释了一些生活现象。现在你对百分数有怎样的感受？

生：百分数表示的是一个数是另一个数的百分之几。

生：百分数可以让我们比较起来方便。

生：百分数在生活中用得特别多。

【实践简析】

这一环节，主要是让学生解读国家统计局网站上百分数的现实意义，进一步巩固学生对百分数意义的理解；结合对多个百分数意义的解读及变化情况的说明，总结出这些数据的现实意义，感受百分数与现实生活的联系。

（四）在决策辨析中，体会百分数的统计内涵

运用百分数刻画数据的分布，能更好地把握一组数据中的信息，为人们对随机现象作出判断和决策提供依据。教学中通过创设真实的问题情境，引导学生了解百分数可以对随机数据进行刻画，知道百分数有助于人们作出判断和预测，加强学生对百分数统计意义的感悟与理解，让学生感受百分数的应用价值，积累解决问题的经验，帮助学生形成应用意识。

【教学片段3】

师：同学们，想要预测哪天的天气适合比赛，需要哪些数据呢？

生：晴天的数据。

生：也可以是雨天的数据。

（课件出示）

未来一周降雨预测表

日期	10日	11日	12日	13日	14日	15日	16日
降雨可能性	30%	70%	40%	0%	10%	0%	20%

师：你会选哪一天作为比赛日？

生：我会选13日，因为降雨量的可能性是0%，说明不会下雨。15日即周六，是休息天，不可能比赛。

师：如果13日学校有其他活动冲突了不能安排篮球赛，怎么办？

生：我会选14日。因为这天降雨的概率只有10%。

师：可是14日也会下雨呀？

生1：但是降雨的可能性比较低，可能会下雨，也可能不下雨。

生2：也许我们比赛前下雨，比赛的时候不下雨。下雨的概率很低。

师：同学们都分析得很有道理，我们在生活中经常会遇到用百分数来统计随机事件发生的可能性，然后利用这些数据帮助我们预测和决策。

【实践简析】

这一环节，引导学生经历百分数的数据研究、数据分析、数据运用，以及根据已有数据进行预测和决策的过程，进一步丰富学生对百分数意义的体验，感受百分数的统计内涵，逐步在解决问题中落实"会用数学的眼光观察事物，用数学的思维思考世界和用数学的语言表达世界"的素养。

五、测评题命制与说明

作为"统计量"的百分数，其内涵较为丰富，既可以表达确定数据，又可以表达随机数据。因此，在测评题的命制中，需要关注这两个层面的意义。设计时，我们应着重考虑以下几个层次的测评目标。

目标一：经历百分数的产生过程，体会百分数产生的必要性。

目标二：理解百分数表示两个数量间的倍数关系的本质内涵，能够在具体情境中解释某个百分数表示的是"某个量是另一个量的百分之几"的含义。

目标三：能结合具体事件的分析，利用百分数认识现实世界中的随机现象，体会百分数的统计意义。

水平一：百分数含义的基础性理解。

例题1：请结合情境解释图中百分数表示的意思。

（1）　　　　　　　　　　　　（2）

例题2：根据百分数的意义填空。

（1）六（1）班46%是男生，表示（　）占（　）的46%，（　）占（　）的54%。

（2）地球表面除了陆地，就是海洋。陆地面积大约占 29%，表示陆地面积占（　）的 29%。海洋面积占（　）的（　）%。

【意图说明】

此类测评题，主要目的在于检测学生对百分数含义的理解。结合具体情境，解释某个百分数的含义，体会百分数表示两个量之间的倍数关系。这一目标要求属于本节内容的基础性水平，一般需要所有学生达标。

水平二：百分数含义的发展性理解。

例题 3：从一杯果汁含量为 85% 的大瓶果汁中倒出一小杯。这小杯果汁的果汁含量是（　）%。

例题 4：小强在一次投篮比赛中，已经投了 10 个，投中 7 个。现在他的命中率是（　）%。

请问：如果让他再投一次，他的命中率是高了，还是低了？请说说你的理由。

例题 5：实验小学六年级共有 6 个班。体育王老师在统计这个年级的总体优秀率。

现在知道以下三个信息：

（1）前 4 个班统计下来后，总体优秀率为 50%。

（2）605 班的班级优秀率是 49%。

（3）606 班总共有 45 名学生，达到优秀的人数是 24 人。

问：这个年级的总体优秀率与前 4 个班的总体优秀率相比，是高了，还是低了？请说明理由。

【意图说明】

此组测评题，主要目的在于检测学生对百分数"既可以表达确定数据，又可以表达随机数据"意义的理解。显然，例题 3 属于对确定数据意义的理解，例题 4 则是对随机数据意义的理解。而在例题 4 中，需要学生作出解释时，能够分类讨论，这样对随机现象的理解更深刻。例题5是结合一个具体的事件，根据给出的信息作出判断。需要用到的知识基础有：百分数意义的理解、数据关系的理解，还有百分数作为统计量，在数据分析过程中的分析、推断作用的体验。

水平三：百分数统计意义的深度理解。

例题6：项目化活动，探索"标准"的制定。

活动主题：一分钟跳绳，我们的水平如何？

小组讨论：

1.根据什么制定标准？这样考虑的原因。

2.标准的等级怎么划分，以及这样划分的理由。

3.制定过程中遇到什么困难？怎么解决？

4.通过小组交流有什么反思？有没有需要调整的？

活动一：收集全班同学一分钟跳绳的个数，并将这些数据从少到多进行排序。

活动二：参考国家体质测试要求中的数据，分析班级学生的达标情况。

活动三：根据班级情况，进行重新定标。即将从少到多的排在第25%处（若是小数，则取整）的学生的数量作为达标线，并与国家标准进行对比，判断是否优于标准。

活动四：鼓励学生积极参与锻炼，提升身体素质。

【意图说明】

此测评题，主要是通过制定"跳绳标准"的讨论，学生体会到在一般情况下，可以用百分数进行判断。可以选择某位同学对应的跳绳个数作为达标线，通过该同学在学生总数中的位置，推断出大约百分之几的学生能够达标，百分之几的学生不能达标，进而发展学生的数据意识，感受百分数的统计意义，体会到百分数对于决策起到的作用。

第五章

随机现象发生的可能性

【"课标"表达】

"随机现象发生的可能性"是通过试验、游戏等活动，让学生了解简单的随机现象，感受并定性描述随机现象发生的可能性大小，感悟数据的随机性，形成数据意识。

【内容要求】

通过实例感受简单的随机现象及其结果发生的可能性；在实际情境中，对一些简单随机现象发生的可能性大小做出定性描述。

【学业要求】

能列举生活中的随机现象，列出简单随机现象中所有可能发生的结果，判断简单随机现象发生可能性的大小。对于现实生活中的一些简单问题，能根据数据提供的信息，判断随机现象发生的可能性。

课例十："可能性"教学研究 *

一、内容解读

现实世界中发生的千变万化的现象，概括起来无非是两类：一类是在一定条件下必然出现（或恒不出现）的现象，称为确定性现象；一类则是指在一定条件下，可能发生也可能不发生的现象，具有不确定性，称为随机现象。[①]《"课程标准"（2022 年版）》在"统计与概率"中所讲到的"随机现象发生的可能性"内容主要针对后一类现象。

"随机现象发生的可能性"作为"统计与概率"领域的内容，自本轮课程改革实施以来就已经被作为一个重要内容关注，只是在要求上随着课程改革的推进，逐渐变得更为清晰与聚焦。《全日制义务教育课程标准（实验稿）》中，在6 个"学习内容"之一的"统计观念"界定中，只谈到了"收集数据、描述数据、分析数据"等内容，没有专门针对"随机现象发生可能性"的具体说明。[②]自《"课程标准"（2011 年版）》开始，在课程内容核心之一的"数据分析观念"中对此作了具体明确的要求："通过数据分析体验随机性，一方面对于同样的事

* 本课例由浙江省平湖市平湖师范教育集团附属小学盛童亮老师执教实践课，并作研究材料的整理。

① 项立群，汪晓云，张伟，等．概率论与数理统计（第二版）[M]．北京：北京大学出版社，2011:2.

② 中华人民共和国教育部制定．全日制义务教育数学课程标准（实验稿）[Z]．北京：北京师范大学出版社，2001:4.

情每次收集到的数据可能不同，另一方面只要有足够的数据就可能从中发现规律。"① 到《"课程标准"（2022年版）》，则在核心素养表现之一"数据意识"的概念界定中明确表述："数据意识主要是指对数据的意义和随机性的感悟。"且在具体表述中作了补充："知道同样的事情每次收集到的数据可能不同，而只要有足够的数据就可能从中发现规律。"②

在使用面较广的课程标准实验教材中，关于"随机现象发生的可能性"的重点学习内容，"人教版"教材安排在第三学段五年级上册的"可能性"单元（3课时+1课时活动），"北师大版"教材则是编排在四年级上册的"可能性"单元（2课时）和五年级上册的"可能性"单元（3课时），分成了两段。《"课程标准"（2022年版）》要求，此内容安排在第三学段。

对于一线教师而言，需要认识到统计与概率之间到底有着怎样的关系，它们是两个完全独立的内容吗？

事实上，概率知识本质上和统计知识是有紧密联系的。概率是研究随机现象规律的科学，为人们认识客观世界提供了重要的思维模式和解决问题的方法，同时为统计学的发展提供了理论基础。陈希孺先生说过：习惯于从统计规律看问题的人，在思想上不拘执一端，他既能认识到一种事物从总的方面看有一定的规律，也承认例外，表达出了随机现象既有规律性也有不确定性。③ 项立群等研究者也认为："个别随机现象可能无规律性，但是大量性质相同的随机现象总存在着统计规律性。"④ 这些观点均表明，"统计学"与"概率论"间存在着紧密

① 中华人民共和国教育部制定. 义务教育数学课程标准（2011年版）[Z]. 北京：北京师范大学出版社，2011:6.

② 中华人民共和国教育部制定. 义务教育数学课程标准（2022年版）[Z]. 北京：北京师范大学出版社，2022:9.

③ 义务教育数学课程标准（2022年版）案例式解读小学分册 [S]. 杨豫晖，李铁安. 华东师范大学出版社，2022:146-148.

④ 项立群，汪晓云，张伟，等. 概率论与数理统计（第二版）[M]. 北京：北京大学出版社，2011:3.

的联系，都是对现实世界中的数据的收集、整理、分析，并发现规律的研究科学。因此，它们在小学阶段是密不可分的内容。

接下来，我们以"人教版"教材为例，对这一节内容进行解读。

图 2.10.1 "人教版"教材主题情境材料例图

教材例 1 通过一个现实情境，引导学生在玩游戏中体会"可能""不可能""一定"等事件发生的特点，感受随机现象发生的可能性。因为学生已经有一定的推理能力和极为丰富的生活经验，因此，在这样一个熟悉的游戏活动中，对于相关现象的理解也相对容易。这为初步达成学习目标奠定了基础。

在例题 1 的游戏体验后，教材编排了"做一做"和例题 2 的材料（如图 2.10.2 ）。

"做一做"的情景，同样采用游戏式的活动，引导学生进一步体验"可能""不可能"与"一定"等事件发生的情况，积累更为丰富的对"随机现象发生的可能性"的理解经验。

图 2.10.2 "人教版"教材图

从例 2 开始，则进入对"随机现象发生的可能性"的大小的探索。

显然，教材编排的特点是尊重学生的生活经验和年龄特点，将对"随机现象发生的可能性"的体验渗透在游戏中，易于学生理解，积累经验。

二、学情前测与分析

从教材编排的"可能性"内容来看，关于"随机现象发生的可能性"知识涉及的较少，故而造成教师感觉小学阶段涉及的概率知识较为简单。实践中却发现，学生对于此类现象的认识"上手较快，理解却不易"，表明他们生活经验有，但从数学角度来认识，却还是会碰到障碍。与之相关的表达，也主要涉及"一定""可能"和"不可能"等。通过查阅《现代汉语词典》，我们可以知道：

"一定"指的是规定的；确定的。固定不变的；必然的；表示坚决或确定；必定。特定的。相当的。

"可能"指的是可以实现的；能成为事实的。能成为事实的属性；可能性。

"不可能"指的是不会有可能。

为了对学生的认知基础有更为清晰的把握，我们对学生进行了一次课前调查，设计了三个层次的前测练习，并进行了相应的分析。

层次一：指向"一定""可能"和"不可能"词语上的解释。

前测题 1：请你用自己喜欢的方式分别描述"一定""可能"及"不可能"三个词所表示的意义。

前测对象是五年级两个班，共 90 位学生，其中 85% 的学生基本都能表述出三个词语所表示的大致意思。还有 2 位学生，百分数的表示方法不对，但意思是正确的。也就是只有 4 位学生，对这几个词语一点都不理解。

学生从以下三个方面进行解释与表述。

表 2.10.1　从词汇本身解释与表达情况表

第一种　从词汇本身		
一定	表示对一件事物们的肯定。	确定，推准确的。
可能	表示对一件事物的一半肯定，判肯定。	不确定，不知道准确的。
不可能	表示对件事物的不肯定	不会发生，一定不会

我们发现，学生对于这三个词语所表达的大致意思是理解的。

表 2.10.2　从生活方面解释与表达情况表

第二种　从生活方面	
一定	未来百分之百分发生。
可能	未来应该会发生。
不可能	未来不会发生。

我们发现，学生能从生活中事情未来的发展走向出发，解释这三个词语的意思。

表 2.10.3　从数学方面解释与表达情况表

第三种　从数学方面		
一定	一定是白	100%
可能	可能是黑可能是白	50%或40%、30%、20%。10%随等。
不可能	不可能是黑	0%

上表数据表明，还是有学生能用数学的语言去描述这三个词的意思的。

层次二：结合具体事件解释"一定""可能"和"不可能"的意思。

前测题 2：请你用自己喜欢的方式分别描述"一定""可能"及"不可能"三个词在抽奖活动中所表示的意义（可以用文字，可以画图，可以举例子，甚至可以多角度进行解释）。

其中92.3%的学生能比较准确地用抽奖及摸球的相关事例解释"一定""可能"和"不可能",而且可以从不同的方向进行解读。

表2.10.4 结合抽奖活动解释"一定""可能"和"不可能"三个词情况表

	文字	画图
一定	盒子里全是谢谢惠顾,那一定会抽到谢谢惠顾。	一定摸出 红球
可能	盒子里有一半是谢谢惠顾,那可能会抽到谢谢惠顾。	可能摸出 红球
不可能	盒子里没再来一次,那不可能抽到再来一次。	不可能摸出 红球

前测发现,学生对于"一定"和"不可能"这两个词的意思解释得还是很到位的,但是对于"可能"这个词,37位学生中有31位学生都理解成一半一半。

表2.10.5 对"可能"这个词理解成一半一半的情况表

这说明学生对于事情"可能以这样的程度,也可能以那样的程度发生"缺乏一定的感知与理解,而且此次学生列举的绝大多数都是两个事物之间发生的可能性大小,三个及三个以上事物之间的关系列举得相对较少,思维相对比较局限。

层次三:根据自己的理解,用"一定""可能"及"不可能"三个词创造相应的情境。

纵观整个教材,我们发现呈现的例题与习题新意不足,学生平时见得太多,缺乏一定的学习兴趣。那么如何在课堂上呈现有一定新意,贴近学生生活,又能激发其兴趣的材料呢?便设计了此前测题。

前测题3:请你根据自己的理解,用"一定""可能"及"不可能"三个词创造相应的情境（可以用文字，可以画图，可以举例子，甚至可以多角度进行）。

本次前测有 91.1% 的学生基本能创造相应的情境解读这三个词。主要有以下几种。

第一种：摸东西。

表 2.10.6　摸东西情况表

一定	不可能
比如有三张卡：1.唱 2.跳 3.篮球，跳和唱被选走剩下的一定是篮球。	有个箱子，里面是蓝球，一定能抽到蓝球。

可能
我可能抽到回

其中，63.3% 的学生对于这三个词的理解是基于摸东西的情境，说明学生对这样的情境印象深刻，也更能说明，教师可以用"摸球"的情境去串联整节课。

第二种：联系生活情境。

表 2.10.7　联系生活情境情况表

一定	不可能
妈妈给我出了一道个我会的题，我一定会做。	不可能 他整天无所事事，不写作业，不都，是不可能有好成绩的。

可能
我抽到的可能是等奖也可能是一等奖也可能及种奖。

18.9% 的学生另辟蹊径，利用生活中的一些常识性的规律，用文字叙述来表达这三个词的意义。当然这样的表示存在一定的不严谨，但是学生能够跳出摸东西的情境，已经是一种比较大的跨越。这说明学生生活的经验还是比较丰富的。

第三种：联系数学知识。

表 2.10.8　联系数学知识情况表

一定	不可能
川一定等于2。 一定： 4.4 = 4.4444……	川不可能等于3　不可能： 3.3≠ 3.333…… 不可能：　　　可能是三角形
可能	
9可能是三角形　可能：　5.6 　5.555 ≈ 5.6 ≈ 6 　5.555 ≈ 6	

还有 16.7% 的学生，在没有学习这节课前，能够把数学中一些相关的知识、练习与可能性相结合，说明学生的思维是很活跃的，尤其是能够想到这样两种非常惊艳的例子："三角形分类里的遮蔽问题"和"近似数里的保留问题"。当我们不再禁锢学生思维，学生的想象会变得非常丰富。

三、目标定位与教学思路

结合《"课程标准"（2022 年版）》要求与前测数据分析看，学生在学习"可能性"知识前，有较丰富的认识经验，但这些经验相对零散，缺少整体感。本节内容的教学，需要帮助学生建立对"随机现象发生的可能性"的整体认知。

希望学生能在以下三个方面有所收获：

一是结合具体情境理解"一定""不可能"的确定事件和"可能"的不确定事件，并能根据数据进行大致的预测。

二是通过观察、分析、推理，体会生活中有些事件可以根据大数据进行相应的预测。

三是尝试用"一定""不可能"和"可能"三个词来创设具体情境，发散思维，培养数据意识与推理意识。

教学时，本节课主要采用"体验想象推理学习"的学教方式，突出游戏体验、现象描述、规律思考、数据应用等关键性学习活动，具体表述为以下四步。

1. 描述随机现象。这是本节课的重要环节，可以通过两个层次来展开。

层次一：通过盲袋摸球游戏，分析、推理并用数学语言描述出随机现象的基本特征，可能发生也可能不发生，可能以这样的程度也可能以那样的程度发生，达到对"一定"和"可能"含义的第一次解读。

层次二：通过明袋摸球事件，理解"一定"与"不可能"的事件，并通过一定的"猜想—实践—验证—推理"，初步体会事件的"公平性"，让学生明白同样的事情每次收集到的数据可能不同，而只要有足够的数据就可以从中发现规律。

2. 自主创设情境。这是本节课培养学生发散性思维的关键环节。从前测分析看，学生能够自主创设一些更加贴近生活的例子，让他们自己举例子，进一步激发他们的学习兴趣，通过交流，理解掌握"一定""可能"和"不可能"事件。

3. 公平的再运用。这是本节课的一个难点。学生对于两个事物之间的"公平"原则，掌握得比较到位，所以笔者将原来的抛硬币、掷骰子及石头剪刀布转变为判断"从3个球（1号球、2号球和3号球）中3人依次摸球，摸到1号球者胜利"的游戏规则是否公平，让学生经历"猜想—推理—表达"的过程，理解数据的不变性以及随机性。

4. 分析预测数据。这是本节课学习的方向。利用统计旅游人数让学生深刻感知与体会生活中许多现象发生的可能性大小是可以预测的，但有时候也是不可预测的，因为它会受到外界偶然因素的干扰。所以大数据只是为我们提供了一个方向，告诉我们接下去发生的事件的可能性大还是小。

四、过程设计与实践简析

（一）描述随机现象的基本特征

层次一：通过盲袋摸球，经历"摸 1 次"→"摸 10 次"→"猜想一下再摸一次"的过程，分析、推理并用数学语言描述出随机现象的基本特征——可能发生也可能不发生，可能以这样的程度也可能以那样的程度发生，初步体会确定事件的前提是需要知道袋子里的情况是什么。

出示：一个黑袋，装有若干个红、蓝两种颜色的球（除颜色外其他都相同），摸"1"次，摸到的球是红球。

师：你有什么想说的？

生 1：这个袋子里有红球，但不确定有几个。

生 2：这个袋子里可能都是红球。

生 3：这里"一定"有红球。

师：通过这样的条件，我们推测，这里一定有"红球"，但是不确定有几个，"蓝球"有几个？

出示：连续摸"10"次（每次摸完后会放回袋子里），摸出的球都是红球。

生 1：我认为现在袋子里应该都是红球。

生 2：不一定，万一运气不好抽到的都是红球呢？蓝球很少，可能只有一个。

师：我们通过刚刚的信息，又提升了认识。思考一下，如果接下去我"再摸一次"，预测一下会摸到什么？

师：当我们不知道里面情况的时候，即使摸的次数很多，也不能保证我接下去一定摸到什么。

层次二：通过明袋摸球，进一步体会随机现象的情况，通过 1 个蓝球和 6 个红球的摸球预测，请学生记录接下去摸到的是什么球。

出示：袋子里的情况（6个都是红球），现在让你"再摸一次"，会出现怎样的情况。

生1：摸到的一定是红球，因为里面只有红球。（板书：一定）

生2：不可能是蓝球，因为里面没有一个蓝球。（板书：不可能）

出示：加"1个蓝球"，现在让你摸一次，会摸到什么球？

师：把你的结果记录在练习纸上。

反馈时，开火车请学生回答，绝大部分学生都会写红球，因为红球的个数多，所以摸到红球的可能性要大。

师：那到底是不是这样呢？我们验证一下，摸到红球的请举手，摸到蓝球的请举手。现在你们有什么想说的？

生1：摸到红球的可能性要大，摸到蓝球的可能性要小，但是摸到红球和蓝球都有可能。（板书：可能）

【实践简析】

学生的语言表达与记录书写是有一定区别的，让其清楚意识到数学理论和实践操作是有区别的，可能性大不意味着我接下去就一定摸到红球，可能性小也不意味着我接下去就摸不到蓝球，而是都有可能发生。发展学生的数据分析观念，最有效的方法是让学生经历数据分析的全过程。数据的来源有两种：一种是现成的数据，另一种是需要自己收集的数据。在义务教育阶段，两种来源都应该让学生有所体验，特别是自己收集数据。[①]

层次三：通过一定的"猜想—实践—验证—推理"，初步体会事件的"公平性"，学生经历了数据收集和统计的全过程，感悟到每一次摸球的结果都是不确定的，但随着摸球次数的增多，帮助学生有效整理数据，直观分析数据，从而逐步发现其中的规律。

---

① 张楠．"可能性"教学实录与评析 [J]. 小学数学教育，2022.(1-2):134-137.

接着出示：再加"5 个蓝球"。

师：想一想，摸到的情况会是怎样的？

生：现在个数一样，摸到的可能性一样。

师：既然你们认为摸到红球和蓝球的可能性一样，是不是意味着摸到的红球次数和篮球次数一样呢？同桌合作，各自摸 5 回。

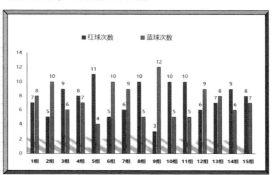

图 2.10.3 摸红球和蓝球次数统计图表

呈现各组数据，发现每组的数据都不一样，也没有一半一半的概率（见图 2.10.3）。

师：和我们刚刚判断的一样吗？现在你有什么想说的？

生：虽然现在摸到的次数看似不公平，因为我们摸的次数比较少，偶然性就大，如果摸得足够多，肯定差不多，因为它们的个数是一样的。

师：同学们说得都很好，是的，可能性一样，不代表摸到的次数就一样，摸的次数少，偶然性就大，因为摸到哪种球，是不可预知的，也就是具有不确定性，但是摸的次数多，红球和蓝球的次数就会越来越接近。

图 2.10.4 摸红球和蓝球课上次数统计图　图 2.10.5 摸红球和蓝球班级次数统计图表

师：把我们班刚刚的数据统计在一起（见图2.10.4），老师课前也让另一个班级花了一些时间摸了5000次（见图2.10.5）。和我们的想法一样。

【实践简析】

教师通过引导学生体会摸红球和蓝球可能性相等但摸球结果不一定相等的情况，使学生加深对简单随机现象的理解。这一环节充分运用了知识的正迁移，又发展了学生的数据分析观念，让学生明白同样的事情每次收集到的数据可能不同，而只要有足够多的数据就可能从中发现规律。

（二）自主创设情境

师：刚才的"一定""不可能""可能"的事件都是老师想的。现在，请小组合作，请你们设计这样的三种情境，看看哪一小组能设计得既准确又有意思。

完成后分享。

第一类情境：生活类

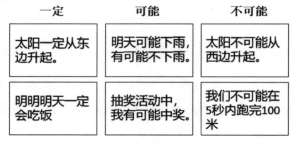

图 2.10.6　情境生活类图

师：同学们在平时善于观察生活中事件发生的可能性。

第二类情境：数学类

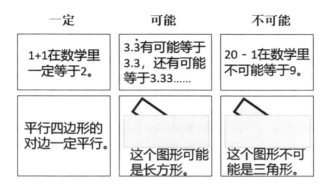

图 2.10.7 情境数学类图

师：同学们都很棒，不仅能从生活情境出发，还可以联系我们数学中的相关知识。不管从哪个方向，都发现有些事情的结果是可以确定的，有些事情的结果是不确定的。（板书：确定事件，不确定事件）

【实践简析】

让学生自主设计"一定""不可能"和"可能"三种情境，这不仅能进一步理解确定事件和不确定事件，而且能激发学生的学习兴趣。

（三）"公平"的再运用

出示：有这样的 3 个球，1 号球、2 号球和 3 号球，一起放到袋子中，然后让三名同学一起去摸球（摸好后不放回也不提前打开），谁摸到 1 号球谁就胜利，这种方法公平吗？

把你的想法写在练习纸上。

学生的回答体现出三个层次。

第一个层次：化繁为简。教师可以先拿两个球做示范，让学生理解两人从两个球中摸，可能性是一样的，不会因为第一个摸到了 1 号球，而改变摸球的可能性。

第二个层次：排除干扰。教师反馈时说明影响我们的是视觉，三位同学摸了之后都不看，最后一起打开。

第三个层次：有序排列。反馈时请学生把所有的可能情况有序写出，一共有 6 种可能情况，每一种可能情况中 1 号球都只出现一次。

【实践简析】

这样的设计让学生经历"猜想—推理—表达"的过程，通过三个层次的反馈，深入理解数据的不变性以及随机性。

（四）外界因素影响预测事件发生可能性的大小

本环节，教师引导学生结合具体数据进行思考、分析与预测，提高学生的数据分析意识，体会学习可能性大小的意义和价值，形成数据意识。

出示：某品牌手机 2011—2018 年销量情况统计图（图 2.10.8）：

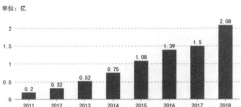

图 2.10.8 某品牌手机 2011—2018 年销量情况统计图

师：看到这幅统计图，你有什么想说的？

生：这个品牌手机销量越来越好，都超过 2 亿部了。

师：根据这几年的情况，请预测一下，2019 年的销量情况会怎样？并说说理由。

生：会更多，因为按照这个趋势，增多的可能性要大，也有可能和 2018 年差不多，因为还有其他手机可以买。

师：有理有据，非常好，和你们预测的一样，2019 年达到了 2.4 亿部（图 2.10.9）。接下来几年呢？

生 1：我觉得会更多，根据前面的趋势，增多的可能性非常大，当然也有可能和 2019 年差不多。

生 2：不对，有可能销量会下降，因为芯片发展的限制，导致产量与质

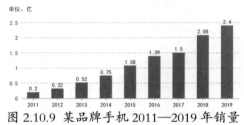

图 2.10.9 某品牌手机 2011—2019 年销量情况统计图

量下降，价格升高，买的人就少了。

生3：我也觉得会下降，因为还有其他品牌手机跟它竞争。

师：三位同学的回答都非常有道理，的确，如果就依据这张统计表的数据，接下来几年的销量很有可能会

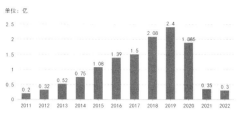

图 2.10.10 某品牌手机 2011—2022 年销量情况统计图

增多，当然也有可能和它持平，但是有时候会因为技术、行业竞争等各种因素干扰，而导致数据产生一个极大的变化，我们来看（见图 2.10.10），销量不仅下降了，而且幅度非常大。

【实践简析】

利用某品牌手机 2011—2022 年销量情况的事件，让学生深刻感知与体会生活中许多现象发生的可能性大小是可以预测的，但有时候也是不可预测的，因为它会受到外界各种因素的干扰，所以大数据只是为我们提供了一个方向，告诉我们接下去发生的事件的可能性大还是小，促使学生的认知在原有基础上逐步深化、逐步拓宽。

五、测评题命制与说明

本单元是学生第一次正式学习"概率"。因此，为学生提供丰富的随机现象实例，无疑能有效帮助学生充分感受和体验不确定现象和事件发生的可能性。虽然本节课学生通过猜测、摸球以及根据数据分析预测等学习活动，了解事件发生的确定性和不确定性，但是还是需要教师在课后收集和积累一些教材上和生活中遇到的不确定现象的例子，引导学生体悟、理解。

结合本节内容的学习目标，我们可以设计四个水平层次的测评题。

水平一：对随机事件的认识和初步理解水平

例题1：常规摸球模型。

优优从一个盒子里摸球（除了颜色不一样，其他都一样），摸好后放回，摸的情况记录如下：

颜色	蓝球	红球	黑球	黄球
次数	12	7	4	2

1.优优再摸一次，摸到（　）的可能性最大。

A.红球　B.黄球　C.黑球　D.蓝球

2.根据表格中的信息，优优最有可能是从下面的（　）盒子里摸的球。

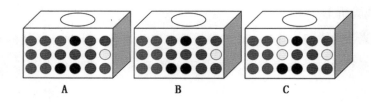

A　　　　　　　　B　　　　　　　　C

【意图说明】

这是一道比较基本的摸球类型的可能性习题，旨在让学生通过表格中的数据，逆向推理出盒子里最大可能的情况，进一步理解随机现象。

例题2：生活摸球抽奖。

某超市开展促销活动：凡购物满100元以上者，可以抽奖1次，每次只能摸1个球，摸到红球优惠5元，摸到蓝球优惠10元。君君买了130元物品，请你用"一定、可能、不可能"填空。

1.君君（　）获得优惠。

2.君君（　）获得优惠5元。

【意图说明】

本题旨在通过具体生活情境，让学生感悟事件发生的确定性和不确定性，感受随机事件的结果有的是不确定的，而有的是可以预知的。像第1问，我们可以通过推断得出结论，君君买的物品超过了 100 元，那么他"一定"能够得到优惠。根据情况的不同，对每个结果出现的可能性作出判断，初步体会可能性的知识在生活中的运用。

水平二：对随机事件的理解与解释水平

在初步认识的基础上，我们要让学生真正理解并能用数学的语言去描述确定事件和不确定事件。

例题 3：生活抽物模型，罗列大情况。

小敏、小群和小燕各自准备了一份生日礼物，请老师分别装入三个外形相同的空盒子里，然后每人抽取一个。下列结果中，不可能发生的是（　　　）。

A．每人都抽到自己准备的礼物。

B．每人都没有抽到自己准备的礼物。

C．只有一个人抽到自己准备的礼物。

D．只有一个人没有抽到自己准备的礼物。

【意图说明】

这题已经转变外在形式，从摸球到抽物的改变，让学生从熟悉的情境到相对陌生的情境，旨在进一步与生活情境相结合，在现实情境中分析稍复杂的问题，根据生活经验和数据分析，意味着这道题目如果要真正理解，就要研究其本质的知识，就是三人抽到的所有情况，有以下几种情况归类，第一类：都抽到自己准备的礼物；第二类：只有一个人抽到自己准备的礼物；第三类：都没抽到自己准备的礼物。理解了这三种大情况，这种可能性的习题就相对比较简单了。所以在教学时，不需要把所有的小情况都罗列出来，只需要把握好大方向，就能对随机现象的所有结果进行分析并作出判断，加深对事件发生的不确定性的体验。

既然此题只需要罗列出大致的情况就可以推断出结果，那么，还应该设计一些只罗列大情况是不够的，还需要把所有情况都罗列出来才能解决的问题。

例题 4：数学知识模型，罗列小情况。

小飞将两个锐角拼在一起得到一个新的角，这个角会是什么角？请你用"一定""可能""不可能"等进行描述。

【意图说明】

此题结合数学中角的知识，分析事件发生的可能性。需要学生考虑的情况：两个很小的锐角；一个很小的锐角，一个很大的锐角；两个很大的锐角。

水平三：对随机事件的应用和分析水平

习题设计中，为实现知识的综合应用，往往会结合更多的相关知识以及相对开放的学习材料。学生在解决问题的过程中，需要结合概念本质去思考，处理情境材料和问题模型的多样性、复杂性，从而初步发展学生的高阶思维能力。

例题 5：数学知识模型，开放性设计。

小叶和小洁做小数乘除法计算的游戏。小叶每次从下面的题卡中任意拿出一张（题卡数字面向下），用 4.5 去乘或除以题卡上的数，得数大于 4.5 则小叶赢，得数小于 4.5 则小洁赢。

| ÷0.2 | | ×1 | | ×0.45 | | ÷4.5 |

| 4.5 |

| ÷1.2 | | ×2.7 | | ×0.99 | | ÷0.9 |

1. 你认为谁获胜的可能性大？请说明理由。

2. 为了游戏公平，可以怎样改变题卡，让小叶和小洁获胜的可能性相同。

【意图说明】

此题是一道开放性的综合习题。结合数学中一个数乘以（或除以）一个比 1 大的数，结果变大（或小），一个数乘以（或除以）一个比 1 小的数，结果变小（或大）的知识，设计了让学生改变题卡，让游戏公平的开放性问题。学生解决此类问题的关键在于是否能利用列举法罗列出简单的随机现象中所有可能发生的结果并进行分析。教师应引导学生解释和说明思考路线，理清思维的逻辑，外显思维的过程，培养学生分析问题、解决问题的能力。

例题 6：数学知识模型，根据数据预测。

小凌和小苗 10 次跳绳比赛的个数情况统计图

1. 从统计图 2.10.11 中，你发现了哪些数学信息？（至少写出 3 条）

2. 根据这十次的比赛，请你猜测一下，第十一次比赛会是怎样的情况？并说明理由。

【意图说明】

此题结合统计知识考查学生数据意识的同时，也有意识地渗透了概率思维，主要体现在第二问中，根据数据进行有理有据的预测。小凌和小苗都有可能赢，因为小凌的整体趋势是上升的，但是小苗有过一次 180 个最高纪录，所以结果是不确定的。这就像生活中的事件，绝大部分都是不确定事件，但数据可以给我们提供作出判断的依据。

水平四：对随机事件的创造和评价水平

最高水平的习题，是学生能根据知识的本质，以及自己的理解进行创造性的命制，从而进一步发展学生的数学高阶思维能力。

例题 7：已有知识模型，自编习题。

在以往的生活或数学学习中，存在着许多确定或不确定的事件与数学知识，请你结合具体情境，自编一道"可能性"大小的题目。

【意图说明】

此题的框架非常大，学生可以联系生活实际与以往学习过的数学知识，关注身边的确定和不确定现象，应用所学知识去创设、解释与解决一些简单问题，丰富对"可能性"的认知，感受知识蕴含的丰富内涵。这道题目我们会根据学生创编的习题的难易度、新颖度等的方式进行评价与交流，让学生自己评出最具价值的题目、最具难度的题目、最具想法的题目以及最具新意的题目。鼓励学生正确认识客观事件结果的确定与否，进一步认识随机事件发生的可能性。

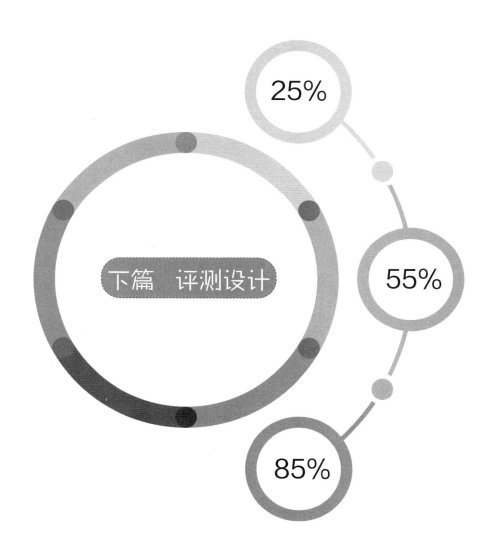

下篇 评测设计

25%

55%

85%

第一学段"数据意识"评测设计 *

一、评测目标定位与解读

数据是用数量或数学形式表示的资料事实,不仅包括数,还包括语言、信号、图像等,数据是信息的载体。[①] 数据分析是统计的核心,数据意识的发展首先需要对数据进行关注,有感受数据、解读数据与分析数据的意愿。当然,不同学段对"数据意识"有不同的定位。《"课程标准"(2022年版)》中关于第一学段"数据意识"的学业质量标准是这样描述的:"能对物体、图形或数据按照一定的标准分类,形成初步的数据意识。"[②] 其核心内容定位在"数据分类"。当然,对于第一学段"数据分类"这一主题,则需要突出从事物的分类过渡到数

---

　*本章由浙江省嘉兴经开教育集团李亚群与浙江省嘉兴市上海外国语大学秀洲外国语学校沈丽燕共同整理。

　① 谢清霖,郑璘玲.指向数据意识的小学数学作业设计 [J]. 小学数学教育,2023.3:9–11.

　② 中华人民共和国教育部制定.义务教育数学课程标准 [Z]. 北京:北京师范大学出版社,2022:81.

据的分类。从内涵来看，数据分类是在事物分类、图形分类基础上的抽象，又是数据的整理与表达的基础。《"课程标准"（2022 年版）》又在这一主题的内容与学业上作了相应的要求。

内容要求：会对物体、图形或数据进行分类，初步了解分类与分类标准的关系，形成初步的数据意识。

学业要求：能依据事物特征，按照一定的标准进行分类；能发现事物的特征并制定分类标准，依据标准对事物分类；能用语言简单描述分类的过程；感知事物的共性和差异，形成初步的数据意识。

内容要求主要是对学习范围的表述，如物体、图形或数据的分类以及分类标准等，使得内容更加聚焦。学业要求主要是对学习程度的表述，第一学段数据分类的对象是一般意义上的"事物"，要求通过分析事物的特征，如大小、形状、颜色等，对事物进行分类，并用语言简单描述分类的过程。而教学提示主要是对相关内容教学的实施建议，第一学段"数据分类"主题的教学中，要重视对接学生学前阶段已有的生活经验，设计合适的教学活动，使学生形成初步的数据意识，为后续学习统计中的数据分类打好基础。

基于以上对"数据分类"这一主题的内容与学业要求的解读，第一学段的测评目标应紧紧围绕"分类"的统计属性进行评测设计。

二、评测设计与简析

第一学段的评测主要以题的形式呈现。过程中，基本从测评题、考查知识点以及设计意图三个维度进行设计与说明。主要呈现了以下八道测评题。当然，每道测评题并不是简单地指向某个能力或素养水平，而是结合材料，在围绕知识点进行测评时，有些可能是指向单一的能力水平，有些则是指向多个能力或素养水平。现结合相关测评题，作具体的解读与分析。

测评题1：我会按要求圈一圈。

1. 我会把每组中同类的圈在一起。　　2. 我会圈出每组中不同类的一个。

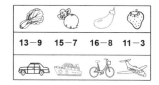

【相关知识点】

考查"单一标准下的分类"掌握情况。

【设计意图】

此题是学生在学完"分类与整理"第一课时后进行的。属于能依据事物特征，按照一定的标准进行分类之后的简单题型。"按要求圈一圈"其实是给定了学生分类的标准，而这个标准是需要学生借助生活经验或知识经验找不同时才能发现，借助本题唤醒学生分类的习惯，进一步养成分类的意识和能力。

根据实际答题情况反馈，学生所呈现的水平层次较集中，小部分学生出现错误，主要集中在以下两种情况。

情况一：学生对"我会把每组中同类的圈在一起"这句话在理解上出现了偏差，学生圈出了不同类的那一个。

情况二：学生对事物的特性了解不够全面，在分类中出现了错误。从"小轿车、轮船、自行车、飞机"中圈出不同类的一个，原题意图是将这些交通工具按其动力来源分为两类，但有学生按其行驶的区域圈了"轮船"或"飞机"。

只要能够确定某个标准也可。

测评题2：分类整理下面这些图形。

1. 按不同形状分一分，填写下表。

图形	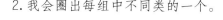					
个数／个						

267

2.如果分为两组，可以怎样分？完成下表。

分类		
个数 / 个		

【相关知识点】

考查"不同标准下的分类"掌握情况。

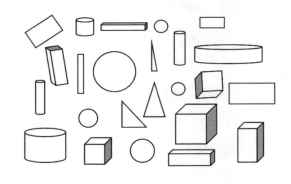

【设计意图】

分类就是将比较杂乱的事物按一定的标准进行整理，让学生结合生活实际、调动知识储备，寻找这些事物的共同特征，进而想到分类标准，体验分类的要求和必要性。

此题适宜学生在学完"分类与整理"的第二课时后进行，属于能按不同标准将事物进行分类的测评题。意在通过测评引导学生体会不同的分类标准下分类结果的多样性，从而培养学生的分类思想。在过程中，也会涉及有序思想，同时感受不同分类方法下数据总和的一致性。

与之相似的还可以是：

我会分一分（请用编号表示）。

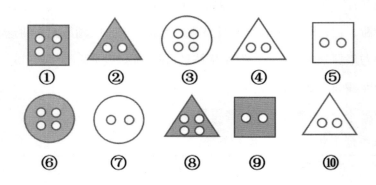

方法一：按形状分。_____ 为一类，_____ 为一类，_____ 为一类。

方法二：按_____分。

实际答题中，我们发现此题以纸笔形式的答题比非纸笔形式的答题难度大，错误率高。主要错误情况有：1. 计数错误，遗漏或重复计数。2. 对于还可以怎样分类，学生有分类的方法，但在文字表述上有一定的困难。3. 对物体的特性分析不全面，不能准确找到第二种分类标准。

测评题 3：下面是一（5）班同学最喜欢的主食情况。

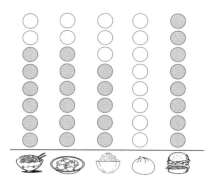

主食					
人数/人				3	

（1）根据已有信息，请把上面的图、表补充完整。

（2）根据上面的统计结果填一填、答一答。

①喜欢（　　　）主食的人数最多，喜欢（　　　）的人数最少。

②喜欢（　　　）和（　　　）的人数同样多。

③喜欢吃米饭的比喜欢吃（　　　）的人数多（　　　）人。

④你还能提出其他数学问题并解答吗？

【相关知识点】

考查对"分类与整理"知识的综合运用。

【设计意图】

分类的过程是将杂乱的事物按一定特征进行整理，同时实现对数据的初步整理，引导学生感知数据蕴含着的信息，为统计知识学习积累经验。本题是学生对整个单元知识学习之后的综合运用，主要有这样三个层次的测评意图：1. 经历分类与整理的过程，学会有序观察和整理；2. 通过对图表的补充与分析，培养学生读图表的能力；3. 能对数据进行简单分析，并能根据数据提出合理的数学问题，体会运用数据进行表达与交流的作用，培养学生的数据意识。

在实际的答题情况中，学生的综合运用能力较强，能够按要求分类并准确计数，也能根据图表对数据进行简单的分析，并能根据信息提出简单的问题。只有小部分学生出现错误，主要表现在：1. 计数过程中出现了遗漏；2. "（ ）比（ ）的人数少 4 个""喜欢吃米饭的比喜欢吃（ ）的人数多（ ）人"，在回答这一类问题时需要学生在审清题意的基础上，从统计结果中找到合适的信息并解答，这对于一年级的学生来说有一定的难度。

测评题 4：我是分类整理小能手。

学生从身边寻找自己感兴趣的事物（如书包、衣橱等）进行分类整理，并用自己喜欢的方式进行记录，与同学分享自己的整理过程和收获。

【相关知识点】

联系生活实际，考查对"分类与整理"知识的综合应用。

【设计意图】

在"分类与整理"的综合实践活动中，学生会主动调动起学习经验，能根据事物的特点分类整理，并用自己喜欢的方式进行数据的记录和表达。让学生将学到的分类知识与实际生活相结合，经历生活经验数学化、数学学习生活化的过程，在多样、自主的活动中体会到数学知识与生活的密切联系，不仅可以为二年级学习"数据收集和整理"打好基础，同时也可以增强学生学习数学的乐趣和信心。在此活动中，学生的积极性非常高，在"用中学"的过程中，将生活经验与知识经验整合，借助活动的深入开展，进一步掌握分类的方法，体会分类的目的和作用，同时也培养了良好的学习生活习惯。

【简析】

以上四题主要以"数据分类"中的"分"为重点进行考查。总的来说，设计与数据分类有关的测评内容，需要把握的是学生对事物的共性和差异的感知水平，以及感悟事物共性的抽象能力。在具体的学习过程中，学生通过从对具体实物分类，到对图形分类，再到对数据分类，在从具体到半抽象再到抽象的过程中逐渐培养数学思维，为"数据的收集、整理与表达"作必要的准备。

测评题5：学校要为各班添置新书，如果想知道班里同学最喜欢哪类图书，你觉得选择下面哪种方式收集数据更合理？请在相应的□内画"√"，并说一说想法。

到书店问问哪类图书卖得最好。

问问班里某一名同学。

请班里每位同学写出自己喜欢的一类图书。

我的想法是：_____。

【相关知识点】

考查数据收集的相关知识。

【设计意图】

该题属于追问式测评题。即在学生回答出结果后，以追问了解学生得出结论的想法。从测评内容来看，本题以学校要为各班添置新书为背景，用人物对话的形式给出了收集数据的方式，要求学生从中选择最合理的收集方式。测评的目的是让学生解决实际生活中的问题，经历真实的学习过程，感悟选择正确的收集数据的方法和途径的重要性。

在实际测试后，有小部分学生选择"到书店问问哪类图书卖得最好"，当写到"想法"时，学生认为询问书店比较权威。这样的观点还没有进入"数据分析"的视角。选择正确答案的学生在表述想法时，有的从"公平"的角度去考虑；有的则是从"全面"的视角夹回答；还有的是从"数据整理"的方面来思考……通过学生的想法，了解学生"数据收集"的不同思考水平。设计测评题时，用"为什么""怎么样想""请说明理由"都可以较好地引导学生展示想法。

测评题 6：下面是聪聪上个星期攒下的零用钱。

（1）用自己喜欢的方法表示出来。

面值	1角	5角	1元
数量（枚）			

（2）将统计的数据填在下表中。

（3）一个文具盒10元，聪聪上个星期攒下的零用钱可以购买一个文具盒吗？如果不够，还差多少钱？

【相关知识点】

考查数据收集与整理的相关知识。

【设计意图】

此题属于典型的"数据收集与整理"的客观题。第一小题学生选择用自己喜欢的方法表示出来，主要是链接一年级分类的相关知识。可以用

"正""○""√"等多种方式来记录收集数据。第二小题是在第一小题的基础上，用非正式统计表呈现数据，体会数据收集与整理方法的便捷与优化，从而进一步感受数据赋值，为接下来学习统计的相关内容打下基础。第三小题则是根据"统计"结果来解决生活中的实际问题，体会统计的必要性。

从水平层次分析，应属于第二水平，测评难易程度不高。从实际作答来看，学生一般出现的错误主要是计数错误。因此，在进行数据整理的过程中，教师应引导学生重视"数据校对"，以确保数据的准确性。如出现统计不一致时，需要再次进行数据记录与整理，放慢错误的修正过程实际上也是让学生感受统计工作的严谨与科学。

测评题 7：粽子是嘉兴的传统美食。下面是明明调查的二（1）班同学最爱吃的粽子品种。（每个 ▩ 表示 1 名同学）

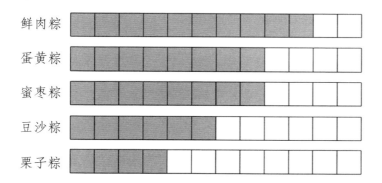

（1）最爱吃（ ）粽的人数最多，有（ ）人。

（2）最爱吃（ ）粽和（ ）粽的人数同样多。

（3）把统计的结果表示在下面的表格中。

鲜肉粽	蛋黄粽	蜜枣粽	豆沙粽	栗子粽

（4）如果每个 ■ 表示 2 名同学，上面的图应该怎么画？

鲜肉粽 | | | | | | | | | | | | |

蛋黄粽 | | | | | | | | | | | | |

蜜枣粽 | | | | | | | | | | | | |

豆沙粽 | | | | | | | | | | | | |

栗子粽 | | | | | | | | | | | | |

【相关知识点】

考查数据收集与整理的综合运用。

【设计意图】

这是一道"数据收集和整理"的综合测评题。学生在一年级的"分类与统计"中接触过非正式的统计表。本题以调查最爱吃的粽子品种这个问题，通过填表、画图这两个任务感受统计的基本样式——图与表；通过回答问题经历数据的分析过程。第（1）、（2）小题主要是观察统计图回答问题，学生在回答过程中感受统计图呈现的直观性，初步体会统计数据的背后往往蕴含着丰富的信息，只有经过分析读懂信息，才能实现统计的最终目的。第（3）小题是将图的信息转化成表的信息，转换的过程一方面是巩固对统计表的认识，另一方面也为接下来进一步认识图与表打基础。第（4）小题富有探索性，通过画图为后面学习"以一当多"的统计图作好铺垫。

从解决问题的角度来看，本题对于二年级的学生来说难度不大，综合性要求稍高，属于水平层次二。像这样较常规的测评题让学生在解决问题的过程中能够经历统计的完整过程，感受统计的价值。

测评题8：在老师的带领下，选一个路口，统计5分钟内来往车辆的情况。

（1）用喜欢的方式填写统计表。

小轿车	巴士			

（2）在方格中涂一涂。（1 个□表示 1 辆）

小轿车 | | | | | | | | | | | | | | | | | |

巴士 | | | | | | | | | | | | | | | | | |

| | | | | | | | | | | | | | | | | |

| | | | | | | | | | | | | | | | | |

| | | | | | | | | | | | | | | | | |

（3）从统计结果看，（ ）最多，（ ）最少。

（4）想一想：5 分钟后开来的第一辆车最有可能是哪一类车？为什么？

【相关知识点】

考查数据分类、数据收集与整理的综合运用。

【设计意图】

　　该题属于第一学段数据分类的综合运用类型，属于水平层次三。生活中存在大量的分类问题，这些都是学生学习数据分类的内容素材。题中"统计 5 分钟内路口来往车辆的情况"，是引导学生亲身参与统计活动，经历统计的真实过程。在统计过程中，不论使用数字还是符号做记录，都是数据分类的表现形式。第（1）小题采用半开放式的分类标准，题中只填了"小轿车"和"巴士"，剩下三个分类项目，学生可以根据实际情况进行填写，以此实现由学生自己制定标准的目的，在具体的统计过程中运用文字、图画或表格等方式记录并描述分类结果，体会如何用数学语言表达现实世界。第（2）小题是根据表的信息，转化为图的信息，感受分类结果呈现方式的多样性，也为接下来学习统计图打下基础。第（3）、第（4）小题，根据图表分析数据，运用数据分类解决真实问题，其中"想一想:5 分钟后开来的第一辆车最有可能是哪一类车"这一问题,让学生初步体验根据数据作出预测,感悟数据分类的意义和应用价值。

此类测评题,主题还可以有"为合理进行垃圾分类,学校要重新设计垃圾桶的数量和位置。你们觉得应该准备多少个垃圾桶?放在哪里比较合适?"这类问题。引导学生根据垃圾分类的标准,调查学校每天产生垃圾的实际情况,用 A、B、C、D 表示厨余垃圾、可回收物、有害垃圾、其他垃圾,进行记录;引导学生深入讨论"如何根据每类垃圾的数量,确定垃圾桶的数量""如何根据教学楼的位置确定垃圾桶的摆放位置"等问题,不断发现新问题,解决新问题。

以上四题更多测评的是学生在数据收集、整理层面的经验形成水平。数据分类这一主题的学习实际上贯穿统计学习的始终,在后续统计图表、统计量的学习中,基础的内容依然是数据分类。而第一学段的数据分类,是学生初步根据信息对事物分类,初步感悟数据分类方法,初步学会从统计的视角表达分类结果,并形成初步的数据意识。这一学段的测评题也是基于这样的考量,着眼于学生学习素养提升的综合角度来设计的。除了以上的范例,一定还有更多的样式有待进一步探索。

第二章

第二学段"数据意识"评测设计 *

一、评测目标定位与解读

　　数据意识是人的头脑对客观存在的数据产生感觉、思维等各种心理过程。以数据说话，是数据意识显现最基本的特征，对数据的敏感度是数据意识的重要指标，数据的表达则是重要内容。《"课程标准"（2022 年版）》中关于第二学段"数据意识"的学业质量标准是这样描述的："能分析与表达数据中蕴含的信息，能绘制简单的数据统计表和统计图，形成初步的数据意识。"[1] 其核心内容定位在"数据的整理与表达"。即集中体现在数据的收集、整理与表达，以复式统计表、条形统计图、复式条形统计图和平均数为主要教学内容。《"课程标准"（2022 年版）》又在这一主题的内容与学业上作了相应的要求。

　　内容要求：经历简单的数据收集、整理、描述和分析的过程，了解简单的收集数据的方法，会呈现数据整理的结果。通过对数据的简单分析，感受蕴含

---

　　* 本章由浙江省嘉兴市友谊小学刘君老师与浙江省嘉兴市洪兴实验小学曹英平老师共同整理。

　　[1]　中华人民共和国教育部制定. 义务教育数学课程标准 [Z]. 北京：北京师范大学出版社，2022:81.

着的信息，体会运用数据进行表达与交流的作用。认识条形统计图，会用条形统计图合理表示和分析数据；能读懂报纸、电视、互联网等媒体中的简单统计图表。探索平均数的意义，能解决有关的简单实际问题；能在简单的实际情境中，合理应用统计图表和平均数，形成初步的数据意识和应用意识。

学业要求：能收集、整理具体实例中的数据，并用合适的方式描述数据，分析与表达数据中蕴含的信息。能用条形统计图合理表示数据，说明数据的现实意义。知道用平均数可以刻画一组数据的集中趋势，知道平均数的统计意义；知道平均数是介于最大数与最小数之间的数，能描述平均数的含义；能用平均数解决有关的简单实际问题，形成初步的数据意识和应用意识。

综上分析，要想了解本学段学生的数据意识水平，在测评过程中需要尽可能提供接近学生生活实际的情境，并以任务驱动学生沉浸到数据的收集与整理中，通过相应图表的绘制体验，发展学生对数据的基本整理能力。同时结合"平均数"这一统计量的认识，经历数据分析与表达的不同角度，发展数据意识。

基于以上对"数据的整理与表达"这一主题的内容与学业要求的解读，第二学段的测评目标应紧紧围绕"整理、表达"的统计内涵进行评测设计。

二、评测设计与简析

第二学段的评测主要以题组（即专题测评卷）的形式呈现。重点围绕专题测评卷的命制内容、评测目标与意图等维度设计与说明。设计 A、B 两组测评题。A 组题以基础测评为主，从能力水平来看，属于水平一至水平三的层级；B组题则以水平二至水平四的题为主。从形式上来看，A 组题，以基础性测评为主，多数 采用纸笔测评的方式；B 组题，以拓展性测评为主，采用活动测评的方式，并且结合表现性评价理念进行评测。

A 组题（基础性测评）

测评题 1：下面是关于小刚对本班学生喜欢的球类运动情况的调查数据表。

表 1　本班男生喜欢的球类运动情况

项目	篮球	排球	足球	乒乓球
人数	7	4	6	5

表 2　本班女生喜欢的球类运动情况

项目	篮球	排球	足球	乒乓球
人数	3	9	4	7

请根据要求完成以下任务：

（1）把上面表格中的数据整理在一张统计表中。

本班学生喜欢的球类运动情况

	篮球	排球	足球	乒乓球
男生				
女生				

（2）男生喜欢（　）的人数最多，女生喜欢（　）的人数最多。

（3）（　）最受本班同学的喜欢。

【意图说明】

复式统计表的学习要求学生从不同的角度进行分析，能从多个纬度分析统计表中的数据信息，但这部分知识是学生在学习了单式统计表的前提下的延伸和拓展。通过单式和复式统计表的对比呈现，引导学生观察、整理和分析班中学生喜欢的球类运动情况。此题共设计了三小题，具有典型性和针对性。第一小题完成复式统计表，引发学生对单式和复式统计表相关性的认识，感受复式统计表产生的意义和价值。第二小题是对复式统计表的数据解读，体会数学与实际生活的紧密联系，增强学生应用数学知识的意识。第三小题是对复式统计表中的数据进行分析加工，来解决现实中的问题，在应用知识的同时提升数据分析能力。

预设完成情况：

水平一：学生能够利用单式统计表的数据整理复式统计表，具有数据整理意识。

水平二：学生能够分析、解读复式统计表中数据的意义，具有初步的数据解读意识。

水平三：学生能够对复式统计表中的数据进行分析，得出新的数据解决问题，具有一定的数据分析意识及问题解决能力。

测评题2：下表是四（1）班42位同学最喜欢的水果情况统计表。

水果	苹果	香蕉	橘子	葡萄
人数	6		18	10

（注：每人都选定了1种水果）

要求：根据信息，将表格填写完整，并结合表中信息把下面的统计图补充完整。

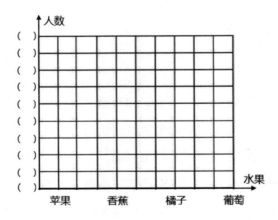

【意图说明】

单式条形统计图是在统计表之后学习的，关于条形统计图的绘制，属于基本技能的测评。条形统计图的特点是，用一个单位长度表示一定的数量，根据数量的多少画成长短不同的直条，然后把这些直条按一定的顺序排列起来。它能直观形象地表示数量的多少，且便于比较分析数据。在纵轴上选择"以1当几"的时候，要根据它表示数据的特点进行选择，这样画出的统计图更加简洁。

预设完成情况：

水平一：能够结合所给条件分析具体数据，算出未知项目的人数。

水平二：能够基本绘制条形图，但是在选取"以1当几"的时候出现混乱，导致统计图不合理或者标准不统一。

水平三：能够准确选择标准绘制出条形统计图，并保持图形整洁规范。

测评题3：下图是小丽家和芳芳家2021年各季度用水情况统计图。

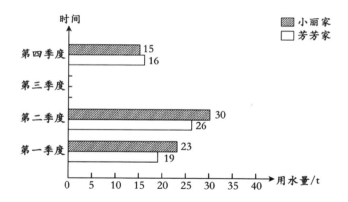

（1）第三季度小丽家用水量是40t，芳芳家比小丽家少用5t。请根据信息将统计图补充完整。

（2）芳芳家2021年平均每月用水（　）t。

【意图说明】

复式条形统计图统计的对象是两组或两组以上的量。本题的第一小题设计了补充统计图信息，其中绘图的名称、图标、纵横轴和数量都已经给出，只需要学生根据具体的数据，绘制长短不同的直条，并在所画的直条末端标上具体的数据。第二小题考查学生运用正确的方法分析复式条形统计图的数据的能力，以及解决简单的实际问题的能力。

"根据信息将统计图补充完整"预设完成情况。

水平一：不能准确绘制出第三季度的用水量，作图不够规范。

水平二：能够结合不同的图例表示小丽家和芳芳家的用水量，但数据不准确。

水平三：能够准确选择标准绘制出条形统计图，并保持图形整洁规范。

"用水量比较"预设完成情况：

水平一：能够根据条形的长短判断数据的大小，但不能区分芳芳家和小丽家。

水平二：能准确读取小丽家第三季度用水量最多，但不能分析数据并计算芳芳家的月用水量。

水平三：既能准确读取数据，也能通过分析计算芳芳家的每月用水量。

测评题4：在一次数学竞赛中，甲、乙、丙、丁四人的数学成绩如下表。

甲、乙、丙、丁四人的数学成绩情况

姓名	甲	乙	丙	丁
分数	75	95	84	70

根据上表完成下面任务。

（1）求甲、乙、丙、丁四人的平均成绩。

（2）将甲、乙、丙、丁四人的数学成绩制成如下条形统计图。如果用一条直线表示四人的平均成绩，下页各图中，第（　）幅表示的是合理的。

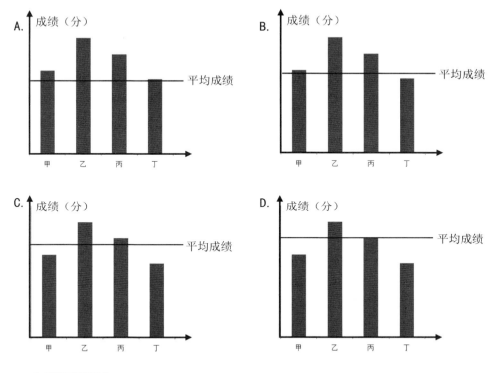

【意图说明】

平均数是统计学中最基础、最重要的概念之一，它具有区间性、虚拟性、敏感性等特点，是用来描述一组数据的平均水平、整体水平的统计量。本题对平均数的理解设置了三个不同的水平，第一小题是计算水平，主要考查学生利用平均数解决实际问题的能力，也就是在应用中学会求平均数；第二小题是概念水平，主要考查学生对平均数实际意义的理解，也就是理解平均数能够反映一组数据的集中趋势。

预设完成情况：

水平一：会计算平均数，但是不能够将平均数和统计图结合起来分析。

水平二：知道平均数是在最大值与最小值之间，但对数据整体感受不深，不能将平均数与统计图结合起来分析。

水平三：知道平均数在最大值和最小值所在的区间，并且能对总体数据的集中趋势有较准确的感觉，并能在此基础上合理选择统计图。

B 组题（拓展性测评）

测评题 5：根据信息完成任务。

每户居民家中安装的用水表都会显示当前用水总量，如用水表显示:1036，即表示该户自安装此水表后的用水总量为 1036 吨，若过了一个月后水表显示为 1050，则意味着刚过去的这个月该户的用水量为 14 吨。（算法:1050-1036=14）

小军连续记录了家里 2022 年四个季度水表显示用水量：

2021 年底显示:3655；

2022 年第一季度结束时:3674;2022 年第二季度结束时:3703；

2022 年第三季度结束时:3735;2022 年第四季度结束时:3751。

小强连续记录了家里 2022 年四个季度水表显示用水量：

2021 年底显示:5684；

2022 年第一季度结束时:5707;2022 年第二季度结束时:5738；

2022 年第三季度结束时:5777;2022 年第四季度结束时:5792。

（1）请根据以上信息，将下表填写完整。

用水量/吨＼季度 用户	第一季度	第二季度	第三季度	第四季度
小军家	19			16
小强家	23	31		

（2）请根据上述统计表的信息将下面统计图补充完整。

小军和小强家 2022 年各季度的用水量统计图

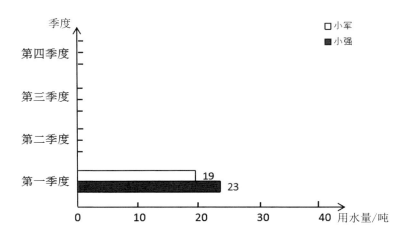

（3）小强家第（　）季度用水量最多，小军家第（　）季度用水量最少。

（4）观察上面的统计图，关于小强家平均每月的用水量说法正确的有（　）。（可多选）

A.一定比 15 吨多，比 40 吨少。B.平均每月的用水量是 9 吨。

C.可能和某个月的用水量相同。D.平均每月的用水量是 27 吨。

（5）请你观察图中小军和小强两家的用水量，说说为什么用水量会出现这样的变化？

【意图说明】

这组测评题是基于一个生活情境将复式统计表、复式条形统计图和平均数等相关知识点进行整合，设计了相应的任务，成为一个前后关联的题组，意在一个大情境中测评学生已具备的数据整理与分析水平。

本题组的情境材料呈现中包含了大量数据，需要学生去解读、提取、收集和整理，来完成第一小题复式统计表的填写。本题可以测评学生是否具备能正确理解阅读材料的能力，是否具备提取和整理数据的能力。预设完成情况如下。

水平一：学生能够试着填写小军和小强两家的用水量，但不能正确计算出每个季度的用水量。

水平二：学生能够算出小军和小强两家的用水量，但填写时出现混淆。

水平三：学生能够正确计算并填写小军和小强两家不同季度的用水量。

第二小题是关于复式条形统计图的绘制，属于基本技能的测评。但与基础题的不同之处是本题的条形图是横向表示的，且坐标轴的单位较大，学生在绘制过程中的取值存在一定难度。预设完成情况如下。

水平一：不能够准确绘制出其他三个季度的用水量，数据错误。

水平二：能够基本绘制出其他三个季度的用水量，可能存在个别数据混淆。

水平三：能够准确绘制出其他三个季度的用水量，并保持图形整洁规范。

第三小题是关于统计图信息的读取，属于比较基础的测评。预设完成情况如下。

水平一：由于前面的数据错误导致不能够正确填写。

水平二：能够正确填写用水量最多与最少的情况。

第四小题是融合了平均数这个统计量，测评学生对平均数的理解水平。本题的难度在于，这是一道相对比较少见的多选题，对学生来说需要对平均数的特征有全面的理解才能完成。预设完成情况如下。

水平一：选项中出现 D 的，说明对于"平均每月"和"平均每季度"的审题上理解不到位。

水平二：选择了 A、B、C 中的任意两项，说明学生对平均数有一定的理解，但较为片面。

水平三：能够正确选择 A、B、C 这三项，说明学生对平均数的意义掌握较全面。

第五小题是读图分析，测评学生对数据的敏感度，以及对数据内涵的挖掘能力。预设完成情况如下。

水平一：只能凭自己的猜测说出用水量的变化原因。

水平二：能够根据自己的生活经验说出用水量的变化原因。

水平三：能够利用图中数据并结合生活经验说出用水量的变化原因，包括季节等其他因素。

第三章

第三学段"数据意识"评测设计 *

一、评测目标定位与解读

《"课程标准"（2022 年版）》中关于第三学段"数据意识"的学业质量标准是这样描述的："知道数据的统计意义，能对一些随机现象发生的可能性大小作定性描述，形成数据意识和推理意识。"[①] 其核心内容定位在"数据的统计意义，包括随机性"。相对来说，在第三学段中，对学生的"数据意识"的培养，更加突出数据的统计意义，从更加全面与更为抽象的角度进行数据的收集、整理、表达与分析，从而发展学生的数据意识。《"课程标准"（2022 年版）》对此也作了内容与学业层面的相应要求。

内容要求：分为两个方面。首先，在"数据的收集、整理与表达"方面，根据实际问题的需要，学生经历数据收集、整理和分析的过程，能合理述说数据分析的结论；认识折线统计图、扇形统计图；会用条形统计图、折线统计图

---

* 本章由浙江省嘉兴市南湖区教育研究培训中心钟燕与浙江省嘉兴市辅成教育集团吴晓敏共同整理。

① 中华人民共和国教育部制定 . 义务教育数学课程标准 [Z]. 北京：北京师范大学出版社，2022：82.

呈现相关数据，解释其所表达的意义；能从各种媒体中获得所需要的数据，读懂其中的简单统计图表；结合具体情境，探索百分数的意义，能解决与百分数有关的简单实际问题，感受百分数的统计意义；在简单的实际情境中，应用统计图或百分数，形成数据意识和初步的应用意识。其次，在"随机现象发生的可能性"方面，通过实例感受简单的随机现象及其结果发生的可能性；在实际情境中，对一些简单随机现象发生可能性的大小作出定性描述。

学业要求：同样分为两个方面。一是"数据的收集、整理与表达"方面，能根据问题的需要，从报纸、杂志、电视、互联网等媒体上获取数据，或者通过其他合适的方式获取数据，能把数据整理成条形统计图、折线统计图，知道条形统计图、折线统计图和扇形统计图的功能，会解释统计图表达的意义，能根据结果作出简单的判断和预测。能在真实情境中理解百分数的统计意义，解决与百分数有关的简单问题。能在认识及应用统计图表和百分数的过程中，形成数据意识，发展应用意识。二是"随机现象发生的可能性"方面，能列举生活中的随机现象，列出简单随机现象中所有可能发生的结果，判断简单随机现象发生可能性的大小。对于现实生活中的一些简单问题，能根据数据提供的信息，判断随机现象发生的可能性。

二、评测设计与简析

第三学段的评测设计同样以题组（即专题测评卷）的形式呈现。重点围绕专题测评卷的命制内容、评测目标与意图等维度设计与说明。同样呈现 A、B 两组测评题。依据课程标准的内容要求和学业要求，对第三学段相关内容以纸笔测评和非纸笔测评两种方式进行检测。A 组测评题以选择题和问答题为主，重点考查"统计与概率"领域第三学段的相关知识点和技能。B 组测评题以问答题和非纸笔测评为主，重点考查学生的数据意识和解决生活中实际问题的数据分析能力。

A 组题（基础性测评）

测评题 1：小明家 2022 年四个季度的用电量和各种电器的年用电量如下。

2022 年四个季度用电量统计表

季度	用电量 / 千瓦时
第一季度	250
第二季度	150
第三季度	400
第四季度	200

各种电器年用电量统计表

电器	年用电量 / 千瓦时
空调	250
冰箱	400
照明	100
彩电	150
其他	100

小明根据上面的数据制成下面三幅统计图。

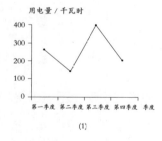
(1)

(2)

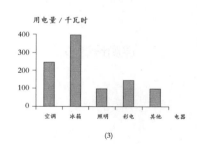
(3)

根据以上三幅统计图回答问题。

①从哪幅图中可以看出各季度用电量变化情况？（　　）

②从哪幅图中可以看出冰箱年用电量超过年总用电量的 $\frac{1}{4}$？（　　）

③从哪幅图中可以清楚地看出空调的年用电量？（　　）

290

【意图说明】

以统计表的形式呈现小明家各季度用电量的数据和电器的年用电量数据，一目了然。再出示根据表中数据制作的三幅统计图，根据统计图各自的特点选择合适的图。学生只要知道三种统计图的特征，就能解决此问题。此题为水平一的习题，学生可以直接运用掌握的统计图知识解决问题。

测评题2：李阿姨从家出发去商场，走到离家330米处的公交站时，发现忘记带手机，于是她赶紧小跑回家；拿好手机后，决定还是骑电瓶车去商场。李阿姨的行程情况（图1）和时间分配图（图2）如下：

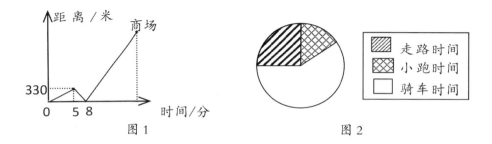

图1　　　　　　　　　　　图2

（1）根据图1，李阿姨小跑回家用了多少时间？（2）结合两图，李阿姨骑电瓶车的速度是多少？骑车到商场用了多少时间？

【意图说明】

本题结合李阿姨从家出发去商场这一现实情境解决相关问题。图1折线统计图，根据题干描述清晰地呈现了李阿姨走路和小跑的路程和时间，根据这些信息能够计算出走路和小跑时的速度。再根据图2扇形统计图中走路、小跑和骑车的时间分配，能够利用量角器等工具估计各种状态下的百分比，算出李阿姨骑电瓶车到商场用了多少时间。本题紧紧围绕折线统计图横轴和纵轴的特点，及扇形统计图呈现部分量与总量关系的特点，把相关联的信息分步展开。此题为水平二的习题，需要学生不仅会解读统计图，还会整体性思考，能较好地测评学生用数学的眼光观察现实世界的能力。

测评题3：在1～9九张数字卡片中任意摸一张，摸到（ ）的可能性最大。

A．奇数　　B．偶数　　C．质数　　D．合数

【意图说明】

本题考查的是有关可能性的知识技能。根据数的特征，整理1~9九张数字卡片中的奇数、偶数、质数与合数分别有多少，奇数有5个，偶数有4个，质数有4个，合数有4个，所以能够判断摸到奇数的可能性最大。此题为水平一的习题，学生只要能够正确列出简单随机现象中所有可能发生的结果，便能判断简单随机现象发生可能性的大小。

测评题4：下面三幅图记录了B轿车行驶的全过程，从三幅连续的图中可以判断，当时B轿车速度可能是A轿车的（ ）。

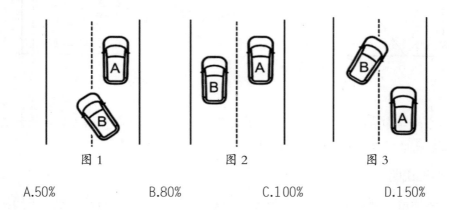

图1　　　　　　　　图2　　　　　　　　图3

A.50%　　　　　　B.80%　　　　　　C.100%　　　　　D.150%

【意图说明】

此题考查的是对百分数表示两个量的倍比关系的理解。以情境图的形式形象地呈现了B轿车超过A轿车的行驶过程，学生根据速度的变化，结合生活经验，能够意识到B轿车的速度在发生变化，不断地加快。当B轿车的速度与A轿车的速度进行比较时，能够发现两个量之间的倍比关系，当时B轿车速度可能是A轿车的150%。此题为水平二的习题，学生不仅要掌握百分数的特征，更要能够看懂图的意思，理解现实情境，形成数据意识和初步的应用意识。

B 组题（拓展性测评）

测评题 5：小明用不锈钢保温杯和陶瓷保温杯做了一次对比实验，以了解两种保温杯的保温性能。下面是实验中获得的数据。

经过时间（分）温度（℃）品名	0	30	60	90	120	150
不锈钢保温杯	95	90	84	78	72	68
陶瓷保温杯	95	74	58	50	45	41

你能根据表中的数据，接着完成下面的折线统计图吗？

看图回答下面的问题：

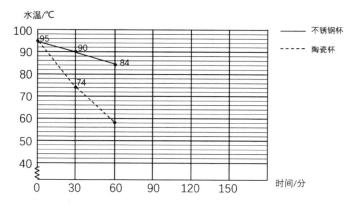

不锈钢和陶瓷保温杯水温度变化情况统计图

（1）实验开始后第 60 分钟，两个杯中的水温相差多少摄氏度？第 120 分钟呢？

（2）不锈钢保温杯的水温下降到 70℃，大约经过多少分钟？陶瓷保温杯呢？

（3）哪种保温杯的保温性能好一些？从图中你还能知道些什么？

【意图说明】

此题的考查内容为复式折线统计图的运用。以小明用不锈钢保温杯和陶瓷保温杯做了一次对比实验为情境，学生要会解释折线统计图表达的意义，能根据结果做出简单的判断和预测。学生能够根据表中的数据制作折线统计图，并能根据折线统计图呈现的信息判断实验过程和实验结果。此题为水平二的习题，对于"哪种保温杯的保温性能好一些"的回答，是应用统计图的过程，能用数据进行分析与表达，有助于学生形成数据意识和应用意识。

测评题 6：为了解某校小学生冬季最喜欢的体育活动，该校随机抽取了部分学生进行调查，整理数据得到下列统计图表。

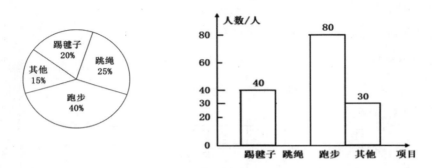

项目	踢毽子	跳绳	跑步	其他
男:女	1:3	2:3	3:1	4:1

根据以上信息回答下列问题：

（1）随机抽取了多少名学生进行调查；

（2）把条形统计图补充完整；

（3）在被调查学生中，喜欢踢毽子和跑步的男、女生比分别是 1:3 和 3:1，则喜欢踢毽子和跑步的男生总人数和女生总人数相等。你同意吗？请说理由。

【意图说明】

这是一道综合应用题。以某校小学生冬季最喜欢的体育活动为情境，选择学生所熟悉的生活场景，以扇形统计图、条形统计图和统计表的形式，直接呈现了整理好的数据。学生要能够从众多的数据中选择有用的信息解决问题，需要对数据进行甄别，勾连。根据条形统计图中的具体数据和扇形统计图中的百分数，计算各项目的人数。问题串结合了比的知识内容，对总人数进行判断。此题属于水平三的习题，除了需要统计与概率的相关知识技能外，还需要学生用数学的思维思考现实世界，用数学的语言表达现实世界，发展数据意识。

测评题 7：小明和小红下跳棋，他们用掷骰子决定谁先走。小明用 1 号骰子，上面的点数是 1，6，8 各两个面，小红用 2 号骰子，上面的点数是 3，5，7 各两面，每掷一次谁的点数大，谁先走。

小明	1	1	1	6	6	6	8	8	8
小红	3	5	7						

（1）根据题意把表格填写完整，小明掷的点数比小红大的有（ ）次，小红掷的点数比小明大的有（ ）次。

（2）小明先走的可能性是（ ），小红先走的可能性是（ ）。

（3）你认为这个游戏公平吗？怎样把这个游戏变得公平呢？

【意图说明】

此题设计了一个数学游戏下跳棋掷骰子。骰子的点数进行了设计，通过有序排列，可以得出小明点数大的次数有 5 次，而小红点数大的次数有 4 次。对于游戏中的一些简单问题，学生能根据数据提供的信息，判断随机现象发生的可能性。再从游戏公平性的角度，对游戏进行再设计。此题为水平三的习题，学生不仅要能理解复杂的游戏情境，还要能从情境中获取有用的数据信息进行可能性的判断，最终还需要利用可能性知识对游戏进行公平性设计。该题综合性比较强。

测评题 8：非纸笔测评（家庭支出分析）

测评目标：测评小学六年级学生在统计方面的理解和应用能力，包括如何收集和整理数据，进行数据呈现和数据分析。同时在数据收集分析的过程中培养学生正确的消费观。

测评任务描述：

请你当一个月的家庭小管家，记录家庭的各项支出及个人支出，帮助家庭了解一个月的支出情况，以便做出合理的开支安排和节约措施。

任务 1：数据收集

请记录你家庭一个月的各种支出情况，如食品、交通、水电费、购物等。可以选择合适的方式来收集数据，比如询问家人、查看收据等。

任务 2：数据整理

请将你收集的数据进行整理，并合理使用统计图表的方式呈现数据，以便更直观地展示你们家庭的支出情况。

任务 3：数据分析

请你使用适当的方式对数据进行分析，包括计算每个支出类别的总金额、平均金额、各类支出的占比情况、恩格尔系数等。同时预测分析结果并提出合理的建议。

评价中设计相应的评价量规（见下表）。

关于家庭支出的调查分析作业评价表

评价维度	评价指标	评价结果
数据收集能力（5分）	水平一：未完成任务。对应分值为 0。	
	水平二：数据不完整或有明显错误的信息。对应分值为 1。	
	水平三：数据基本完整准确，但可能有一些遗漏或不准确的信息。对应分值为 3。	
	水平四：数据完整准确，包括了各类支出的所有信息。对应分值为 5。	

评价维度	评价指标	评价结果
数据整理能力（5分）	水平一：未完成任务。对应分值为0。	
	水平二：用统计图表整理数据时存在问题，例如格式混乱、计算错误或未采用合理的统计图表等。对应分值为1。	
	水平三：用统计图表整理数据时具备一定的规范性，但结果不够清晰、易懂。对应分值为3。	
	水平四：能合理利用统计图表，对数据进行规范的整理，整理结果清晰易懂。对应分值为5。	
数据分析能力（10分）	水平一：分析和预测时考虑的是无关的或主观的特征，无法提出建议。对应分值为0。	
	水平二：分析和预测时只关注数据的一个方面，建议缺乏合理性。对应分值为4。	
	水平三：分析和预测时，对数据的关注点超过一个方面，提出建议时考虑的点不够全面。对应分值为7。	
	水平四：分析和预测时综合考虑数据多方面的特征，提供连贯、全面的解释，并提出合理的建议。对应分值为10。	

【意图说明】

本题旨在帮助学生分析家庭支出情况并提升他们的统计能力。同时借助评价量表重点对学生的过程表现和数据意识进行评价。

【过程表现评价】

此题的过程表现评价主要考查学生在分析统计数据过程中的综合能力。学生需要对收集到的家庭支出数据进行整理、分类和计算，然后利用相应的统计方法和图表来揭示家庭的消费情况。在这个过程中，学生需要展示出准确使用统计工具的能力，包括选择合适的统计量、运用合适的统计方法、绘制合适的图表以及解读分析结果等。

【数据意识评价】

除了过程表现，这道题目还重点评价学生的数据意识。学生需要理解和识别数据的含义，并根据实际情况进行数据的筛选和处理。此外，学生还需要正确地解读数据背后的信息，例如发现和分析家庭的消费习惯、支出结构和节约意识等。通过这种评价，我们可以看到学生对数据的敏感度和洞察力，以及他们在实际问题中应用数据进行决策和解决问题的能力。

编后记：一起研究，建设专业成长共同体

与老师们一起研究教育教学问题，是幸福的。

如果说，之前与老师们聚在一起研究教育教学问题，更多的是以课题组、教研组，或者出于某个主题研修而临时组建的团队的形式的话，那么自2021年9月开始，我的工作室成立后，我们便以"特级教师工作室"的形式开始了教育教学实践的研究。

主持"特级教师工作室"，是通过申报评审最后确定的。我提交了工作室的三年规划，然后作宣讲，由评审组评审，最后由市教育局审核确定并发文宣布。

终于有了以自己的名字命名的"工作室"，而且成员由从市域范围内选拔出来的优秀年轻教师组成。也许，在申报时，我有一种要为嘉兴市小学数学学科教师队伍的发展作点贡献，有为市域范围内的本学科年轻教师的专业成长提供些帮助的想法。但真正接下这个任务后，我还是感受到了责任与压力。好在工作室的活动一直得到市小学数学教研员朱国荣老师的大力支持，也得益于各区县教研员及名师们的鼎力相助。因此，工作室团队的活动，也一直能够按申报方案的规划有序地进行着。

"以主题研修为载体建设教师专业成长共同体"，是我最初建设工作室的基本定位。想法有二：

首先，定位为"专业成长共同体"，是想借"共同体"这一个词将"师徒结

对"从传统的"师带徒"的传授意义上的"被动学"转变为成员们的"主动学"与"共同成长"。相对于传统的"师带徒","成长共同体"无疑能够更好地体现新形势下师徒之间的合作关系（或者至少应该以这样的关系为导向）。学习是一个相互的过程，"教学相长"应该是现代社会"师徒结对"形式下师徒共同成长的基本特征。帕尔默在《教学勇气：漫步教师心灵》一书中描述了"与志同道合的朋友一起追求真理"的理想场景，就工作室而言，师徒合作也应建立在双方共同成长的意愿的基础之上。这里暗含三个层次：首先是学习，然后是成长，最终实现共同成长。"成长共同体"的核心理念突破了以往"促个体发展"的界限，努力实现从"个体有获"走向"群体共进"。

其次，关于研修主题。主题是载体，也是抓手。选择有意义、有价值的主题开展研修是共同体建设中的核心环节。以《义务教育数学课程标准（2022年版）》的发布为契机，我为团队规划了围绕核心素养如何落地的实践研修，每学期选择其中一个表现（如量感、直观想象、数据意识等）作为主题，以理论学习、课堂实践、成果提炼的方式进行。选取上述研修主题，意义有二：一是这些核心概念本就需要一线教师深度理解与扎实实践；二是群体的基于实践的研修相较于个体的研读能更好地落实新课标理念。本书的主题便是其中之一，是"主题研修专业成长共同体"团队研修成果的典型体现。

全书分为三篇。所有的内容都经过了首批工作室学员共同探讨。上篇是围绕"数据意识"的理论研究的成果，有对概念的思辨，也有对"数据意识"这一主题评价的思考与研究。其中的几章初稿，分别由凌璐予撰写第二章、第三章，李亚群撰写第四章，钟燕撰写第五章，刘君撰写第六章，然后由导师统整定稿。中篇是关于"统计与概率"内容的教学实践案例，有课的内容解读，有学情前测分析，还有实践过程，最后又有针对此内容的测评设计。主要由执教展示课的伙伴整理初稿，然后由导师整体梳理。下篇则是针对三个学段的"数据意识"测评的设计与思考，初稿由伙伴们整理，最后由导师再作统整。

当然，过程也并不是一帆风顺的。因为前期关于"数据意识"的主题并没有想到要整理成专著，故而只是选择了其中的一些内容进行了深度探索。当围绕主题的两个阶段的实践结束后，一是感觉团队成员的研究比较深入，课堂设计与实践都很用心，成果质量也比较高；二是发现几次实践后，与"统计与概率"相关的内容剩下的不多了，于是讨论决定对"统计与概率"的内容进行整理研究，将还没研究的"数据分类"与"复式条形统计图"也纳入实践研究之中，在后来的一个学期中同样进行了完整的实践研究，收集到了第一手的资料。

有学习，有交流，有实践，有体验，有思考……这也是我工作室教学实践研究的基本特征。老师们经历了"以主题研修为载体，建设教师专业成长共同体"过程后的体会也很深刻。

有伙伴说："当初我是抱着向大家学习的心理加入工作室的，总感觉自己与小伙伴们有差距，自己性格也比较慢热。因此在开始阶段，我的学习状态一直很被动，属于有要求，我就去做，但很不主动。幸运的是，有费老师这位良师的督促和鼓励。比如在第一阶段量感研究结束后，费老师给了我一个呈现自己收获的机会，但因我本人理论写作水平不足，会有抵触心态，但费老师一次次地帮我修改，一个个电话给我提点，尽管最后的文章并不优秀，但在这个过程中，我慢慢有了收获，心态与行动也更积极主动。"

有伙伴说："费老师的名师工作室是一个有爱有智慧的大家庭。有费老师的高位引领，也有费老师对我们的理解和鼓励，还有工作室小伙伴们的互帮互助，以及在每一次活动中的思维碰撞。在这样温暖的大家庭里，我从一开始的忐忑，到现在对每次活动充满期待。大家都分外珍惜和团队在一起研讨的时光。"

有伙伴说："费老师从来不和我们说大道理，而是用自己的亲身经历和多年的教育教学经验，指导我们，启发我们。在教学活动、课题研讨、做人做事方面都毫无保留地指导我们。每次小组课堂教学研磨，费老师总是有求必应，腾出时间听小组试教，一起讨论修改方案；每次的论文指导更是细致入微，从上交草稿—定论文框架—集体共性指导—个人细节交流，让我们看到了费老师的专业和敬业，也让我们更明晰了论文写作的方法。"

还有伙伴说："'我们所做的研究，最终都应回归于教学实践中……'每一次研究好后，费老师总是提醒我们：我们是一线的老师，做的是一线的教学研究，最后的研究成果应回归于教学中，也只有如此，我们的研究才有价值和意义！"

最后一位伙伴的表达，也正是我自己做实践研究的理念。一线教师的研究，无论最终形成的是设计，是案例，还是论文，均是需要回归实践，指导我们的实践的。而这样才能体现一线教师做实践研究的价值。当然，这也是我们一线骨干教师以行动去影响伙伴、同事的关键。

作为一名工作了三十多年的"老"教师，回首走过的教育之路，最感幸福的时刻，便是能心无旁骛地、安静地做教育教学实践研究，在持续不断的实践、研究中，专业素养有了"可见"的发展。当然，这里的"心无旁骛"其实是淡化功利的心态，这里的"安静"则是指专注与投入。一开始，只是想努力把这种实践研究的状态带入工作室活动中，努力影响工作室团队的老师。现在，这种状态已然形成，这样的理念也已然为学员们所认同。

附上为工作室第 16 次活动而创作的诗——

工作室，我们一起成长的舞台

我来自南湖

我来自嘉善

我来自海盐

我来自桐乡……

我们来自嘉兴五县三区

为了同一个目标——成长

工作室，是我们成长的舞台

我们有研讨的主题

量感、直观想象、数据意识……

都与新版课标有关

我们有研讨的方式

专家引领、小组研磨、现场交流……

都与主题相关

我们研读课标

我们研读教材

我们研究学生

我们研究课堂……

有时候我们欣喜

有时候我们困顿

有时候我们兴奋

有时候我们紧张

到了每次的课堂展示

我们都是亮点频出

到了每个主题的结尾

我们都是收获满满

当然，这一切

缘于我们的用心

缘于我们的投入

更缘于我们的专业

我们时常为了一个概念

会查找多份资料

为了一个设计

会做足前测调研

为了一个环节

会尝试多种方案

为了一个练习

会研究不同教材

我们很努力

我们很用心

完成这些工作的

当然不是某一个人

而是一群人

一群充满学习的渴望与探索精神的

工作室小伙伴

我们是一个团队

名字就叫"成长共同体"

工作室，是我们一起成长的舞台

让我们携起手来——

一起研究，共同成长，享受过程，期待收获

熟悉的话语

已十五次地出现

既是奋进的口号

更是美好的祝愿

过程扎实了

体验到位了

美好自然会来

那么，就让我们第十六次读出这句话吧

让我们携起手来——

一起研究，共同成长，享受过程，期待收获！

工作室主持人　费岭峰

2023 年 8 月 26 日于静心斋

2024 年 6 月 23 日改定于识庐轩